2020
verbos
españoles

español
Santillana

Texto: **Equipo Bitext, Mercedes Fontecha, Aurora Martín de Santa Olalla y Ana Orenga**
Actividades: **Mercedes Fontecha y M.ª Antonia Oliva**

Dirección editorial: **Aurora Martín de Santa Olalla**
Edición: **Mercedes Fontecha**

Índice

Introducción

2020 verbos españoles

Los verbos españoles –formación y uso– es uno de los temas más difíciles para el estudiante extranjero. Su dominio marca una diferencia de tipo cualitativo en el aprendizaje de nuestra lengua.

2020 verbos españoles ofrece la visión más completa y didáctica sobre la morfología y el uso de los verbos españoles.

El **libro** se compone de las siguientes partes:

El verbo

En estas primeras páginas, se ofrece, entre otros aspectos, la formación y uso de los verbos españoles, diferencias entre *ser* y *estar*, las perífrasis verbales, el verbo en América (*ustedes* en lugar de *vosotros*, el voseo, diferentes usos de los tiempos verbales…).

135 verbos conjugados

La parte central de este libro recoge la conjugación completa de 135 verbos regulares e irregulares, ordenados alfabéticamente. Todos ellos son de uso habitual salvo algún caso que se ha incluido para recoger una determinada irregularidad *(ceñir, discernir, mullir…)*. Algunos de estos verbos son *modelos*. Su número –en la lista de los 135– se utiliza como referencia de conjugación en la lista final de los 2020 verbos.

Se han incluido todos los tiempos verbales con la excepción de los futuros de subjuntivo. Se trata de tiempos muy poco usados que han quedado relegados a fórmulas escritas del lenguaje jurídico-administrativo.

Este número se utiliza como referencia para la conjugación de otros verbos.

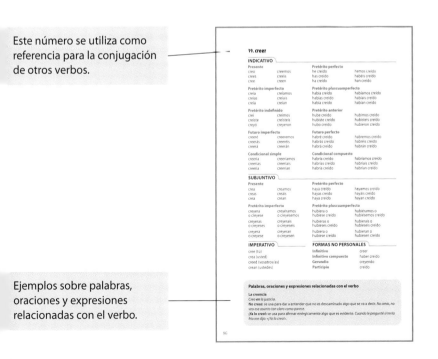

Ejemplos sobre palabras, oraciones y expresiones relacionadas con el verbo.

La sección titulada **Palabras, oraciones y expresiones relacionadas con el verbo** incluye ejemplos de sustantivos y adjetivos derivados, oraciones con las preposiciones con las que se construyen estos verbos y expresiones idiomáticas más usadas.

Actividades y soluciones

El siguiente gran bloque está constituido por más de cincuenta actividades con soluciones, organizadas por contenidos, para trabajar la forma y el uso de los verbos.

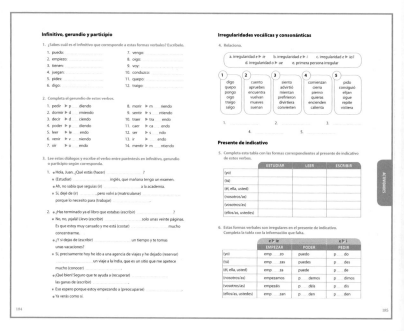

Lista de verbos

Al final del libro, se recoge una lista de 2020 verbos ordenados alfabéticamente con remisiones a su modelo de conjugación.

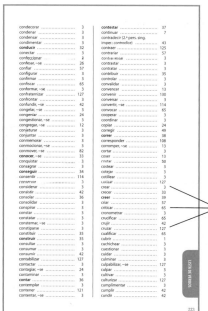

Al lado de cada infinitivo aparece un número que corresponde a su modelo de conjugación.

El libro incluye un **CD-ROM** interactivo con las siguientes funcionalidades:

Conjuga un verbo: acceso a las conjugaciones completas de los 2020 verbos.

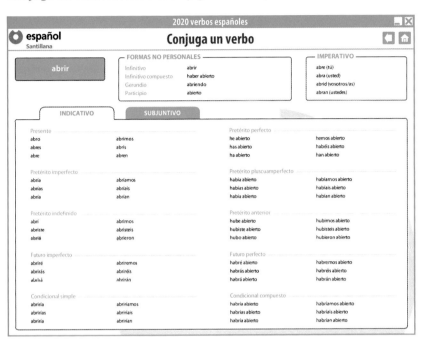

Analiza un verbo conjugado: análisis de una forma verbal.

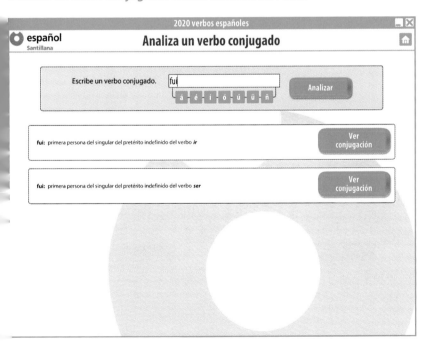

Actividades: se pueden practicar los contenidos trabajados a partir de miles de actividades. Además, existe la posibilidad de seleccionar **actividades por el tipo de contenido** o **por el tipo de interacción**.

En el primer caso, se podrá elegir una de las dos opciones siguientes:

1. Realizar actividades a partir de un solo verbo, seleccionando el modo y el tipo de interactividad.

2. Realizar actividades a partir de un tipo de verbo (regulares, irregulares o regulares e irregulares), seleccionando el modo y el tipo de interactividad.

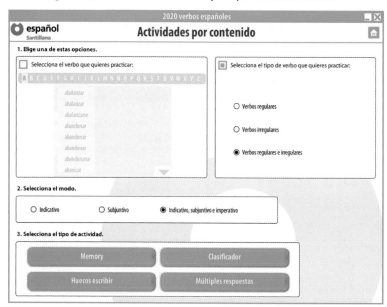

En el segundo caso, se accederá a las actividades seleccionando el tipo de interacción.

El verbo

1. Definición

Los verbos son palabras que sirven para expresar acciones y situarlas en el tiempo (presente, pasado o futuro).

2. Formación

Las formas verbales en español se componen de dos partes:

- La raíz, que contiene el significado del verbo y se obtiene al suprimir la terminación del verbo (-ar, -er, -ir): habl-, aprend-, viv-, etc.

- Las desinencias son las terminaciones que se añaden a la raíz de un verbo para obtener las diferentes formas de su conjugación. Contienen la información gramatical, es decir, informan sobre la persona, el número, el tiempo y el modo del que hablamos: -o, -es, -emos, etc.

3. Conjugación

En español, cada verbo tiene muchas formas distintas, según la persona (1.ª, 2.ª o 3.ª), el número (singular o plural), el tiempo (pasado, presente, futuro), etc. Todo ese conjunto de formas de un verbo se llama conjugación.

La conjugación es, pues, el resultado de combinar la raíz de un verbo con todas las desinencias que puede llevar. No todos los verbos tienen las mismas desinencias; llevan unas u otras según la conjugación a la que pertenezcan.

Las formas verbales de la conjugación pueden ser simples, que son las que solo tienen una palabra (hablé), o compuestas, las que tienen dos palabras (he hablado).

En español hay tres conjugaciones verbales:

- La primera conjugación, formada por todos los verbos cuyo infinitivo termina en -ar (hablar, estudiar…).

- La segunda conjugación, formada por todos los verbos cuyo infinitivo termina en -er (aprender, comer…).

- La tercera conjugación, formada por todos los verbos cuyo infinitivo termina en -ir (vivir, subir…).

3.1. Conjugación regular

Los verbos regulares se conjugan sustituyendo la terminación del infinitivo (-ar, -er, -ir) por las desinencias de tiempo, persona y número correspondientes a su modelo: hablar, aprender, vivir. La gran mayoría de los verbos de la primera conjugación son regulares.

3.2. Conjugación irregular

Los verbos irregulares sufren cambios en las desinencias, en la raíz o en ambas cuando se conjugan.

En español existen diferentes tipos de irregularidades.

■ Irregularidades vocálicas

Las irregularidades vocálicas afectan al presente de indicativo, presente de subjuntivo e imperativo. Las irregularidades e > ie/i, e > i y o > ue/u además afectan a las terceras personas del pretérito indefinido, al pretérito imperfecto de subjuntivo y al gerundio.

- Verbos que cambian la **e** en *ie*:

CERRAR

Presente de indicativo	Presente de subjuntivo	Imperativo
cierro	cierre	
cierras	cierres	cierra
cierra	cierre	cierre
cerramos	cerremos	
cerráis	cerréis	cerrad
cierran	cierren	cierren

Otros verbos que se conjugan como este modelo: *acertar, calentar, comenzar, despertar, pensar, sentar…*

ENTENDER

Presente de indicativo	Presente de subjuntivo	Imperativo
entiendo	entienda	
entiendes	entiendas	entiende
entiende	entienda	entienda
entendemos	entendamos	
entendéis	entendáis	entended
entienden	entiendan	entiendan

Otros verbos que se conjugan como este modelo: *atender, defender, encender, perder, querer…*

DISCERNIR

Presente de indicativo	Presente de subjuntivo	Imperativo
discierno	discierna	
disciernes	disciernas	discierne
discierne	discierna	discierna
discernimos	discernamos	
discernís	discernáis	discernid
disciernen	disciernan	disciernan

Otros verbos que se conjugan como este modelo: *cernir, concernir…*

- Verbos que cambian la **e** en *i*:

PEDIR

Gerundio: pidiendo

Presente de indicativo	Pretérito indefinido	Presente de subjuntivo	Pretérito imperfecto de subjuntivo	Imperativo
pido	pedí	pida	pidiera o pidiese	pide
pides	pediste	pidas	pidieras o pidieses	pida
pide	pidió	pida	pidiera o pidiese	
pedimos	pedimos	pidamos	pidiéramos o pidiésemos	
pedís	pedisteis	pidáis	pidierais o pidieseis	pedid
piden	pidieron	pidan	pidieran o pidiesen	pidan

Otros verbos que se conjugan como este modelo: *conseguir, corregir, despedir, elegir, repetir, seguir, vestir…*

- Verbos que cambian la **e** en **ie** o **i**:

SENTIR

Gerundio: sintiendo

Presente de indicativo	Pretérito indefinido	Presente de subjuntivo	Pretérito imperfecto de subjuntivo	Imperativo
siento	sentí	sienta	sintiera o sintiese	
sientes	sentiste	sientas	sintieras o sintieses	siente
siente	sintió	sienta	sintiera o sintiese	sienta
sentimos	sentimos	sintamos	sintiéramos o sintiésemos	
sentís	sentisteis	sintáis	sintierais o sintieseis	sentid
sienten	sintieron	sientan	sintieran o sintiesen	sientan

Otros verbos que se conjugan como este modelo: *advertir, convertir, divertir, mentir, preferir…*

- Verbos que cambian la **i** en **ie**:

ADQUIRIR

Presente de indicativo	Presente de subjuntivo	Imperativo
adquiero	adquiera	
adquieres	adquieras	adquiere
adquiere	adquiera	adquiera
adquirimos	adquiramos	
adquirís	adquiráis	adquirid
adquieren	adquieran	adquieran

Se conjugan como este modelo los verbos acabados en *-irir*.

- Verbos que cambian la **o** en **ue**:

CONTAR

Presente de indicativo	Presente de subjuntivo	Imperativo
cuento	cuente	
cuentas	cuentes	cuenta
cuenta	cuente	cuente
contamos	contemos	
contáis	contéis	contad
cuentan	cuenten	cuenten

Otros verbos que se conjugan como este modelo: *acordarse, acostar, aprobar, encontrar, sonar…*

VOLVER

Presente de indicativo	Presente de subjuntivo	Imperativo
vuelvo	vuelva	
vuelves	vuelvas	vuelve
vuelve	vuelva	vuelva
volvemos	volvamos	
volvéis	volváis	volved
vuelven	vuelvan	vuelvan

Otros verbos que se conjugan como este modelo: *doler, envolver, mover…*

- Verbos que cambian la **o** en **ue** o **u**:

DORMIR

Gerundio: d**u**rmiendo

Presente de indicativo	Pretérito indefinido	Imperativo
d**ue**rmo	dormí	
d**ue**rmes	dormiste	d**ue**rme
d**ue**rme	d**u**rmió	d**ue**rma
dormimos	dormimos	
dormís	dormisteis	dormid
d**ue**rmen	d**u**rmieron	d**ue**rman

Presente de subjuntivo	Pretérito imperfecto de subjuntivo
d**ue**rma	d**u**rmiera o d**u**rmiese
d**ue**rmas	d**u**rmieras o d**u**rmieses
d**ue**rma	d**u**rmiera o d**u**rmiese
d**u**rmamos	d**u**rmiéramos o d**u**rmiésemos
d**u**rmáis	d**u**rmierais o d**u**rmieseis
d**ue**rman	d**u**rmieran o d**u**rmiesen

El verbo *morir* y sus compuestos se conjugan como este modelo.

- Verbos que cambian la **u** en **ue**:

JUGAR

Presente de indicativo	Presente de subjuntivo	Imperativo
j**ue**go	j**ue**gue	
j**ue**gas	j**ue**gues	j**ue**ga
j**ue**ga	j**ue**gue	j**ue**gue
jugamos	juguemos	
jugáis	juguéis	jugad
j**ue**gan	j**ue**guen	j**ue**guen

Esta irregularidad solo afecta al verbo *jugar*.

Irregularidades consonánticas

Estas irregularidades afectan a la primera persona del singular del presente de indicativo, a todas las personas del presente de subjuntivo y al imperativo.

- Verbos que cambian la **c** por **g**:

HACER

Presente de indicativo	Presente de subjuntivo	Imperativo
ha**g**o	ha**g**a	
haces	ha**g**as	haz
hace	ha**g**a	ha**g**a
hacemos	ha**g**amos	
hacéis	ha**g**áis	haced
hacen	ha**g**an	ha**g**an

Otros verbos que se conjugan como este modelo: *deshacer, rehacer, satisfacer…*

- Verbos que cambian la **c** por **zc**:

CONOCER

Presente de indicativo	Presente de subjuntivo	Imperativo
cono**z**co	cono**z**ca	
conoces	cono**z**cas	conoce
conoce	cono**z**ca	cono**z**ca
conocemos	cono**z**camos	
conocéis	cono**z**cáis	conoced
conocen	cono**z**can	cono**z**can

Otros verbos que se conjugan como este modelo: *nacer, parecer, reconocer…*

CONDUCIR

Presente de indicativo	Presente de subjuntivo	Imperativo
condu**z**co	condu**z**ca	
conduces	condu**z**cas	conduce
conduce	condu**z**ca	condu**z**ca
conducimos	condu**z**camos	
conducís	condu**z**cáis	conducid
conducen	condu**z**can	condu**z**can

Otros verbos que se conjugan como este modelo: *deducir, introducir, producir…*

- Verbos que cambian la **n** por **ng**:

PONER

Presente de indicativo	Presente de subjuntivo	Imperativo
po**ng**o	po**ng**a	
pones	po**ng**as	pon
pone	po**ng**a	po**ng**a
ponemos	po**ng**amos	
ponéis	po**ng**áis	poned
ponen	po**ng**an	po**ng**an

Otros verbos que se conjugan como este modelo: *poner* y sus compuestos, *tener* y sus compuestos, y *venir* y sus compuestos.

- Verbos que cambian la **l** por **lg**:

VALER

Presente de indicativo	Presente de subjuntivo	Imperativo
va**lg**o	va**lg**a	
vales	va**lg**as	vale
vale	va**lg**a	va**lg**a
valemos	va**lg**amos	
valéis	va**lg**áis	valed
valen	va**lg**an	va**lg**an

Se conjugan como este modelo los verbos acabados en *-aler (valer, equivaler…)* y los verbos acabados en *-alir (salir, sobresalir…)*.

- Verbos que añaden *ig* a la raíz:

TRAER

Presente de indicativo	Presente de subjuntivo	Imperativo
tra**ig**o	tra**ig**a	
traes	tra**ig**as	trae
trae	tra**ig**a	tra**ig**a
traemos	tra**ig**amos	
traéis	tra**ig**áis	traed
traen	tra**ig**an	tra**ig**an

Otros verbos que se conjugan como este modelo: *caer* y sus compuestos, *distraer, raer…*

OÍR

Presente de indicativo	Presente de subjuntivo	Imperativo
o**ig**o	o**ig**a	
oyes	o**ig**as	oye
oye	o**ig**a	o**ig**a
oímos	o**ig**amos	
oís	o**ig**áis	oíd
oyen	o**ig**an	o**ig**an

Se conjugan como este modelo todos los compuestos del verbo *oír* como, por ejemplo, *desoír* o *entreoír.*

Irregularidades vocálicas y consonánticas

- Verbos que cambian la *e* por *i* y la *c* por *g*:

DECIR

Gerundio: d**i**ciendo

Presente de indicativo	Presente de subjuntivo	Imperativo
d**ig**o	d**ig**a	
d**i**ces	d**ig**as	di
d**i**ce	d**ig**a	d**ig**a
decimos	d**ig**amos	
decís	d**ig**áis	decid
d**i**cen	d**ig**an	d**ig**an

Se conjugan como este modelo todos los compuestos de *decir*: *bendecir, predecir, contradecir…*

- Verbos que cambian la *a* por *e* y la *b* por *p*:

CABER

Presente de indicativo	Presente de subjuntivo	Imperativo
qu**ep**o	qu**ep**a	
cabes	qu**ep**as	cabe
cabe	qu**ep**a	qu**ep**a
cabemos	qu**ep**amos	
cabéis	qu**ep**áis	cabed
caben	qu**ep**an	qu**ep**an

El verbo *saber* tiene también esta irregularidad, pero solo en el presente de subjuntivo y en el imperativo.

■ **Verbos con irregularidades especiales**

HABER

Presente de indicativo	Pretérito indefinido	Futuro imperfecto
he	hube	habré
has	hubiste	habrás
ha/hay	hubo	habrá
hemos	hubimos	habremos
habéis	hubisteis	habréis
han	hubieron	habrán

Condicional simple	Presente de subjuntivo	Pretérito imperfecto de subjuntivo
habría	haya	hubiera o hubiese
habrías	hayas	hubieras o hubieses
habría	haya	hubiera o hubiese
habríamos	hayamos	hubiéramos o hubiésemos
habríais	hayáis	hubierais o hubieseis
habrían	hayan	hubieran o hubiesen

SER

Presente de indicativo	Pretérito imperfecto de indicativo	Pretérito indefinido
soy	era	fui
eres	eras	fuiste
es	era	fue
somos	éramos	fuimos
sois	erais	fuisteis
son	eran	fueron

Presente de subjuntivo	Pretérito imperfecto de subjuntivo	Imperativo
sea	fuera o fuese	
seas	fueras o fueses	sé
sea	fuera o fuese	sea
seamos	fuéramos o fuésemos	
seáis	fuerais o fueseis	sed
sean	fueran o fuesen	sean

ESTAR

Presente de indicativo	Pretérito indefinido	Presente de subjuntivo	Pretérito imperfecto de subjuntivo	Imperativo
estoy	estuve	esté	estuviera o estuviese	
estás	estuviste	estés	estuvieras o estuvieses	esté
está	estuvo	esté	estuviera o estuviese	está
estamos	estuvimos	estemos	estuviéramos o estuviésemos	
estáis	estuvisteis	estéis	estuvierais o estuvieseis	estad
están	estuvieron	estén	estuvieran o estuviesen	estén

DAR

Presente de indicativo	Pretérito indefinido	Pretérito imperfecto de subjuntivo
doy	di	diera o diese
das	diste	dieras o dieses
da	dio	diera o diese
damos	dimos	diéramos o diésemos
dais	disteis	dierais o dieseis
dan	dieron	dieran o diesen

IR

Gerundio: yendo

Presente de indicativo	Pretérito imperfecto de indicativo	Pretérito indefinido	Futuro imperfecto
voy	iba	fui	iré
vas	ibas	fuiste	irás
va	iba	fue	irá
vamos	íbamos	fuimos	iremos
vais	ibais	fuisteis	iréis
van	iban	fueron	irán

Condicional simple	Presente de subjuntivo	Pretérito imperfecto de subjuntivo	Imperativo
iría	vaya	fuera o fuese	
irías	vayas	fueras o fueses	ve
iría	vaya	fuera o fuese	vaya
iríamos	vayamos	fuéramos o fuésemos	
iríais	vayáis	fuerais o fueseis	id
irían	vayan	fueran o fuesen	vayan

Verbos irregulares en pretérito indefinido

Hay verbos que en el pretérito indefinido tienen algunas irregularidades:

cambios de acento en la primera y tercera persona del singular,

terminaciones irregulares, y

cambios en la raíz.

Los verbos ser e ir son totalmente irregulares y tienen la misma forma en este tiempo.

ANDAR	CABER	CONDUCIR	DAR	DECIR	ESTAR
anduve	cupe	conduje	di	dije	estuve
anduviste	cupiste	condujiste	diste	dijiste	estuviste
anduvo	cupo	condujo	dio	dijo	estuvo
anduvimos	cupimos	condujimos	dimos	dijimos	estuvimos
anduvisteis	cupisteis	condujisteis	disteis	dijisteis	estuvisteis
anduvieron	cupieron	condujeron	dieron	dijeron	estuvieron

HABER	HACER	IR	PODER	PONER	QUERER
hube	hice	fui	pude	puse	quise
hubiste	hiciste	fuiste	pudiste	pusiste	quisiste
hubo	hizo	fue	pudo	puso	quiso
hubimos	hicimos	fuimos	pudimos	pusimos	quisimos
hubisteis	hicisteis	fuisteis	pudisteis	pusisteis	quisisteis
hubieron	hicieron	fueron	pudieron	pusieron	quisieron

SABER	SER	TENER	TRAER	VENIR
supe	fui	tuve	traje	vine
supiste	fuiste	tuviste	trajiste	viniste
supo	fue	tuvo	trajo	vino
supimos	fuimos	tuvimos	trajimos	vinimos
supisteis	fuisteis	tuvisteis	trajisteis	vinisteis
supieron	fueron	tuvieron	trajeron	vinieron

Si un verbo es irregular en la tercera persona del plural del pretérito indefinido (*sintieron*), también es irregular todo el pretérito imperfecto de subjuntivo (*sintiera* o *sintiese*) y, a veces, el gerundio (*sintiendo*).

■ **Verbos irregulares en futuro imperfecto**

Hay algunos verbos que al formar el futuro tienen cambios en la raíz. La irregularidad se mantiene en todas las formas.

CABER	DECIR	HABER	HACER	PODER	PONER
cabré	diré	habré	haré	podré	pondré
cabrás	dirás	habrás	harás	podrás	pondrás
cabrá	dirá	habrá	hará	podrá	pondrá
cabremos	diremos	habremos	haremos	podremos	pondremos
cabréis	diréis	habréis	haréis	podréis	pondréis
cabrán	dirán	habrán	harán	podrán	pondrán

QUERER	SABER	SALIR	TENER	VALER	VENIR
querré	sabré	saldré	tendré	valdré	vendré
querrás	sabrás	saldrás	tendrás	valdrás	vendrás
querrá	sabrá	saldrá	tendrá	valdrá	vendrá
querremos	sabremos	saldremos	tendremos	valdremos	vendremos
querréis	sabréis	saldréis	tendréis	valdréis	vendréis
querrán	sabrán	saldrán	tendrán	valdrán	vendrán

Si un verbo es irregular en el futuro imperfecto de indicativo (*diré*), también es irregular en el condicional simple (*diría*).

Participios irregulares

Hay algunos verbos que son irregulares en el participio:

abrir: **abierto**	morir: **muerto**
absolver: **absuelto**	poner: **puesto**
cubrir: **cubierto**	resolver: **resuelto**
decir: **dicho**	romper: **roto**
escribir: **escrito**	ver: **visto**
hacer: **hecho**	volver: **vuelto**

Los participios de los verbos compuestos a partir de estos son igualmente irregulares: *reabierto, descubierto, descrito, dispuesto, propuesto, devuelto, envuelto,* etc.

En algunos casos hay verbos con dos participios, uno regular y otro irregular: *freír*: **freído** y **frito**; *imprimir*: **imprimido** e **impreso**; *proveer*: **proveído** y **provisto**. Los dos participios se usan indistintamente en la formación de los tiempos compuestos (*han proveído* o *han provisto*), aunque actualmente es mucho más frecuente el empleo de las formas irregulares de estos verbos.

> **He frito** unos huevos para cenar.
> En total se **han impreso** diez mil libros.

Verbos con variaciones ortográficas

No se consideran irregulares aquellos tiempos que, en la escritura, sufren algún cambio ortográfico.

Verbos terminados en **-car**, que cambian la **c** por **qu** antes de **e**.

> Sa**c**ar ▶ sa**qu**e, colo**c**ar ▶ colo**qu**e, etc.

Verbos terminados en **-cer** o **-cir**, que cambian la **c** por **z** antes de **a** u **o**.

> Ha**c**er ▶ hi**z**o, ven**c**er ▶ ven**z**a, etc.

Verbos terminados en **-gar**, que cambian la **g** por **gu** antes de **e**.

> Pa**g**ar ▶ pa**gu**emos, ju**g**ar ▶ ju**gu**emos, etc.

Verbos terminados en **-ger** y **-gir**, que cambian la **g** por **j** antes de **a** y de **o**.

> Co**g**er ▶ co**j**o, corre**g**ir ▶ corri**j**a, etc.

Verbos terminados en **-guir**, que pierden la **u** de la raíz ante **a** u **o**.

> Se**gu**ir ▶ si**g**o, distin**gu**ir ▶ distin**g**a, etc.

Verbos terminados en **-zar**, que ante **e** cambian la **z** por **c**.

> Reali**z**ar ▶ reali**c**e, alcan**z**ar ▶ alcan**c**e, etc.

La **i** se convierte en la consonante **y** cuando queda entre la raíz y la desinencia en algunos verbos.

> Leer ▶ le**y**ó, creer ▶ cre**y**ó, incluir ▶ inclu**y**ó, etc.

En los verbos acabados en **-uar** e **-iar** se produce un hiato en la primera, segunda y tercera persona del singular y tercera persona del plural del presente de indicativo y de subjuntivo y en la forma *tú* del imperativo.

> Actuar ▶ act**úa**/act**úe**/act**úa** tú, desviar ▶ desv**ío**/desv**íe**/desv**ía** tú, etc.

Algo parecido ocurre con el hiato que se produce en la raíz de algunos verbos.

> Aislar ▶ a**í**slo/a**í**sle/a**í**sla tú, aunar ▶ a**ú**no/a**ú**ne/a**ú**na tú, etc.

EL VERBO

■ **Verbos defectivos**

Los verbos defectivos solo se conjugan en algunas formas o en algún tiempo.

- Los verbos *atañer, concernir, ocurrir, suceder,* etc. solo se conjugan en la tercera persona del singular y del plural.

  > Este problema **atañe** a todos.
  > No me acuerdo de nada. Eso **sucedió** hace mucho tiempo.
  > Estos fenómenos atmosféricos **ocurren** todos los años.

- Los verbos que se refieren a fenómenos atmosféricos y de la naturaleza (*llover, nevar, amanecer, anochecer,* etc.) solo se usan en tercera persona del singular y en las formas no personales.

  > En otoño **llueve** bastante aquí.
  > La semana pasada **nevó** en todo el país.
  > En verano **amanece** antes que en invierno.

- El verbo *soler* solo se conjuga en presente de indicativo y subjuntivo (*suelo, sueles… suela, suelas…*) y en imperfecto (*solía, solías…*). En estos tiempos forma perífrasis con el infinitivo de otro verbo.

  > **Suelo ir** a nadar dos veces a la semana.
  > Cuando era pequeño, **solía ir** en bici al colegio.

- En algunos verbos de la tercera conjugación como *abolir* solo se usan las personas cuya desinencia empieza por *i*: primera y segunda persona del plural del presente de indicativo (*abolimos, abolís*), la forma *vosotros* del imperativo (*abolid*) y las formas del pretérito imperfecto de indicativo y subjuntivo, del pretérito indefinido y del futuro.

4. Clases de verbos

- Los verbos auxiliares son los que se utilizan para formar los tiempos compuestos, las perífrasis verbales y la voz pasiva.

  > **He** hecho, **hemos** estudiado, **habéis** comido…
  > **Debes** decir siempre la verdad, **Estoy** estudiando.
  > El libro **fue** escrito por su hijo.

- Los verbos reflexivos y pronominales se conjugan con un pronombre personal átono *(me, te, se, nos, os).*

  > **Me** levanto.
  > **Se** sienta.

- Los verbos de afección, como *gustar, encantar, doler,* etc., se conjugan siempre con un pronombre personal átono *(me, te, le, nos, os, les).*

  > **Me** gusta.
  > **Te** duele.

- Los verbos recíprocos son aquellos en los que dos o más sujetos ejecutan la acción del verbo y a la vez la reciben mutuamente.

  > Pedro y Juan **se odian**.
  > Mi tía y yo **nos escribimos** todas las semanas.

5. Formas verbales no personales

Existen tres formas verbales llamadas no personales, porque no se conjugan. Son el infinitivo *(hablar)*, el gerundio *(hablando)* y el participio *(hablado)*.

5.1. El infinitivo

■ **Forma**

TERMINACIÓN DEL INFINITIVO	EJEMPLOS
1.ª conjugación: **-ar**	*cantar, hablar, bailar*
2.ª conjugación: **-er**	*comer, aprender, tener*
3.ª conjugación: **-ir**	*salir, vivir, decidir*

Además, existe un infinitivo compuesto, que se forma con el infinitivo del verbo *haber* + el participio del verbo correspondiente: *haber cantado, haber comido, haber salido*. Se refiere a una acción acabada y anterior a la del verbo principal.

> *No salgas sin **haber acabado** los deberes.*

■ **Usos**

El infinitivo se usa:

● Con las funciones propias de un sustantivo.

> *Me gusta la fruta/Me gusta **ir** al cine.*
> *¿Quieres un bocadillo?/¿Quieres **tomar** un refresco?*
> *Lo dije sin malicia/Lo dije sin **pensar**.*

En algunos casos puede llevar determinativos y modificadores.

> *El **estudiar** con regularidad es muy importante.*

● En las perífrasis verbales con infinitivo (*ir a* + infinitivo, *volver a* + infinitivo, etc.).

> *¿**Vas a salir** esta tarde?*
> *Quiero **volver a ver** esa película.*

● Con valor generalizador en las recomendaciones, advertencias, indicaciones o avisos de los manuales de instrucciones, carteles o etiquetas.

> ***Lavar** a mano o a máquina.*
> *No **fumar**.*
> ***Consumir** preferentemente antes de…*

En las oraciones subordinadas temporales introducidas por *antes de, después de, al, tras, nada más*. Si el sujeto de estas construcciones es distinto al de la oración principal, este suele ir después del infinitivo.

> *Nada más **llegar** Juan, me fui.*

En las oraciones subordinadas finales introducidas por *para*.

> *Quiero comprarme una moto para **ir** al trabajo.*

En las oraciones subordinadas causales introducidas por *por*.

> *Has suspendido por no **haber estudiado**.*

El infinitivo puede ir acompañado de pronombres personales átonos que aparecen detrás formando con él una sola palabra.

*Nada más decír**selo**, se echó a llorar.*

En el caso de las perífrasis, también pueden ir delante del verbo conjugado, excepto cuando hay un verbo conjugado reflexivo o pronominal (*ponerse a, meterse a,* etc.).

*Voy a decír**selo**.*
***Se lo** voy a decir.*

5.2. El gerundio

■ Forma

INFINITIVO	TERMINACIÓN DEL GERUNDIO	EJEMPLOS
-ar	**-ando**	*cantando, hablando, bailando*
-er	**-iendo**	*comiendo, aprendiendo, teniendo*
-ir		*saliendo, viviendo, decidiendo*

■ Usos

El gerundio se usa:

● Para expresar dos acciones simultáneas.

*Trabaja **oyendo** música.*

● Para expresar el modo de hacer las cosas.

*Yo aprendo español **hablando** con la gente.*

● En las perífrasis verbales con gerundio (*estar* + gerundio, *seguir* + gerundio, etc.).

*¿**Sigues estudiando** español?*

● En construcciones independientes en las que el gerundio aparece modalizado, indicando unos significados concretos.

*¡Siempre **protestando**! (exclamativo)*
*¿Yo **pidiéndole** perdón? Ni loco. (interrogativo)*
*¡**Andando** que es gerundio! (de mandato con valor general)*

El gerundio puede ir acompañado de pronombres personales átonos que aparecen detrás formando con él una sola palabra.

*No vas a ganar nada diciéndo**selo**.*

En el caso de las perífrasis, también pueden ir delante del verbo conjugado.

*¿Estás leyéndo**la**?*
*¿**La** estás leyendo?*

5.3. El participio

■ Forma

INFINITIVO	TERMINACIÓN DEL PARTICIPIO	EJEMPLOS
-ar	**-ado**	*cantado, hablado, bailado*
-er	**-ido**	*comido, aprendido, tenido*
-ir		*salido, vivido, decidido*

Hay verbos que tienen dos participios, uno regular y otro irregular: *freír: freído* y *frito*; *imprimir: imprimido* e *impreso*; *proveer: proveído* y *provisto*.

■ **Usos**

El participio se usa:

- Precedido del verbo auxiliar *haber*, para formar los tiempos compuestos. En este caso es invariable (no cambia en género ni en número).

    He abierto *el libro de gramática.*
    Han abierto *la puerta para salir.*

- Con las funciones propias de un adjetivo, en cuyo caso el participio concuerda en género y número con el sustantivo al que se refiere.

    Pablo parecía **cansado**.
    Están **abiertas** *las ventanas.*
    Están **abiertos** *los cajones.*

- En construcciones absolutas con valor de acción acabada.

    Terminada *la sesión, el juez dictó sentencia.*

- En las perífrasis verbales con participio (*tener* + participio, *llevar* + participio, etc.).

    Llevo escritas *diez páginas.*
    Te **tengo dicho** *que no vengas tan tarde.*

6. Formas verbales personales

Son las formas que resultan de conjugar los verbos en distintos tiempos (presente, pretérito perfecto, pretérito indefinido, etc.) y modos (indicativo, subjuntivo e imperativo).

6.1. El presente de indicativo

■ **Verbos regulares**

HABLAR	APRENDER	VIVIR
habl**o**	aprend**o**	viv**o**
habl**as**	aprend**es**	viv**es**
habl**a**	aprend**e**	viv**e**
habl**amos**	aprend**emos**	viv**imos**
habl**áis**	aprend**éis**	viv**ís**
habl**an**	aprend**en**	viv**en**

Los verbos reflexivos y pronominales, por ejemplo, *llamarse, levantarse, aburrirse…*, siguen la conjugación regular. El pronombre se pone antes del verbo y, aunque son palabras independientes, no se puede separar.

Me llamo *Sofía.*
A Juan **le aburren** *las películas del oeste.*

■ **Usos**

El presente de indicativo se usa:

Para hablar del presente.

Estudio *español.*

- Para hacer una afirmación general.

    *Lima **es** la capital de Perú.*

- Para hablar de acciones habituales.

    ***Me levanto** todos los días a las siete y media.*

- Para hablar sobre el futuro, cuando consideramos que algo es seguro o inmediato.

    *Esta tarde **termino** el trabajo.*
    *Ahora mismo **acabo**.*

- Para dar coloquialmente una instrucción.

    *Para llegar a la Catedral **cruzas** la plaza y **sigues** todo recto.*

- En las oraciones condicionales reales con valor de presente o de futuro.

    ***Podemos** ir al cine, si **quieres**.*

- Con valor de pasado cuando queremos dar viveza a un relato.

    ***Va** Juan ayer por la calle, **tropieza** y **se cae**.*
    *Cervantes **nace** en Alcalá de Henares.*

    Este uso del presente de indicativo se conoce con el nombre de presente histórico.

6.2. El pretérito perfecto de indicativo

■ **Verbos regulares**

El pretérito perfecto se forma con el verbo auxiliar *haber* en presente de indicativo más el participio del verbo que se conjuga. Entre el auxiliar y el participio no se puede poner ninguna palabra.

HABLAR	APRENDER	VIVIR
he habl**ado**	**he** aprend**ido**	**he** viv**ido**
has habl**ado**	**has** aprend**ido**	**has** viv**ido**
ha habl**ado**	**ha** aprend**ido**	**ha** viv**ido**
hemos habl**ado**	**hemos** aprend**ido**	**hemos** viv**ido**
habéis habl**ado**	**habéis** aprend**ido**	**habéis** viv**ido**
han habl**ado**	**han** aprend**ido**	**han** viv**ido**

■ **Usos**

El pretérito perfecto se utiliza para:

- Hablar de experiencias pasadas que el hablante relaciona con el presente. Selecciona expresiones temporales como *hoy, esta mañana, este año, últimamente…*

    *Este verano **he estado** en España de vacaciones.*

- Hablar de experiencias sin indicar cuándo han ocurrido, porque el hablante no lo considera relevante. Se suelen usar expresiones como *ya, todavía no, nunca, alguna vez…*

    *¿**Has comido** alguna vez paella?*

- Afirmar un hecho futuro, anterior a otro futuro, en lugar del futuro perfecto.

    *Seguro que cuando vuelvas, ya **he acabado** los deberes.*

6.3. El pretérito indefinido

■ **Verbos regulares**

HABLAR	APRENDER	VIVIR
hablé	aprendí	viví
hablaste	aprendiste	viviste
habló	aprendió	vivió
hablamos	aprendimos	vivimos
hablasteis	aprendisteis	vivisteis
hablaron	aprendieron	vivieron

Algunas formas del pretérito indefinido coinciden con las formas del presente de indicativo *(hablamos, vivimos)*. Otras veces el acento es lo único que las distingue *(hablo/habló)*.

■ **Usos**

El pretérito indefinido se utiliza:

● Para referirnos a hechos, acontecimientos y acciones puntuales que consideramos concluidas en el pasado.

> *El pueblo maya **construyó** grandes ciudades con pirámides y templos.*

Normalmente, lo acompañan expresiones como *ayer, anteayer, la semana pasada, el mes pasado, el año pasado, tres años después, en* + año, *el* + fecha…

> *Ayer **fui** al cumpleaños de María.*
> *En 2004 nos **fuimos** a vivir a Roma.*

● Para referirnos a una acción que interrumpe a otra en el pasado.

> *Estaba paseando cuando, de pronto, **vi** a Juan.*

● Para valorar una experiencia pasada.

> ***Fueron** unas vacaciones estupendas.*

● Con marcadores como *nunca, alguna vez*… si nos referimos a un periodo concluido.

> *Cuando vivía en España, nunca **fui** a Barcelona.*

6.4. El pretérito anterior

■ **Verbos regulares**

El pretérito anterior se forma con el verbo auxiliar *haber* en pretérito indefinido más el participio del verbo que se conjuga. Entre el auxiliar y el participio no se puede poner ninguna palabra.

HABLAR	APRENDER	VIVIR
hube hablado	hube aprendido	hube vivido
hubiste hablado	hubiste aprendido	hubiste vivido
hubo hablado	hubo aprendido	hubo vivido
hubimos hablado	hubimos aprendido	hubimos vivido
hubisteis hablado	hubisteis aprendido	hubisteis vivido
hubieron hablado	hubieron aprendido	hubieron vivido

■ **Usos**

Actualmente, este tiempo aparece solo en la lengua literaria. Su uso es muy parecido al del pretérito pluscuamperfecto *(había salido)*: hablar de una acción pasada y acabada en el pasado, anterior a otra acción también pasada, aunque es mejor sustituirlo por el pretérito indefinido *(salió)*. Suele ir con expresiones como *apenas, en cuanto, después de que, luego que…*

> Apenas **hubo salido** (salió) el libro a la venta, se agotó en todas las tiendas.

6.5. El pretérito imperfecto de indicativo

■ **Verbos regulares**

HABLAR	APRENDER	VIVIR
habl**aba**	aprend**ía**	viv**ía**
habl**abas**	aprend**ías**	viv**ías**
habl**aba**	aprend**ía**	viv**ía**
habl**ábamos**	aprend**íamos**	viv**íamos**
habl**abais**	aprend**íais**	viv**íais**
habl**aban**	aprend**ían**	viv**ían**

■ **Usos**

El pretérito imperfecto se utiliza:

● Para hablar de acciones habituales en el pasado.

> Yo antes **iba** mucho al cine.

● Para comparar el pasado con el presente.

> Antes **jugaba** mucho al tenis, pero ahora ya no.

● Para describir personas, lugares o cosas del pasado.

> Los mayas **vivían** en Centroamérica.

● Para describir las circunstancias en las que se produjo un hecho.

> **Estaba** en casa cuando sonó el teléfono.

● Para pedir algo de forma cortés, en lugar del condicional simple.

> **Quería** información sobre el apartamento en alquiler.

● Para referirnos a acciones que íbamos a realizar, pero que por alguna circunstancia no podemos llevar a cabo.

> **Pensaba** ir al cine hoy, pero no voy a poder.

● Para transmitir lo dicho en el pasado.

> –El hotel es estupendo.
> Dijo que el hotel **era** estupendo.

● Para no comprometernos con la información dada cuando usamos marcadores temporales de presente o de futuro.

> Creo que hoy **ponían** en la tele la final de la Eurocopa.

- Para expresar sorpresa.

> ¡Pero si **eras** mi vecino y yo sin darme cuenta!

- Para expresar censura.

> ¿Tú no **tenías** que estar en clase a estas horas?

- Coloquialmente en la segunda parte de las oraciones condicionales hipotéticas en presente o improbables en el futuro en lugar del condicional simple.

> Si tú quisieras, nos **íbamos** ya.

6.6. El pretérito pluscuamperfecto de indicativo

■ **Verbos regulares**

El pretérito pluscuamperfecto se forma con el pretérito imperfecto del verbo auxiliar *haber* más el participio del verbo que se conjuga. Entre el auxiliar y el participio no se puede poner ninguna palabra.

HABLAR	APRENDER	VIVIR
había habl**ado**	**había** aprend**ido**	**había** viv**ido**
habías habl**ado**	**habías** aprend**ido**	**habías** viv**ido**
había habl**ado**	**había** aprend**ido**	**había** viv**ido**
habíamos habl**ado**	**habíamos** aprend**ido**	**habíamos** viv**ido**
habíais habl**ado**	**habíais** aprend**ido**	**habíais** viv**ido**
habían habl**ado**	**habían** aprend**ido**	**habían** viv**ido**

■ **Usos**

El pretérito pluscuamperfecto se utiliza para:

- Hablar de una acción pasada y acabada en el pasado, anterior a otra acción también pasada.

> Cuando Ana llegó a la estación, el tren ya **había salido**.
> (El tren salió y Ana llegó más tarde a la estación.)

- Referirnos a acciones que habíamos pensado realizar, pero que por alguna circunstancia no pudimos llevar a cabo.

> **Había pensado** llamarte, pero no pude.

6.7. Diferencias de uso entre los tiempos de pasado

■ **El pretérito perfecto y el pretérito indefinido**

Ambos tiempos se emplean para hablar de acciones y experiencias pasadas, pero el uso de uno u otro depende de si el hablante las relaciona con el momento en el que habla o no.

- Si las relaciona con el presente, el hablante selecciona el pretérito perfecto.

> **He trabajado** varios años en el campo de la comunicación.

Además, se suelen usar expresiones como *hoy, esta mañana, esta tarde, esta semana, esta primavera, estas vacaciones, este curso, últimamente…*

Si no las relaciona con el presente, selecciona el pretérito indefinido.

> **Estudié** la carrera en la Universidad de Salamanca.

Además, se suelen usar expresiones *como ayer, anteayer, el otro día, la semana pasada, el mes pasado, el año pasado, tres años después...*

- Con marcadores como *nunca, alguna vez*, etc., si nos referimos a un periodo concluido, utilizamos el pretérito indefinido.

    *Cuando vivía en España, nunca **fui** a Barcelona.*

- Si nos referimos a las experiencias vividas hasta la actualidad, utilizamos el pretérito perfecto.

    *Nunca **he estado** en Barcelona.*

El pretérito perfecto no se utiliza en determinadas zonas del norte de España y de Hispanoamérica. En su lugar se emplea el pretérito indefinido.

*Este fin de semana **estuve** en casa de mis padres* por
*Este fin de semana **he estado** en casa de mis padres.*
***Vi** a Pedro esta mañana* por
***He visto** a Pedro esta mañana.*

■ **El pretérito indefinido, el pretérito imperfecto y el pretérito pluscuamperfecto**

En una narración en pasado, el hablante utiliza uno u otro tiempo dependiendo de sus intenciones o intereses.

El pretérito indefinido *(estuve)* se usa para informar de un hecho sin describirlo ni relacionarlo con ninguna situación. Si el hablante quiere describir o evocar una situación que sirva de marco o escenario para situar otra acción, se usa el pretérito imperfecto *(estaba)*. Por ejemplo, con la oración *Hacía un día estupendo...* el hablante prepara el contexto de lo que va a contar, pero este no es el hecho del que quiere hablar y el interlocutor está esperando la información que falta. En cambio, con *Hizo un día estupendo* el interlocutor interpreta esta oración como la información relevante. El pretérito pluscuamperfecto *(había estado)* se usa para hablar de una acción pasada y acabada en el pasado, anterior a otra acción también pasada.

***Había estado** de viaje por México y **estábamos** en su casa viendo las fotos cuando **se cayó** la lámpara.*

6.8. El futuro imperfecto

■ **Verbos regulares**

HABLAR	APRENDER	VIVIR
hablar**é**	aprender**é**	vivir**é**
hablar**ás**	aprender**ás**	vivir**ás**
hablar**á**	aprender**á**	vivir**á**
hablar**emos**	aprender**emos**	vivir**emos**
hablar**éis**	aprender**éis**	vivir**éis**
hablar**án**	aprender**án**	vivir**án**

■ **Usos**

El futuro imperfecto se usa para:

- Hablar de acciones futuras.

    *El próximo sábado **iremos** a Segovia.*

- Hacer una suposición sobre un hecho presente.

> –¿Dónde **estará** Juan?
> –No sé. ¿**Estará** de vacaciones y no **consultará** su correo electrónico?

- Hablar de un futuro impreciso acompañado de *ya*.

> –¿Puedo salir este fin de semana?
> –Ya **veremos**…

- Indicar objeción o rechazo en el presente.

> **Será** muy famoso, pero yo no entiendo por qué.
> **Vestirá** ropa muy cara, pero va siempre horrible.

- Hacer un mandato.

> **Volverás** a casa antes de las diez.
> ¡Te **tomarás** la medicina sin protestar!

6.9. El futuro perfecto

■ **Verbos regulares**

El futuro perfecto se forma con el futuro imperfecto del verbo auxiliar *haber* más el participio del verbo que se conjuga. Entre el auxiliar y el participio no se puede poner ninguna palabra.

HABLAR	APRENDER	VIVIR
habré habl**ado**	**habré** aprend**ido**	**habré** viv**ido**
habrás habl**ado**	**habrás** aprend**ido**	**habrás** viv**ido**
habrá habl**ado**	**habrá** aprend**ido**	**habrá** viv**ido**
habremos habl**ado**	**habremos** aprend**ido**	**habremos** viv**ido**
habréis habl**ado**	**habréis** aprend**ido**	**habréis** viv**ido**
habrán habl**ado**	**habrán** aprend**ido**	**habrán** viv**ido**

■ **Usos**

El futuro perfecto se utiliza para:

- Expresar una acción futura anterior a otra también futura.

> Cuando llegues a casa, yo ya me **habré ido**.
> Cuando vengáis, yo ya **habré preparado** la comida.

- Hacer suposiciones sobre algo que sucedió en el pasado cercano.

> –¿Se **habrán ido** a pasar fuera el puente?
> –No creo. ¿No se **habrán ido** a ver a sus padres?

- Indicar objeción o contraste en el pasado.

> **Habrá intentado** hacer una foto artística, pero no lo ha conseguido.

- Sustituir en el pasado a *espero que, no creo que, confío en que*…; en este caso, el futuro perfecto va precedido de *no*.

> ¿No te **habrás olvidado** del pasaporte?
> ¿No te **habrás ido** el fin de semana con tus amigos? Recuerda que la semana que viene tienes dos exámenes.

6.10. El condicional simple

■ Verbos regulares

HABLAR	APRENDER	VIVIR
hablar**ía**	aprender**ía**	vivir**ía**
hablar**ías**	aprender**ías**	vivir**ías**
hablar**ía**	aprender**ía**	vivir**ía**
hablar**íamos**	aprender**íamos**	vivir**íamos**
hablar**íais**	aprender**íais**	vivir**íais**
hablar**ían**	aprender**ían**	vivir**ían**

■ Usos

El condicional simple se utiliza:

● Para pedir algo de forma cortés.

> *¿**Podría** informarnos acerca de la vivienda que se vende en la calle Santa Ana?*
> *¿**Podrías** darme un vaso de agua, por favor?*

● Para pedir y dar un consejo o hacer una sugerencia.

> *¿Tú qué **harías**?*
> ***Deberías** arreglar el ordenador.*

● Para hacer suposiciones sobre hechos pasados.

> ***Serían** las tres de la mañana cuando llegó Manuela a casa.*

● Para indicar objeción o rechazo en el pasado.

> ***Sería** muy famoso en su época, pero ahora no lo conoce nadie.*

● En la segunda parte de las oraciones condicionales hipotéticas en presente o impro bables en el futuro.

> *Si me dieran vacaciones, nos **iríamos** de viaje.*
> *Si me tocara la lotería, me **compraría** una casa en la playa.*

6.11. El condicional compuesto

■ Verbos regulares

El condicional compuesto se forma con el condicional simple del verbo auxiliar *haber* más el participio del verbo que se conjuga. Entre el auxiliar y el participio no se puede poner ninguna palabra.

HABLAR	APRENDER	VIVIR
habría habl**ado**	**habría** aprend**ido**	**habría** viv**ido**
habrías habl**ado**	**habrías** aprend**ido**	**habrías** viv**ido**
habría habl**ado**	**habría** aprend**ido**	**habría** viv**ido**
habríamos habl**ado**	**habríamos** aprend**ido**	**habríamos** viv**ido**
habríais habl**ado**	**habríais** aprend**ido**	**habríais** viv**ido**
habrían habl**ado**	**habrían** aprend**ido**	**habrían** viv**ido**

■ **Usos**

El condicional compuesto se utiliza:

● Para hacer suposiciones sobre algo que sucedió antes de otro suceso pasado.

> **Habrían echado** sal en la carretera la noche anterior y por eso ayer no hubo ningún problema para circular.

● En la segunda parte de las oraciones condicionales irreales para referirse a las hipótesis que no pudieron darse (en el pasado).

> Si hubiera salido todo bien, ya se **habría ido** a vivir solo.

● Con valor de un deseo no realizado en las oraciones condicionales irreales en las que falta la condición.

> (Si fuera tú,) Yo ya **habría roto** con él.

● Para transmitir lo dicho en el pasado.

> –El lunes ya habré terminado el informe.
> Dijo que el lunes ya **habría terminado** el informe.

● Indicar objeción o contraste en el pasado.

> **Habría estudiado** mucho, pero hizo fatal el examen.

5.12. El presente de subjuntivo

■ **Verbos regulares**

HABLAR	APRENDER	VIVIR
hable	aprenda	viva
hables	aprendas	vivas
hable	aprenda	viva
hablemos	aprendamos	vivamos
habléis	aprendáis	viváis
hablen	aprendan	vivan

■ **Usos**

l presente de subjuntivo se utiliza:

Para expresar un deseo.

> Quiero que **vengas** a mi fiesta.
> ¡Que te **mejores**!
> Ojalá **puedas** venir.

Con expresiones que indican deseo y que tienen un matiz despectivo.

> Así te **lleves** un buen susto.

Para expresar duda o posibilidad.

> Quizá me **cambie** de trabajo.
> Tal vez te **llame** esta tarde.

- Para dar consejos y recomendaciones.

  *Es bueno que **haga** ejercicio y **duerma** bien.*
  *Te aconsejo que **revises** el coche.*

- Para proponer planes y hacer sugerencias.

  *Te propongo que **vayamos** de excursión a El Escorial.*
  *Te sugiero que **pintes** el pasillo de azul claro.*

- Para expresar gustos y preferencias.

  *Me encanta que **salgamos** a cenar fuera los fines de semana.*
  *Prefiero que **vayamos** al teatro.*

- Para hacer una valoración en estructuras tipo *ser/parecer* + *raro/bueno/una pena…* + *que* y *estar* + *bien/mal…* + *que*.

  *Me parece muy bien que **bajen** los impuestos.*
  *Es increíble que no **digan** nada.*

- Para transmitir una orden, una instrucción o un consejo.

  –Cómetelo todo.
  *Dice que te lo **comas** todo.*

  Con este uso se puede utilizar la fórmula *que* + presente de subjuntivo sin previo uso del imperativo.

  *¡Que no **pongas** los pies encima de la mesa!*

- En las oraciones subordinadas temporales introducidas por *cuando, antes de que, después de que, una vez (que), apenas, mientras, hasta que, en cuanto* y *tan pronto como* con valor de futuro.

  *Llámame por teléfono cuando **llegues**.*
  *Quiero hablar contigo antes de que te **vayas**.*
  *Activaremos su cuenta después de que **realice** el ingreso.*

- Para expresar finalidad en las oraciones introducidas por *para que* o por *a que* con verbos de movimiento.

  *Desenchufa la nevera cuando estés de vacaciones para que no se te **estropee**.*
  *Voy a la peluquería a que me **arreglen** el pelo.*

- En las oraciones subordinadas de relativo *(que)*, adverbiales de lugar *(donde)* y de modo *(como)* cuando expresamos duda, inseguridad, inexistencia o desconocimiento de la información.

  *Busco un libro que **sea** divertido.*
  *Mira a ver si hay alguna sección donde **hablen** de animales.*
  *Le podemos decorar la tarta como usted **quiera**.*

- Con expresiones que indican reacción, sentimiento o estados de ánimo y con verbos como *tener miedo de, poner de los nervios, sorprender, molestar*, etc.

  *Me sorprende que **digas** eso.*
  *Me da miedo que no **sepan** llegar hasta aquí.*

- Con verbos de opinión (*creer, pensar, considerar,* etc.) y con construcciones impersonales que implican certeza (*ser verdad/cierto, estar claro,* etc.), si van en forma negativa.

> No creo que **hagan** nada.
> No está claro que **haya** un error.

Una excepción son las oraciones interrogativas que se emplean para invitar al acuerdo, en las que se usa el presente de indicativo.

> ¿No creen que **merecemos** al menos una explicación?

- Con verbos de influencia para pedir y dar permiso e influir en los demás (*permitir,
dejar, prohibir, mandar, tolerar, insistir en…*).

> No te permito que me **hables** así.
> Os prohíbo que **vayáis** vosotros solos.

- Para pedir permiso en oraciones subordinadas que dependen de un verbo principal
en presente de indicativo.

> ¿Te importa que **use** tu ordenador?

- En las oraciones concesivas con *aunque* y *a pesar de que* cuando introducen una información compartida (que ya se ha mencionado antes o que los hablantes compar-
ten) o cuando no queremos o no podemos comprometernos con esa información.

> –Está lloviendo.
> –Pues, aunque **esté** lloviendo, yo voy a salir.

> –Creo que está lloviendo.
> –Pues, aunque **esté** lloviendo, yo voy a salir.

Como norma general, en las oraciones subordinadas aparece el subjuntivo, y no
el infinitivo, cuando el sujeto de la oración subordinada es distinto del de la principal;
si el sujeto de la oración principal y el de la subordinada es el mismo, se utiliza el infinitivo.

> Me saca de quicio **ver** a la gente con los pies encima de la mesa.
> Me saca de quicio que la gente **ponga** los pies encima de la mesa.

5.13. El pretérito perfecto de subjuntivo

Verbos regulares

El pretérito perfecto de subjuntivo se forma con el verbo auxiliar *haber* en presente
de subjuntivo más el participio del verbo que se conjuga. Entre el auxiliar y el participio
no se puede poner ninguna palabra.

HABLAR	APRENDER	VIVIR
haya habl**ado**	**haya** aprend**ido**	**haya** viv**ido**
hayas habl**ado**	**hayas** aprend**ido**	**hayas** viv**ido**
haya habl**ado**	**haya** aprend**ido**	**haya** viv**ido**
hayamos habl**ado**	**hayamos** aprend**ido**	**hayamos** viv**ido**
hayáis habl**ado**	**hayáis** aprend**ido**	**hayáis** viv**ido**
hayan habl**ado**	**hayan** aprend**ido**	**hayan** viv**ido**

■ **Usos**

El pretérito perfecto de subjuntivo se utiliza:

● Con verbos que transmiten una acción subjetiva (verbos de influencia, opinión negativa, etc.) para expresar una acción pasada, relacionada con el presente.

> *Dice que ha llegado tarde porque ha perdido el autobús, pero no creo que **haya llegado** tarde por eso.*

● En las oraciones temporales cuando nos referimos a una acción futura anterior a otra también futura.

> *Hablaremos a solas cuando **se hayan ido** todos.*

6.14. El pretérito imperfecto de subjuntivo

■ **Verbos regulares**

En español existen dos formas equivalentes para el pretérito imperfecto de subjuntivo, las formas en -*ra* y las formas en -*se*. Sin embargo, hay que señalar que actualmente las formas en -*ra* se utilizan con más frecuencia en la lengua hablada, mientras que las formas en -*se* se registran en contextos más cuidados.

HABLAR	APRENDER	VIVIR
hablara o hablase	aprendiera o aprendiese	viviera o viviese
hablaras o hablases	aprendieras o aprendieses	vivieras o vivieses
hablara o hablase	aprendiera o aprendiese	viviera o viviese
habláramos o hablásemos	aprendiéramos o aprendiésemos	viviéramos o viviésemos
hablarais o hablaseis	aprendierais o aprendieseis	vivierais o vivieseis
hablaran o hablasen	aprendieran o aprendiesen	vivieran o viviesen

■ **Usos**

El pretérito imperfecto de subjuntivo se utiliza:

● En las oraciones subordinadas para indicar un momento posterior al que indica el verbo principal.

> *Quiso que lo **acompañáramos** al médico.*

● Para referirse a condiciones que no pueden darse (en el presente) o que es poco probable que se den (en el futuro).

> *Si me **ofreciesen** hacer un anuncio y me **pagasen** bien, aceptaría.*

● Para transmitir una orden, un consejo o una instrucción dados en el pasado.

> *–Cómetelo todo.*
> *Dijo que me lo **comiera** todo.*

● Para expresar deseos que consideramos difíciles de realizar.

> *Ojalá me **tocara** la lotería.*

● Para expresar una duda sobre los hechos pasados introducida por *quizá* o *tal vez*.

> *Ayer no vino Marta, quizá se le **hiciera** tarde.*

- Pedir algo de forma cortés.

   Quisiera *pedir información sobre el apartamento en alquiler.*

- Cuando expresamos sentimientos, estados de ánimo y reacciones referidas al pasado.

   Me fastidiaba que mis padres no me ***dejaran*** *ir a la piscina solo.*

- Con verbos de influencia referidos al pasado.

   El maestro no nos permitía que nos ***levantáramos*** *de la silla durante la clase.*

- En oraciones subordinadas cuando depende de un verbo principal en condicional:
   – Para expresar deseos.

   Me haría mucha ilusión que ***vinierais*** *a mi boda.*

   – Para pedir permiso.

   ¿Te importaría que ***fuéramos*** *en autobús en lugar de en coche?*

6.15. El pretérito pluscuamperfecto de subjuntivo

Verbos regulares

El pretérito pluscuamperfecto de subjuntivo se forma con el verbo auxiliar *haber* en pretérito imperfecto de subjuntivo conjugado más el participio del verbo que se conjuga. Entre el auxiliar y el participio no se puede poner ninguna palabra.

Como en el pretérito imperfecto de subjuntivo, existen dos formas equivalentes *(hubiera hablado* o *hubiese hablado)*, aunque la forma en *-ra* es mucho más frecuente en la lengua hablada.

HABLAR	APRENDER	VIVIR
hubiera o **hubiese** habl**ado**	**hubiera** o **hubiese** aprend**ido**	**hubiera** o **hubiese** viv**ido**
hubieras o **hubieses** habl**ado**	**hubieras** o **hubieses** aprend**ido**	**hubieras** o **hubieses** viv**ido**
hubiera o **hubiese** habl**ado**	**hubiera** o **hubiese** aprend**ido**	**hubiera** o **hubiese** viv**ido**
hubiéramos o **hubiésemos** habl**ado**	**hubiéramos** o **hubiésemos** aprend**ido**	**hubiéramos** o **hubiésemos** viv**ido**
hubierais o **hubieseis** habl**ado**	**hubierais** o **hubieseis** aprend**ido**	**hubierais** o **hubieseis** viv**ido**
hubieran o **hubiesen** habl**ado**	**hubieran** o **hubiesen** aprend**ido**	**hubieran** o **hubiesen** viv**ido**

Usos

El pretérito pluscuamperfecto de subjuntivo se utiliza:

En las oraciones condicionales irreales que se refieren al pasado.

   Si me lo ***hubieras dicho*** *antes, no habría venido.*

También suele aparecer coloquialmente en la segunda parte de la oración condicional en lugar del condicional compuesto.

   Si me lo ***hubieras dicho*** *antes, no* ***hubiera venido****.*

- Con valor de un deseo no realizado en las oraciones condicionales irreales en las que falta la condición.

  *(Si fuera tú,) Yo ya **hubiera roto** con él.*

6.16. El imperativo

■ **Verbos regulares**

HABLAR	APRENDER	VIVIR
habla (tú)	aprende (tú)	vive (tú)
hable (usted)	aprenda (usted)	viva (usted)
hablad (vosotros)	aprended (vosotros)	vivid (vosotros)
hablen (ustedes)	aprendan (ustedes)	vivan (ustedes)

Fíjate en que la forma para *tú* coincide con la forma de tercera persona de singular del presente de indicativo y las formas de *usted* y *ustedes* son las mismas del presente de subjuntivo.

La forma para *vosotros/as* se forma cambiando la *-r* del infinitivo por una *-d*.

■ **Imperativo negativo**

En español, utilizamos la forma del presente de subjuntivo para el imperativo negativo.

HABLAR	APRENDER	VIVIR
no hables (tú)	no aprendas (tú)	no vivas (tú)
no hable (usted)	no aprenda (usted)	no viva (usted)
no habléis (vosotros)	no aprendáis (vosotros)	no viváis (vosotros)
no hablen (ustedes)	no aprendan (ustedes)	no vivan (ustedes)

Para hacer una construcción negativa, se puede hacer con *no* o con cualquier forma que tenga significado negativo seguida del imperativo.

Ni *coma grasas,* **ni** *beba.* **Tampoco** *haga ningún esfuerzo.*

■ **Usos**

El modo imperativo se utiliza:

- Para llamar la atención de alguien.

  Oye, **perdona**, *¿has visto a Jaime?*

- Para dar instrucciones.

  Siga *todo recto.*

- Para dar órdenes o prohibir algo de manera más o menos fuerte.

  Siéntate *inmediatamente.*
  Siéntate, *por favor.*
  Siéntate, *si no te importa.*
  No **entre**.

- Para conceder permiso (en este caso se suele repetir el imperativo).

  –¿Puedo pasar?
  –Sí, claro. **Pase**, **pase**.

- Para aconsejar.

  > **Coma** *sano.*

- Con cierto valor condicional.

  > **Abre** *la caja, y verás qué sorpresa.*

Las formas *anda* y *venga* se utilizan para:

- Dar ánimo o consuelo.

  > **Venga**, **anda**, *anímate un poco y sal a dar una vuelta.*

- Animar a alguien a realizar una acción (en este caso se suele repetir el imperativo).

  > **Venga**, **venga**, *vámonos.*

- Expresar sorpresa.

  > ¡**Anda**, *no me digas!*

Otros imperativos lexicalizados tienen matiz irónico o un valor ponderativo de la cualidad expresada, y de molestia o irritación ante la insistencia.

> ¡**Mira** *qué bien!*, ¡**Vaya**, **vaya**!, ¡*No me* **digas**!
> **Mira** *que eres egoísta.*
> ¡**Dale** *con el ruido!*

Los pronombres que funcionan como objeto directo (OD) u objeto indirecto (OI), así como los pronombres reflexivos, se ponen después del imperativo, formando con él una sola palabra. Se sigue este orden: imperativo + OI + OD.

> **Dame** *un vaso, por favor.*
> **Dámelo** *ya, por favor.*
> **Péinate**, *que vamos a salir.*

Cuando se añade un pronombre al imperativo plural, se suprime la *-d* final del imperativo.

> **Lava**os *las manos.*
> **Acostaos** *pronto que mañana tenéis que madrugar.*

A veces se utilizan recursos de repetición o refuerzo del imperativo.

> **Termina** *el desayuno de una vez, te* **he dicho**.

7. Usos de *ser* y *estar*

7.1. El verbo *ser*

El verbo *ser* se utiliza para:

- Definir.

  > *El cuchillo* **es** *un utensilio con el que cortamos la carne.*

- Identificar lugares y personas.

  > *La chica morena de la melena larga* **es** *mi hermana Marta.*

- Describir seres, objetos y lugares.

  > *Toledo* **es** *una ciudad muy bonita.*

También en construcciones impersonales tipo.

> **Es** tarde.
> **Es** de noche.

- Localizar sucesos o acontecimientos.

    > El estreno **será** en el cine Gran Vía.

- Valorar seres, comportamientos, objetos y lugares.

    > **Ha sido** usted muy amable.

- Indicar la materia de la que está hecho algo.

    > Este reloj **es** de oro.

- Indicar el origen o la nacionalidad de personas y objetos.

    > María **es** de Barcelona.
    > Esta escultura **es** de Costa Rica.

- Indicar la profesión.

    > Mi abuelo **era** profesor de francés.

- Valorar, reaccionar o expresar sentimientos en construcciones tipo es + sustantivo o adjetivo + que.

    > **Es** una pena que no podamos vernos esta tarde.

- Resaltar la acción y no al sujeto que la realiza en las construcciones pasivas tipo es + participio (+ por…).

    > La ciudad **fue** destruida por el enemigo.

7.2. El verbo estar

El verbo estar se utiliza:

- Para situar en el espacio a alguien o algo.

    > El hospital **está** a las afueras de la ciudad.

- Para indicar el estado civil.

    > La profesora **está** casada.

- Para hablar de una acción en desarrollo (estar + gerundio).

    > Los alumnos **están** estudiando.

- Para referirse a estados físicos o anímicos.

    > Francisca **está** bastante estresada.

- Para describir las características de objetos y lugares.

    > El piso **está** amueblado y muy bien comunicado.

- Para construir algunas expresiones fijas: estar de acuerdo, estar en paro, estar de moda, etcétera.

    > **Estoy** de acuerdo contigo.

- Con algunos adverbios y adjetivos que solo pueden ir precedidos de *estar* (*bien, mal, fatal, permitido, prohibido,* etc.).

> ¿**Estás** bien?
> Lo que has hecho **está** fatal.
> ¿**Está** prohibido hacer fotos aquí?

- Para expresar sentido final o acción que está a punto de realizarse con la fórmula *estar + para +* infinitivo.

> Sentaos a la mesa, la comida ya **está para** servir.
> El tren **está para** salir.

- Para expresar falta de disposición de ánimo con *no estar + para +* infinitivo o sustantivo.

> **No estoy para** aguantar chistes.
> **No estoy para** bromas, me siento deprimido.

- Para expresar intención con *estar + por +* infinitivo.

> Estoy tan enfadada con él, que **estoy por** no dirigirle más la palabra.

- Para expresar que una acción está sin realizar con *estar + por +* infinitivo.

> Toda la mañana limpiando la casa y el salón todavía **está por** ordenar.

- Con la fórmula *estar + por* que equivale a *a favor de*.

> **Estamos por** las medidas ecológicas.

- Para expresar un estado con *estar que*.

> Habla mañana con Juan porque hoy **está que** arde.
> **Está que** trina por la multa que le han puesto.
> Esta tarta **está que** se sale.

7.3. Adjetivos que pueden ir con *ser* o con *estar*

Cuando describimos algo o a alguien, podemos utilizar algunos adjetivos que pueden ir con *ser* o con *estar*: *guapo, delgado, gordo, alegre, tonto, limpio,* etc. Generalmente en estos casos se utiliza:

- *Ser* cuando entendemos que se trata de una cualidad inherente y permanente de aquello que describimos.

> Marta **es** muy guapa.
> Pablo **es** un chico muy simpático.

- *Estar* cuando entendemos que se trata de una cualidad no permanente o resultado de un proceso.

> Marta **está** muy guapa hoy, ¿qué se habrá hecho?
> Pablo **está** hoy especialmente simpático.

En algunos adjetivos para valorar comportamientos se puede utilizar *ser* aunque la cualidad se atribuya como delimitada.

> Ayer **fuiste** muy amable con Carmen.
> Ayer **estuviste** muy amable con Carmen.

Otros adjetivos, como *listo/a, orgulloso/a,* etc., cambian de significado si van acompañados del verbo *ser* o del verbo *estar*.

SER	ESTAR
¡Qué simpático es Ernesto! Es una persona muy **abierta**.	¿Está la ventana **abierta**?
Es una niña muy **alegre**, siempre sonríe.	¿Has bebido mucho en la fiesta? Estás un poco **alegre**.
Las personas que ayudan a los demás son **buenas**.	Después de dos semanas en el hospital, ya estoy **bueno**. Ese chico está muy **bueno**.
Es una chica muy **despierta**, se da cuenta de todo.	¿Estás **despierta** o dormida?
Este chico es muy **limpio** y ordenado.	El cuarto de baño tiene que estar **limpio**.
Tomás es muy **listo**, muy inteligente.	¿Estás **listo** para salir?
La bruja de este cuento es muy **mala**.	Estoy **malo** y tengo que ir al médico.
Juan es una persona muy **orgullosa**, nunca reconoce sus errores.	Estoy **orgullosa** de ti, lo has hecho muy bien.
Es muy **parado** y le da vergüenza dirigirse a una chica.	Está **parado** y, como tiene 50 años, es difícil encontrar otro trabajo.
Isabel es muy **rica**, su familia tiene mucho dinero.	¡Qué **rica** está la tortilla!
¿Tu bolso nuevo es **verde** o azul?	Este plátano está **verde**, no está maduro.
Este niño es muy **vivo**: aprende rápidamente.	Aunque el accidente ha sido grave, está **vivo**.

8. Las perífrasis verbales

Las perífrasis verbales son el resultado de combinar dos formas verbales que se comportan como un solo verbo: una forma verbal simple o compuesta que funciona como verbo auxiliar seguida del infinitivo, gerundio o participio de otro verbo. El verbo conjugado y la forma del otro verbo forman una unidad semántica y no se pueden interpretar de forma separada.

> Esta tarde **tengo que hacer** muchas cosas.
> ¿**Sigues trabajando** en la empresa de tu padre?
> Esta mañana **he dejado preparada** la comida.

En las perífrasis verbales, los pronombres personales pueden ir antes del verbo conjugado, como palabras independientes, o después del infinitivo o gerundio, unidos con él en una sola palabra.

> **La** tengo que llamar.
> Tengo que llamar**la**.
> **Lo** estoy oyendo.
> Estoy oyéndo**lo**.

Excepto cuando en la perífrasis hay un verbo reflexivo o pronominal, en cuyo caso los pronombres van detrás del infinitivo.

> Me puse a leér**selo**.

Estas son las principales perífrasis:

PERÍFRASIS		NOCIÓN O IDEA DE	EJEMPLOS
hay que			**Hay que asistir** siempre a clase.
tener que		obligación/consejo	**Tenemos que respetar** todas las opiniones.
deber			**Debes decir** siempre la verdad.
deber de		duda/probabilidad	Has madrugado mucho, **debes de estar** cansado, ¿no?
ir a		intención/planes	**Voy a salir** con mis amigos esta tarde.
soler		costumbre	**Suelo ir** los martes al gimnasio.
empezar/ comenzar a		comienzo	**Hemos empezado a recibir** clases de windsurf.
ponerse a		comienzo	Teresa y Marta **se pusieron a charlar** en la cafetería.
echar(se) a		comienzo repentino	Cuando salió el payaso, **se echó a reír**.
romper a		comienzo repentino de forma violenta	Al leer su mensaje, **rompió a llorar**.
estar a punto de	+ infinitivo	comienzo inminente	**Estamos a punto de lanzar** una campaña publicitaria.
meterse a		comenzar algo sin estar preparado	Si no entiendes de mecánica, no **te metas a arreglar** el coche.
acabar/ terminar de		terminación	Andrea **acababa de levantarse** de la cama.
acabar/ terminar por (no)		acción finalmente realizada	Había tanto humo en ese restaurante que **acabé por no entrar**.
acabar de		realización inmediatamente precedente	**Acabo de ver** a Marta por la calle.
dejar de		interrupción	Durante las vacaciones **dejo de madrugar**.
volver a		reiteración	Quiero **volver a ver** esa película.
llevar sin		acción que continúa	¿Cuánto tiempo **llevas sin ver** a María?
llegar a		progreso o acción extraña	**Ha llegado a ser** una gran actriz. Estaba tan enfadado que **llegó a decir** que se iba para siempre.
venir a		aproximación dubitativa	No lo he entendido bien, pero creo que **ha venido a decir** que no quiere ser nuestro socio.
(no) alcanzar a		logro o consecución	**No alcanzo a entender** por qué se han divorciado.
seguir sin		acción que nunca se ha realizado	**Sigo sin hablar** bien alemán.

PERÍFRASIS		NOCIÓN O IDEA DE	EJEMPLOS
estar	+ gerundio	acción en desarrollo	**¿Estás estudiando** para el examen?
seguir/ continuar		acción que continúa	**Siga haciendo** su tratamiento.
llevar		acción que continúa	**Lleva tomando** esas pastillas una semana.
ir		acción que avanza lentamente	**Fueron pagando** la hipoteca poco a poco.
andar		acción repetida negativa	Todo el día **anda hablando** mal de su jefe y seguro que tendrá problemas.
venir		acción que se acumula lentamente	Desde hace un tiempo **viene comportándose** de forma extraña.
terminar/ acabar		acción terminada	Después de muchas reuniones **terminaron encontrando** la solución al conflicto.
tener/ llevar	+ participio	acumulación, cantidad	**Llevo leídas** más de cuarenta novelas sobre este tema. **Llevan casados** cinco años.
dejar		finalización	Ya **he dejado preparadas** las maletas.

9. Los verbos de cambio

Estos verbos y locuciones verbales expresan cambios físicos, en el estado de ánimo y en la personalidad:

- *Ponerse* + adjetivo: expresa una transformación rápida que no suele ser permanente.

  *Cada vez que la veo **me pongo** nervioso.*

- *Volverse* + adjetivo/sustantivo: expresa una transformación rápida, que entendemos casi permanente.

  *Desde que tiene dinero **se ha vuelto** insoportable.*

- *Llegar a ser* + adjetivo/sustantivo: se emplea para referirse a una transformación progresiva, que suele implicar un esfuerzo por parte del sujeto.

  *Con gran esfuerzo **ha llegado a ser** uno de los mejores médicos del país.*

- *Hacerse* + adjetivo/sustantivo: se refiere a cambios producto de la evolución natural o a cambios decididos por el propio sujeto.

  *Estudió Derecho y **se hizo** abogada.*

- *Convertirse/Transformarse en* + sustantivo: suelen aludir a cambios totales, que normalmente se entienden como definitivos.

  *Nadie lo conocía, pero este año **se ha convertido en** uno de los jugadores más importantes.*

- *Quedarse* + adjetivo: se refiere a cambios de tipo físico, que pueden ser permanentes o transitorios.

> Si ves a Luis no lo reconoces, **se ha quedado** calvo.

10. La construcción pasiva

La construcción pasiva se forma con *se* + el verbo en tercera persona de singular o de plural y esta estructura se usa para generalizar.

> **Se habla** español.
> **Se construyó** en 1985.
> **Se alquilan** bicicletas.

Cuando un hablante quiere mencionar al agente de una acción, se usa la construcción activa.

> El enemigo destruyó la ciudad.

Se puede introducir al agente de la acción a través de la preposición *por* después del verbo.

> La ciudad fue destruida **por** el enemigo.

11. El verbo en América

11.1. Uso de *ustedes* en lugar de *vosotros*

Vosotros es la forma más usada en la mayor parte de España para el tratamiento informal y se usa para referirse a varios interlocutores en contextos familiares, informales y de confianza. Este pronombre personal, así como las formas verbales de segunda persona del plural correspondientes *(habláis, aprendéis, vivís…)*, no se usan en la mayor parte de Hispanoamérica, donde para el tratamiento informal en plural se utiliza *ustedes*. Por consiguiente, los morfemas personales se han reducido a cinco en todos los tiempos verbales.

11.2. El voseo

El voseo consiste en el uso de *vos* en lugar de *tú* y se da en la mayor parte de Hispanoamérica, aunque en diferente grado. Su consideración social también varía de unas regiones a otras.

A grandes rasgos, puede decirse que:

- En Perú, Bolivia, América ecuatorial, Panamá, México y las Antillas se prefiere el uso de las formas de tuteo. En estas zonas el voseo indica escasa formación.

- En Centroamérica, excepto en Panamá, el voseo está totalmente aceptado como tratamiento familiar. En cambio, se recomienda el uso del tuteo en situaciones formales.

- En Nicaragua y Costa Rica se suele usar el voseo al hablar y el tuteo en la lengua escrita, ya que las formas de tuteo se consideran más prestigiosas.

- En Chile coexisten el tuteo como tratamiento de formalidad intermedia y el voseo como tratamiento familiar.

- En Argentina, Uruguay y Paraguay el voseo está totalmente aceptado en la norma culta tanto en la lengua escrita como en la oral.

El voseo va acompañado de cambios en las formas verbales. Por ejemplo, en el voseo culto rioplatense, estos cambios afectan al presente de indicativo y al imperativo.

	1.ª CONJUGACIÓN: -AR	2.ª CONJUGACIÓN: -ER	3.ª CONJUGACIÓN: -IR
Presente de indicativo	habl**ás**	aprend**és**	viv**ís**
Imperativo	habl**á**	aprend**é**	viv**í**

11.3. Diferencias en el uso de los tiempos verbales

- El pretérito perfecto no se utiliza en determinadas zonas de Hispanoamérica. En su lugar se emplea el pretérito indefinido.

    *Este fin de semana **estuve** en casa de mis padres* por *Este fin de semana he estado en casa de mis padres.*
    ***Vi** a Pedro esta mañana* por *He visto a Pedro esta mañana.*

- En la mayor parte de Hispanoamérica, el futuro imperfecto de indicativo (*hablaré, aprenderé,* etc.) apenas se usa en la lengua oral con valor temporal, es más usual el uso de la perífrasis *ir a* + infinitivo. Aunque su uso con este valor sí es muy frecuente en toda América, en la lengua escrita.

    El futuro sí se utiliza con más frecuencia con valores modales: probabilidad o suposición sobre un hecho presente, duda u objeción o rechazo en el presente.

    ***Estará** enfermo.*
    *No sé quién **vendrá** a la fiesta.*
    ***Será** bonita, pero no me gusta.*

- El futuro perfecto de indicativo (*habré hablado, habré vivido,* etc.) suele ser sustituido por el pretérito indefinido, por perífrasis perfectivas como *tener* + participio o por *ir a* + infinitivo.

    *Cuando vengas, ya lo **terminé/tengo terminado/voy a terminar**.*

    Cuando se usa para hacer suposiciones suele ser sustituido por el pretérito indefinido o por alguna perífrasis que indique duda.

    *Dónde **estuvo** mi hermano este fin de semana.*
    *Qué le **pudo decir** para que esté así.*

- El condicional simple *(hablaría)* con valor temporal suele ser sustituido por *ir a* + infinitivo.

    *Carlos me dijo que **iba a venir**.*

- El condicional compuesto *(habría hablado)* suele ser sustituido por el pretérito pluscuamperfecto de subjuntivo.

    *Si hubieras venido, te **hubieras enterado** de la noticia.*
    *Yo lo **hubiera hecho** de otra forma.*

    El condicional compuesto se suele usar también para pedir algo de forma cortés.

    ***Habría querido** hablar con usted un momentito.*

- En cuanto al imperfecto y al pluscuamperfecto de subjuntivo, se usa casi siempre y en prácticamente todos los dialectos las formas en *-ra*. Las formas en *-se* se usan en toda América en la lengua literaria.

En España se usa el pretérito imperfecto de subjuntivo si el verbo del que depende está en pasado o en condicional.

> *Inés nos **pidió** que **fuéramos** al cine con ella.*
> *Mis padres **querrían** que **viviéramos** juntos.*

En cambio, en Hispanoamérica se usa el presente de subjuntivo aunque el verbo del que dependa esté en pasado o condicional.

> *Irene nos **pidió** que **vayamos** al cine con ella.*
> *Mis padres **querrían** que **vivamos** juntos.*

- El uso del imperativo para dar órdenes suele ser sustituido por el presente de indicativo o por las perífrasis *ir a* + infinitivo o *querer* + infinitivo.

> *Si vas a caso de Ramón le **decís** que ya voy.*
> *Me **da** ahora mismo el libro.*
> *Me lo **vas a decir** ahora mismo.*
> *¿**Quieres darme** el libro de una vez?*

11.4. Diferencias en el uso de *ser* y *estar*

En el caso de los usos de *ser* y *estar* también se producen diferencias según el origen del hablante. Por ejemplo, en Hispanoamérica se usa el verbo *estar* en lugar de *ser* en oraciones valorativas.

> *La película **está** buenísima.*
> *El libro que me dejaste **está** muy bueno.*

En cambio, para referirse al estado civil se suele usar el verbo *ser*.

> ***Es** soltero (y no está soltero).*

135 verbos conjugados

1. abrir

INDICATIVO

Presente		Pretérito perfecto	
abro	abrimos	he abierto	hemos abierto
abres	abrís	has abierto	habéis abierto
abre	abren	ha abierto	han abierto

Pretérito imperfecto		Pretérito pluscuamperfecto	
abría	abríamos	había abierto	habíamos abierto
abrías	abríais	habías abierto	habíais abierto
abría	abrían	había abierto	habían abierto

Pretérito indefinido		Pretérito anterior	
abrí	abrimos	hube abierto	hubimos abierto
abriste	abristeis	hubiste abierto	hubisteis abierto
abrió	abrieron	hubo abierto	hubieron abierto

Futuro imperfecto		Futuro perfecto	
abriré	abriremos	habré abierto	habremos abierto
abrirás	abriréis	habrás abierto	habréis abierto
abrirá	abrirán	habrá abierto	habrán abierto

Condicional simple		Condicional compuesto	
abriría	abriríamos	habría abierto	habríamos abierto
abrirías	abriríais	habrías abierto	habríais abierto
abriría	abrirían	habría abierto	habrían abierto

SUBJUNTIVO

Presente		Pretérito perfecto	
abra	abramos	haya abierto	hayamos abierto
abras	abráis	hayas abierto	hayáis abierto
abra	abran	haya abierto	hayan abierto

Pretérito imperfecto		Pretérito pluscuamperfecto	
abriera o abriese	abriéramos o abriésemos	hubiera o hubiese abierto	hubiéramos o hubiésemos abierto
abrieras o abrieses	abrierais o abrieseis	hubieras o hubieses abierto	hubierais o hubieseis abierto
abriera o abriese	abrieran o abriesen	hubiera o hubiese abierto	hubieran o hubiesen abierto

IMPERATIVO

abre (tú)
abra (usted)
abrid (vosotros/as)
abran (ustedes)

FORMAS NO PERSONALES

Infinitivo	abrir
Infinitivo compuesto	haber abierto
Gerundio	abriendo
Participio	abierto

Palabras, oraciones y expresiones relacionadas con el verbo

Abrir paso: hacer que la gente se separe para que pueda pasar alguien. *¡Abran paso, por favor, que llevan a un herido!*

En un abrir y cerrar de ojos: muy rápidamente. *Si viajas en avión, llegarás en un abrir y cerrar de ojos.*

No abrir el pico: no hablar. *Estuvo toda la reunión sin abrir el pico.*

2. aburrirse

INDICATIVO

Presente

me aburro	nos aburrimos
te aburres	os aburrís
se aburre	se aburren

Pretérito perfecto

me he aburrido	nos hemos aburrido
te has aburrido	os habéis aburrido
se ha aburrido	se han aburrido

Pretérito imperfecto

me aburría	nos aburríamos
te aburrías	os aburríais
se aburría	se aburrían

Pretérito pluscuamperfecto

me había aburrido	nos habíamos aburrido
te habías aburrido	os habíais aburrido
se había aburrido	se habían aburrido

Pretérito indefinido

me aburrí	nos aburrimos
te aburriste	os aburristeis
se aburrió	se aburrieron

Pretérito anterior

me hube aburrido	nos hubimos aburrido
te hubiste aburrido	os hubisteis aburrido
se hubo aburrido	se hubieron aburrido

Futuro imperfecto

me aburriré	nos aburriremos
te aburrirás	os aburriréis
se aburrirá	se aburrirán

Futuro perfecto

me habré aburrido	nos habremos aburrido
te habrás aburrido	os habréis aburrido
se habrá aburrido	se habrán aburrido

Condicional simple

me aburriría	nos aburriríamos
te aburrirías	os aburriríais
se aburriría	se aburrirían

Condicional compuesto

me habría aburrido	nos habríamos aburrido
te habrías aburrido	os habríais aburrido
se habría aburrido	se habrían aburrido

SUBJUNTIVO

Presente

me aburra	nos aburramos
te aburras	os aburráis
se aburra	se aburran

Pretérito perfecto

me haya aburrido	nos hayamos aburrido
te hayas aburrido	os hayáis aburrido
se haya aburrido	se hayan aburrido

Pretérito imperfecto

me aburriera o aburriese	nos aburriéramos o aburriésemos
te aburrieras o aburrieses	os aburrierais o aburrieseis
se aburriera o aburriese	se aburrieran o aburriesen

Pretérito pluscuamperfecto

me hubiera o hubiese aburrido	nos hubiéramos o hubiésemos aburrido
te hubieras o hubieses aburrido	os hubierais o hubieseis aburrido
se hubiera o hubiese aburrido	se hubieran o hubiesen aburrido

IMPERATIVO

abúrrete (tú)
abúrrase (usted)
aburríos (vosotros/as)
abúrranse (ustedes)

FORMAS NO PERSONALES

Infinitivo	aburrirse
Infinitivo compuesto	haberse aburrido
Gerundio	aburriéndose
Participio	aburrido

Palabras, oraciones y expresiones relacionadas con el verbo

El aburrimiento
Aburrido, da
*Me aburres **con** tus quejas.*
*Me aburro **de** esta vida.*
Aburrirse como una ostra: aburrirse mucho. *Yo me lo pasé muy bien, pero mi hermano se aburrió como una ostra.*

3. acabar

INDICATIVO

Presente

acabo	acabamos
acabas	acabáis
acaba	acaban

Pretérito perfecto

he acabado	hemos acabado
has acabado	habéis acabado
ha acabado	han acabado

Pretérito imperfecto

acababa	acabábamos
acababas	acababais
acababa	acababan

Pretérito pluscuamperfecto

había acabado	habíamos acabado
habías acabado	habíais acabado
había acabado	habían acabado

Pretérito indefinido

acabé	acabamos
acabaste	acabasteis
acabó	acabaron

Pretérito anterior

hube acabado	hubimos acabado
hubiste acabado	hubisteis acabado
hubo acabado	hubieron acabado

Futuro imperfecto

acabaré	acabaremos
acabarás	acabaréis
acabará	acabarán

Futuro perfecto

habré acabado	habremos acabado
habrás acabado	habréis acabado
habrá acabado	habrán acabado

Condicional simple

acabaría	acabaríamos
acabarías	acabaríais
acabaría	acabarían

Condicional compuesto

habría acabado	habríamos acabado
habrías acabado	habríais acabado
habría acabado	habrían acabado

SUBJUNTIVO

Presente

acabe	acabemos
acabes	acabéis
acabe	acaben

Pretérito perfecto

haya acabado	hayamos acabado
hayas acabado	hayáis acabado
haya acabado	hayan acabado

Pretérito imperfecto

acabara o acabase	acabáramos o acabásemos
acabaras o acabases	acabarais o acabaseis
acabara o acabase	acabaran o acabasen

Pretérito pluscuamperfecto

hubiera o hubiese acabado	hubiéramos o hubiésemos acabado
hubieras o hubieses acabado	hubierais o hubieseis acabado
hubiera o hubiese acabado	hubieran o hubiesen acabado

IMPERATIVO

acaba (tú)
acabe (usted)
acabad (vosotros/as)
acaben (ustedes)

FORMAS NO PERSONALES

Infinitivo	acabar
Infinitivo compuesto	haber acabado
Gerundio	acabando
Participio	acabado

Palabras, oraciones y expresiones relacionadas con el verbo

Acabáramos: se usa para indicar que una persona comprende por fin una cosa. *Pero ¿es tu hijo? ¡Acabáramos!*

Colorín, colorado, este cuento se ha acabado: fórmula que aparece en los finales de los cuentos. *... Y vivieron felices. Y colorín, colorado, este cuento se ha acabado.*

El cuento de nunca acabar: asunto que se prolonga y se complica. *Todos los días ocurre algo nuevo que nos impide terminar el proyecto: esto es el cuento de nunca acabar.*

4. aconsejar

INDICATIVO

Presente		Pretérito perfecto	
aconsejo	aconsejamos	he aconsejado	hemos aconsejado
aconsejas	aconsejáis	has aconsejado	habéis aconsejado
aconseja	aconsejan	ha aconsejado	han aconsejado

Pretérito imperfecto		Pretérito pluscuamperfecto	
aconsejaba	aconsejábamos	había aconsejado	habíamos aconsejado
aconsejabas	aconsejabais	habías aconsejado	habíais aconsejado
aconsejaba	aconsejaban	había aconsejado	habían aconsejado

Pretérito indefinido		Pretérito anterior	
aconsejé	aconsejamos	hube aconsejado	hubimos aconsejado
aconsejaste	aconsejasteis	hubiste aconsejado	hubisteis aconsejado
aconsejó	aconsejaron	hubo aconsejado	hubieron aconsejado

Futuro imperfecto		Futuro perfecto	
aconsejaré	aconsejaremos	habré aconsejado	habremos aconsejado
aconsejarás	aconsejaréis	habrás aconsejado	habréis aconsejado
aconsejará	aconsejarán	habrá aconsejado	habrán aconsejado

Condicional simple		Condicional compuesto	
aconsejaría	aconsejaríamos	habría aconsejado	habríamos aconsejado
aconsejarías	aconsejaríais	habrías aconsejado	habríais aconsejado
aconsejaría	aconsejarían	habría aconsejado	habrían aconsejado

SUBJUNTIVO

Presente		Pretérito perfecto	
aconseje	aconsejemos	haya aconsejado	hayamos aconsejado
aconsejes	aconsejéis	hayas aconsejado	hayáis aconsejado
aconseje	aconsejen	haya aconsejado	hayan aconsejado

Pretérito imperfecto		Pretérito pluscuamperfecto	
aconsejara o aconsejase	aconsejáramos o aconsejásemos	hubiera o hubiese aconsejado	hubiéramos o hubiésemos aconsejado
aconsejaras o aconsejases	aconsejarais o aconsejaseis	hubieras o hubieses aconsejado	hubierais o hubieseis aconsejado
aconsejara o aconsejase	aconsejaran o aconsejasen	hubiera o hubiese aconsejado	hubieran o hubiesen aconsejado

IMPERATIVO

aconseja (tú)
aconseje (usted)
aconsejad (vosotros/as)
aconsejen (ustedes)

FORMAS NO PERSONALES

Infinitivo	aconsejar
Infinitivo compuesto	haber aconsejado
Gerundio	aconsejando
Participio	aconsejado

Palabras, oraciones y expresiones relacionadas con el verbo

consejo
aconsejable

5. acordarse

INDICATIVO

Presente
me acuerdo	nos acordamos
te acuerdas	os acordáis
se acuerda	se acuerdan

Pretérito perfecto
me he acordado	nos hemos acordado
te has acordado	os habéis acordado
se ha acordado	se han acordado

Pretérito imperfecto
me acordaba	nos acordábamos
te acordabas	os acordabais
se acordaba	se acordaban

Pretérito pluscuamperfecto
me había acordado	nos habíamos acordado
te habías acordado	os habíais acordado
se había acordado	se habían acordado

Pretérito indefinido
me acordé	nos acordamos
te acordaste	os acordasteis
se acordó	se acordaron

Pretérito anterior
me hube acordado	nos hubimos acordado
te hubiste acordado	os hubisteis acordado
se hubo acordado	se hubieron acordado

Futuro imperfecto
me acordaré	nos acordaremos
te acordarás	os acordaréis
se acordará	se acordarán

Futuro perfecto
me habré acordado	nos habremos acordado
te habrás acordado	os habréis acordado
se habrá acordado	se habrán acordado

Condicional simple
me acordaría	nos acordaríamos
te acordarías	os acordaríais
se acordaría	se acordarían

Condicional compuesto
me habría acordado	nos habríamos acordado
te habrías acordado	os habríais acordado
se habría acordado	se habrían acordado

SUBJUNTIVO

Presente
me acuerde	nos acordemos
te acuerdes	os acordéis
se acuerde	se acuerden

Pretérito perfecto
me haya acordado	nos hayamos acordado
te hayas acordado	os hayáis acordado
se haya acordado	se hayan acordado

Pretérito imperfecto
me acordara o acordase	nos acordáramos o acordásemos
te acordaras o acordases	os acordarais o acordaseis
se acordara o acordase	se acordaran o acordasen

Pretérito pluscuamperfecto
me hubiera o hubiese acordado	nos hubiéramos o hubiésemos acordado
te hubieras o hubieses acordado	os hubierais o hubieseis acordado
se hubiera o hubiese acordado	se hubieran o hubiesen acordado

IMPERATIVO

acuérdate (tú)
acuérdese (usted)
acordaos (vosotros/as)
acuérdense (ustedes)

FORMAS NO PERSONALES

Infinitivo	acordarse
Infinitivo compuesto	haberse acordado
Gerundio	acordándose
Participio	acordado

Palabras, oraciones y expresiones relacionadas con el verbo

*No se acuerda **de** cómo se va hasta allí.*

6. acostarse

INDICATIVO

Presente

me acuesto	nos acostamos
te acuestas	os acostáis
se acuesta	se acuestan

Pretérito imperfecto

me acostaba	nos acostábamos
te acostabas	os acostabais
se acostaba	se acostaban

Pretérito indefinido

me acosté	nos acostamos
te acostaste	os acostasteis
se acostó	se acostaron

Futuro imperfecto

me acostaré	nos acostaremos
te acostarás	os acostaréis
se acostará	se acostarán

Condicional simple

me acostaría	nos acostaríamos
te acostarías	os acostaríais
se acostaría	se acostarían

Pretérito perfecto

me he acostado	nos hemos acostado
te has acostado	os habéis acostado
se ha acostado	se han acostado

Pretérito pluscuamperfecto

me había acostado	nos habíamos acostado
te habías acostado	os habíais acostado
se había acostado	se habían acostado

Pretérito anterior

me hube acostado	nos hubimos acostado
te hubiste acostado	os hubisteis acostado
se hubo acostado	se hubieron acostado

Futuro perfecto

me habré acostado	nos habremos acostado
te habrás acostado	os habréis acostado
se habrá acostado	se habrán acostado

Condicional compuesto

me habría acostado	nos habríamos acostado
te habrías acostado	os habríais acostado
se habría acostado	se habrían acostado

SUBJUNTIVO

Presente

me acueste	nos acostemos
te acuestes	os acostéis
se acueste	se acuesten

Pretérito imperfecto

me acostara	nos acostáramos
o acostase	o acostásemos
te acostaras	os acostarais
o acostases	o acostaseis
se acostara	se acostaran
o acostase	o acostasen

Pretérito perfecto

me haya acostado	nos hayamos acostado
te hayas acostado	os hayáis acostado
se haya acostado	se hayan acostado

Pretérito pluscuamperfecto

me hubiera o hubiese acostado	nos hubiéramos o hubiésemos acostado
te hubieras o hubieses acostado	os hubierais o hubieseis acostado
se hubiera o hubiese acostado	se hubieran o hubiesen acostado

IMPERATIVO

acuéstate (tú)
acuéstese (usted)
acostaos (vosotros/as)
acuéstense (ustedes)

FORMAS NO PERSONALES

Infinitivo	acostarse
Infinitivo compuesto	haberse acostado
Gerundio	acostándose
Participio	acostado

Palabras, oraciones y expresiones relacionadas con el verbo

acostarse con las gallinas: irse muy temprano a la cama. *Se levanta tarde y se acuesta con las gallinas, a las ocho de la tarde.*

7. actuar

Presente

actúo	actuamos
actúas	actuáis
actúa	actúan

Pretérito imperfecto

actuaba	actuábamos
actuabas	actuabais
actuaba	actuaban

Pretérito indefinido

actué	actuamos
actuaste	actuasteis
actuó	actuaron

Futuro imperfecto

actuaré	actuaremos
actuarás	actuaréis
actuará	actuarán

Condicional simple

actuaría	actuaríamos
actuarías	actuaríais
actuaría	actuarían

Pretérito perfecto

he actuado	hemos actuado
has actuado	habéis actuado
ha actuado	han actuado

Pretérito pluscuamperfecto

había actuado	habíamos actuado
habías actuado	habíais actuado
había actuado	habían actuado

Pretérito anterior

hube actuado	hubimos actuado
hubiste actuado	hubisteis actuado
hubo actuado	hubieron actuado

Futuro perfecto

habré actuado	habremos actuado
habrás actuado	habréis actuado
habrá actuado	habrán actuado

Condicional compuesto

habría actuado	habríamos actuado
habrías actuado	habríais actuado
habría actuado	habrían actuado

SUBJUNTIVO

Presente

actúe	actuemos
actúes	actuéis
actúe	actúen

Pretérito imperfecto

actuara o actuase	actuáramos o actuásemos
actuaras o actuases	actuarais o actuaseis
actuara o actuase	actuaran o actuasen

Pretérito perfecto

haya actuado	hayamos actuado
hayas actuado	hayáis actuado
haya actuado	hayan actuado

Pretérito pluscuamperfecto

hubiera o hubiese actuado	hubiéramos o hubiésemos actuado
hubieras o hubieses actuado	hubierais o hubieseis actuado
hubiera o hubiese actuado	hubieran o hubiesen actuado

IMPERATIVO

actúa (tú)
actúe (usted)
actuad (vosotros/as)
actúen (ustedes)

FORMAS NO PERSONALES

Infinitivo	actuar
Infinitivo compuesto	haber actuado
Gerundio	actuando
Participio	actuado

Palabras, oraciones y expresiones relacionadas con el verbo

Actuar a cara descubierta: abiertamente, públicamente. *Actuamos a cara descubierta porque queremos demostrar que no hay nada que ocultar.*

8. adquirir

INDICATIVO

Presente		Pretérito perfecto	
adquiero	adquirimos	he adquirido	hemos adquirido
adquieres	adquirís	has adquirido	habéis adquirido
adquiere	adquieren	ha adquirido	han adquirido

Pretérito imperfecto		Pretérito pluscuamperfecto	
adquiría	adquiríamos	había adquirido	habíamos adquirido
adquirías	adquiríais	habías adquirido	habíais adquirido
adquiría	adquirían	había adquirido	habían adquirido

Pretérito indefinido		Pretérito anterior	
adquirí	adquirimos	hube adquirido	hubimos adquirido
adquiriste	adquiristeis	hubiste adquirido	hubisteis adquirido
adquirió	adquirieron	hubo adquirido	hubieron adquirido

Futuro imperfecto		Futuro perfecto	
adquiriré	adquiriremos	habré adquirido	habremos adquirido
adquirirás	adquiriréis	habrás adquirido	habréis adquirido
adquirirá	adquirirán	habrá adquirido	habrán adquirido

Condicional simple		Condicional compuesto	
adquiriría	adquiriríamos	habría adquirido	habríamos adquirido
adquirirías	adquiriríais	habrías adquirido	habríais adquirido
adquiriría	adquirirían	habría adquirido	habrían adquirido

SUBJUNTIVO

Presente		Pretérito perfecto	
adquiera	adquiramos	haya adquirido	hayamos adquirido
adquieras	adquiráis	hayas adquirido	hayáis adquirido
adquiera	adquieran	haya adquirido	hayan adquirido

Pretérito imperfecto		Pretérito pluscuamperfecto	
adquiriera o adquiriese	adquiriéramos o adquiriésemos	hubiera o hubiese adquirido	hubiéramos o hubiésemos adquirido
adquirieras o adquirieses	adquirierais o adquirieseis	hubieras o hubieses adquirido	hubierais o hubieseis adquirido
adquiriera o adquiriese	adquirieran o adquiriesen	hubiera o hubiese adquirido	hubieran o hubiesen adquirido

IMPERATIVO

adquiere (tú)
adquiera (usted)
adquirid (vosotros/as)
adquieran (ustedes)

FORMAS NO PERSONALES

Infinitivo	adquirir
Infinitivo compuesto	haber adquirido
Gerundio	adquiriendo
Participio	adquirido

Palabras, oraciones y expresiones relacionadas con el verbo

la adquisición
adquisitivo, va

9. ahorrar

INDICATIVO

Presente		Pretérito perfecto	
ahorro	ahorramos	he ahorrado	hemos ahorrado
ahorras	ahorráis	has ahorrado	habéis ahorrado
ahorra	ahorran	ha ahorrado	han ahorrado

Pretérito imperfecto		Pretérito pluscuamperfecto	
ahorraba	ahorrábamos	había ahorrado	habíamos ahorrado
ahorrabas	ahorrabais	habías ahorrado	habíais ahorrado
ahorraba	ahorraban	había ahorrado	habían ahorrado

Pretérito indefinido		Pretérito anterior	
ahorré	ahorramos	hube ahorrado	hubimos ahorrado
ahorraste	ahorrasteis	hubiste ahorrado	hubisteis ahorrado
ahorró	ahorraron	hubo ahorrado	hubieron ahorrado

Futuro imperfecto		Futuro perfecto	
ahorraré	ahorraremos	habré ahorrado	habremos ahorrado
ahorrarás	ahorraréis	habrás ahorrado	habréis ahorrado
ahorrará	ahorrarán	habrá ahorrado	habrán ahorrado

Condicional simple		Condicional compuesto	
ahorraría	ahorraríamos	habría ahorrado	habríamos ahorrado
ahorrarías	ahorraríais	habrías ahorrado	habríais ahorrado
ahorraría	ahorrarían	habría ahorrado	habrían ahorrado

SUBJUNTIVO

Presente		Pretérito perfecto	
ahorre	ahorremos	haya ahorrado	hayamos ahorrado
ahorres	ahorréis	hayas ahorrado	hayáis ahorrado
ahorre	ahorren	haya ahorrado	hayan ahorrado

Pretérito imperfecto		Pretérito pluscuamperfecto	
ahorrara o ahorrase	ahorráramos o ahorrásemos	hubiera o hubiese ahorrado	hubiéramos o hubiésemos ahorrado
ahorraras o ahorrases	ahorrarais o ahorraseis	hubieras o hubieses ahorrado	hubierais o hubieseis ahorrado
ahorrara o ahorrase	ahorraran o ahorrasen	hubiera o hubiese ahorrado	hubieran o hubiesen ahorrado

IMPERATIVO

ahorra (tú)
ahorre (usted)
ahorrad (vosotros/as)
ahorren (ustedes)

FORMAS NO PERSONALES

Infinitivo	ahorrar
Infinitivo compuesto	haber ahorrado
Gerundio	ahorrando
Participio	ahorrado

Palabras, oraciones y expresiones relacionadas con el verbo

El ahorro
Ahorrador, ra
Ahorrativo, va

10. aislar

INDICATIVO

Presente

aíslo	aislamos
aíslas	aisláis
aísla	aíslan

Pretérito imperfecto

aislaba	aislábamos
aislabas	aislabais
aislaba	aislaban

Pretérito indefinido

aislé	aislamos
aislaste	aislasteis
aisló	aislaron

Futuro imperfecto

aislaré	aislaremos
aislarás	aislaréis
aislará	aislarán

Condicional simple

aislaría	aislaríamos
aislarías	aislaríais
aislaría	aislarían

Pretérito perfecto

he aislado	hemos aislado
has aislado	habéis aislado
ha aislado	han aislado

Pretérito pluscuamperfecto

había aislado	habíamos aislado
habías aislado	habíais aislado
había aislado	habían aislado

Pretérito anterior

hube aislado	hubimos aislado
hubiste aislado	hubisteis aislado
hubo aislado	hubieron aislado

Futuro perfecto

habré aislado	habremos aislado
habrás aislado	habréis aislado
habrá aislado	habrán aislado

Condicional compuesto

habría aislado	habríamos aislado
habrías aislado	habríais aislado
habría aislado	habrían aislado

SUBJUNTIVO

Presente

aísle	aislemos
aísles	aisléis
aísle	aíslen

Pretérito imperfecto

aislara o aislase	aisláramos o aislásemos
aislaras o aislases	aislarais o aislaseis
aislara o aislase	aislaran o aislasen

Pretérito perfecto

haya aislado	hayamos aislado
hayas aislado	hayáis aislado
haya aislado	hayan aislado

Pretérito pluscuamperfecto

hubiera o hubiese aislado	hubiéramos o hubiésemos aislado
hubieras o hubieses aislado	hubierais o hubieseis aislado
hubiera o hubiese aislado	hubieran o hubiesen aislado

IMPERATIVO

aísla (tú)
aísle (usted)
aislad (vosotros/as)
aíslen (ustedes)

FORMAS NO PERSONALES

Infinitivo	aislar
Infinitivo compuesto	haber aislado
Gerundio	aislando
Participio	aislado

Palabras, oraciones y expresiones relacionadas con el verbo

El aislamiento
Aislado, da

11. andar

INDICATIVO

Presente
ando	andamos
andas	andáis
anda	andan

Pretérito perfecto
he andado	hemos andado
has andado	habéis andado
ha andado	han andado

Pretérito imperfecto
andaba	andábamos
andabas	andabais
andaba	andaban

Pretérito pluscuamperfecto
había andado	habíamos andado
habías andado	habíais andado
había andado	habían andado

Pretérito indefinido
anduve	anduvimos
anduviste	anduvisteis
anduvo	anduvieron

Pretérito anterior
hube andado	hubimos andado
hubiste andado	hubisteis andado
hubo andado	hubieron andado

Futuro imperfecto
andaré	andaremos
andarás	andaréis
andará	andarán

Futuro perfecto
habré andado	habremos andado
habrás andado	habréis andado
habrá andado	habrán andado

Condicional simple
andaría	andaríamos
andarías	andaríais
andaría	andarían

Condicional compuesto
habría andado	habríamos andado
habrías andado	habríais andado
habría andado	habrían andado

SUBJUNTIVO

Presente
ande	andemos
andes	andéis
ande	anden

Pretérito perfecto
haya andado	hayamos andado
hayas andado	hayáis andado
haya andado	hayan andado

Pretérito imperfecto
anduviera o anduviese	anduviéramos o anduviésemos
anduvieras o anduvieses	anduvierais o anduvieseis
anduviera o anduviese	anduvieran o anduviesen

Pretérito pluscuamperfecto
hubiera o hubiese andado	hubiéramos o hubiésemos andado
hubieras o hubieses andado	hubierais o hubieseis andado
hubiera o hubiese andado	hubieran o hubiesen andado

IMPERATIVO

anda (tú)
ande (usted)
andad (vosotros/as)
anden (ustedes)

FORMAS NO PERSONALES

Infinitivo	andar
Infinitivo compuesto	haber andado
Gerundio	andando
Participio	andado

Palabras, oraciones y expresiones relacionadas con el verbo

Andar a la greña: discutir, estar en desacuerdo. *Esos dos vecinos andan a la greña.*

Andar con: tener una persona relación con cierta clase de gente. *Siempre anda con maleantes y gente de mal vivir.*

Andar como Pedro por su casa: actuar con total libertad en un entorno en que no se le supone que la tenga. *La novia de mi hijo anda como Pedro por su casa cuando viene, hasta se adueña del mando.*

12. apagar

INDICATIVO

Presente		Pretérito perfecto	
apago	apagamos	he apagado	hemos apagado
apagas	apagáis	has apagado	habéis apagado
apaga	apagan	ha apagado	han apagado

Pretérito imperfecto		Pretérito pluscuamperfecto	
apagaba	apagábamos	había apagado	habíamos apagado
apagabas	apagabais	habías apagado	habíais apagado
apagaba	apagaban	había apagado	habían apagado

Pretérito indefinido		Pretérito anterior	
apagué	apagamos	hube apagado	hubimos apagado
apagaste	apagasteis	hubiste apagado	hubisteis apagado
apagó	apagaron	hubo apagado	hubieron apagado

Futuro imperfecto		Futuro perfecto	
apagaré	apagaremos	habré apagado	habremos apagado
apagarás	apagaréis	habrás apagado	habréis apagado
apagará	apagarán	habrá apagado	habrán apaqado

Condicional simple		Condicional compuesto	
apagaría	apagaríamos	habría apagado	habríamos apagado
apagarías	apagaríais	habrías apagado	habríais apagado
apagaría	apagarían	habría apagado	habrían apagado

SUBJUNTIVO

Presente		Pretérito perfecto	
apague	apaguemos	haya apagado	hayamos apagado
apagues	apaguéis	hayas apagado	hayáis apagado
apague	apaguen	haya apagado	hayan apagado

Pretérito imperfecto		Pretérito pluscuamperfecto	
apagara o apagase	apagáramos o apagásemos	hubiera o hubiese apagado	hubiéramos o hubiésemos apagado
apagaras o apagases	apagarais o apagaseis	hubieras o hubieses apagado	hubierais o hubieseis apagado
apagara o apagase	apagaran o apagasen	hubiera o hubiese apagado	hubieran o hubiesen apagado

IMPERATIVO

apaga (tú)
apague (usted)
apagad (vosotros/as)
apaguen (ustedes)

FORMAS NO PERSONALES

Infinitivo	apagar
Infinitivo compuesto	haber apagado
Gerundio	apagando
Participio	apagado

Palabras, oraciones y expresiones relacionadas con el verbo

El apagón

Apagado, da

Apaga y vámonos: se utiliza para indicar que una cosa ha llegado a su fin o para declararlo absurdo o inaceptable. *Si que vayas a la fiesta o no depende de tu horóscopo, apaga y vámonos.*

13. aprender

INDICATIVO

Presente
aprendo   aprendemos
aprendes   aprendéis
aprende   aprenden

Pretérito imperfecto
aprendía   aprendíamos
aprendías   aprendíais
aprendía   aprendían

Pretérito indefinido
aprendí   aprendimos
aprendiste   aprendisteis
aprendió   aprendieron

Futuro imperfecto
aprenderé   aprenderemos
aprenderás   aprenderéis
aprenderá   aprenderán

Condicional simple
aprendería   aprenderíamos
aprenderías   aprenderíais
aprendería   aprenderían

Pretérito perfecto
he aprendido   hemos aprendido
has aprendido   habéis aprendido
ha aprendido   han aprendido

Pretérito pluscuamperfecto
había aprendido   habíamos aprendido
habías aprendido   habíais aprendido
había aprendido   habían aprendido

Pretérito anterior
hube aprendido   hubimos aprendido
hubiste aprendido   hubisteis aprendido
hubo aprendido   hubieron aprendido

Futuro perfecto
habré aprendido   habremos aprendido
habrás aprendido   habréis aprendido
habrá aprendido   habrán aprendido

Condicional compuesto
habría aprendido   habríamos aprendido
habrías aprendido   habríais aprendido
habría aprendido   habrían aprendido

SUBJUNTIVO

Presente
aprenda   aprendamos
aprendas   aprendáis
aprenda   aprendan

Pretérito imperfecto
aprendiera   aprendiéramos
o aprendiese   o aprendiésemos

aprendieras   aprendierais
o aprendieses   o aprendieseis

aprendiera   aprendieran
o aprendiese   o aprendiesen

Pretérito perfecto
haya aprendido   hayamos aprendido
hayas aprendido   hayáis aprendido
haya aprendido   hayan aprendido

Pretérito pluscuamperfecto
hubiera o   hubiéramos o
hubiese aprendido   hubiésemos aprendido

hubieras o   hubierais o
hubieses aprendido   hubieseis aprendido

hubiera o   hubieran o
hubiese aprendido   hubiesen aprendido

IMPERATIVO

aprende (tú)
aprenda (usted)
aprended (vosotros/as)
aprendan (ustedes)

FORMAS NO PERSONALES

Infinitivo   aprender
Infinitivo compuesto   haber aprendido
Gerundio   aprendiendo
Participio   aprendido

Palabras, oraciones y expresiones relacionadas con el verbo

El aprendizaje
El/la aprendiz, za
*Aprendí muy pronto **a** nadar.*
*Aprenderás mucho **de** tu profesor.*

14. aprobar

INDICATIVO

Presente
apruebo	aprobamos
apruebas	aprobáis
aprueba	aprueban

Pretérito imperfecto
aprobaba	aprobábamos
aprobabas	aprobabais
aprobaba	aprobaban

Pretérito indefinido
aprobé	aprobamos
aprobaste	aprobasteis
aprobó	aprobaron

Futuro imperfecto
aprobaré	aprobaremos
aprobarás	aprobaréis
aprobará	aprobarán

Condicional simple
aprobaría	aprobaríamos
aprobarías	aprobaríais
aprobaría	aprobarían

Pretérito perfecto
he aprobado	hemos aprobado
has aprobado	habéis aprobado
ha aprobado	han aprobado

Pretérito pluscuamperfecto
había aprobado	habíamos aprobado
habías aprobado	habíais aprobado
había aprobado	habían aprobado

Pretérito anterior
hube aprobado	hubimos aprobado
hubiste aprobado	hubisteis aprobado
hubo aprobado	hubieron aprobado

Futuro perfecto
habré aprobado	habremos aprobado
habrás aprobado	habréis aprobado
habrá aprobado	habrán aprobado

Condicional compuesto
habría aprobado	habríamos aprobado
habrías aprobado	habríais aprobado
habría aprobado	habrían aprobado

SUBJUNTIVO

Presente
apruebe	aprobemos
apruebes	aprobéis
apruebe	aprueben

Pretérito imperfecto
aprobara o aprobase	aprobáramos o aprobásemos
aprobaras o aprobases	aprobarais o aprobaseis
aprobara o aprobase	aprobaran o aprobasen

Pretérito perfecto
haya aprobado	hayamos aprobado
hayas aprobado	hayáis aprobado
haya aprobado	hayan aprobado

Pretérito pluscuamperfecto
hubiera o hubiese aprobado	hubiéramos o hubiésemos aprobado
hubieras o hubieses aprobado	hubierais o hubieseis aprobado
hubiera o hubiese aprobado	hubieran o hubiesen aprobado

IMPERATIVO
aprueba (tú)
apruebe (usted)
aprobad (vosotros/as)
aprueben (ustedes)

FORMAS NO PERSONALES
Infinitivo	aprobar
Infinitivo compuesto	haber aprobado
Gerundio	aprobando
Participio	aprobado

Palabras, oraciones y expresiones relacionadas con el verbo

La aprobación
El aprobado

15. arreglar

INDICATIVO

Presente

arreglo   arreglamos
arreglas   arregláis
arregla   arreglan

Pretérito perfecto

he arreglado   hemos arreglado
has arreglado   habéis arreglado
ha arreglado   han arreglado

Pretérito imperfecto

arreglaba   arreglábamos
arreglabas   arreglabais
arreglaba   arreglaban

Pretérito pluscuamperfecto

había arreglado   habíamos arreglado
habías arreglado   habíais arreglado
había arreglado   habían arreglado

Pretérito indefinido

arreglé   arreglamos
arreglaste   arreglasteis
arregló   arreglaron

Pretérito anterior

hube arreglado   hubimos arreglado
hubiste arreglado   hubisteis arreglado
hubo arreglado   hubieron arreglado

Futuro imperfecto

arreglaré   arreglaremos
arreglarás   arreglaréis
arreglará   arreglarán

Futuro perfecto

habré arreglado   habremos arreglado
habrás arreglado   habréis arreglado
habrá arreglado   habrán arreglado

Condicional simple

arreglaría   arreglaríamos
arreglarías   arreglaríais
arreglaría   arreglarían

Condicional compuesto

habría arreglado   habríamos arreglado
habrías arreglado   habríais arreglado
habría arreglado   habrían arreglado

SUBJUNTIVO

Presente

arregle   arreglemos
arregles   arregléis
arregle   arreglen

Pretérito perfecto

haya arreglado   hayamos arreglado
hayas arreglado   hayáis arreglado
haya arreglado   hayan arreglado

Pretérito imperfecto

arreglara   arregláramos
o arreglase   o arreglásemos

arreglaras   arreglarais
o arreglases   o arreglaseis

arreglara   arreglaran
o arreglase   o arreglasen

Pretérito pluscuamperfecto

hubiera o   hubiéramos o
hubiese arreglado   hubiésemos arreglado

hubieras o   hubierais o
hubieses arreglado   hubieseis arreglado

hubiera o   hubieran o
hubiese arreglado   hubiesen arreglado

IMPERATIVO

arregla (tú)
arregle (usted)
arreglad (vosotros/as)
arreglen (ustedes)

FORMAS NO PERSONALES

Infinitivo   arreglar
Infinitivo compuesto   haber arreglado
Gerundio   arreglando
Participio   arreglado

Palabras, oraciones y expresiones relacionadas con el verbo

El arreglo

16. aunar

INDICATIVO

Presente		Pretérito perfecto	
aúno	aunamos	he aunado	hemos aunado
aúnas	aunáis	has aunado	habéis aunado
aúna	aúnan	ha aunado	han aunado

Pretérito imperfecto		Pretérito pluscuamperfecto	
aunaba	aunábamos	había aunado	habíamos aunado
aunabas	aunabais	habías aunado	habíais aunado
aunaba	aunaban	había aunado	habían aunado

Pretérito indefinido		Pretérito anterior	
auné	aunamos	hube aunado	hubimos aunado
aunaste	aunasteis	hubiste aunado	hubisteis aunado
aunó	aunaron	hubo aunado	hubieron aunado

Futuro imperfecto		Futuro perfecto	
aunaré	aunaremos	habré aunado	habremos aunado
aunarás	aunaréis	habrás aunado	habréis aunado
aunará	aunarán	habrá aunado	habrán aunado

Condicional simple		Condicional compuesto	
aunaría	aunaríamos	habría aunado	habríamos aunado
aunarías	aunaríais	habrías aunado	habríais aunado
aunaría	aunarían	habría aunado	habrían aunado

SUBJUNTIVO

Presente		Pretérito perfecto	
aúne	aunemos	haya aunado	hayamos aunado
aúnes	aunéis	hayas aunado	hayáis aunado
aúne	aúnen	haya aunado	hayan aunado

Pretérito imperfecto		Pretérito pluscuamperfecto	
aunara	aunáramos	hubiera o	hubiéramos o
o aunase	o aunásemos	hubiese aunado	hubiésemos aunado
aunaras	aunarais	hubieras o	hubierais o
o aunases	o aunaseis	hubieses aunado	hubieseis aunado
aunara	aunaran	hubiera o	hubieran o
o aunase	o aunasen	hubiese aunado	hubiesen aunado

IMPERATIVO

aúna (tú)
aúne (usted)
aunad (vosotros/as)
aúnen (ustedes)

FORMAS NO PERSONALES

Infinitivo	aunar
Infinitivo compuesto	haber aunado
Gerundio	aunando
Participio	aunado

Palabras, oraciones y expresiones relacionadas con el verbo

◄ aunamiento

17. averiguar

INDICATIVO

Presente
averiguo	averiguamos
averiguas	averiguáis
averigua	averiguan

Pretérito perfecto
he averiguado	hemos averiguado
has averiguado	habéis averiguado
ha averiguado	han averiguado

Pretérito imperfecto
averiguaba	averiguábamos
averiguabas	averiguabais
averiguaba	averiguaban

Pretérito pluscuamperfecto
había averiguado	habíamos averiguado
habías averiguado	habíais averiguado
había averiguado	habían averiguado

Pretérito indefinido
averigüé	averiguamos
averiguaste	averiguasteis
averiguó	averiguaron

Pretérito anterior
hube averiguado	hubimos averiguado
hubiste averiguado	hubisteis averiguado
hubo averiguado	hubieron averiguado

Futuro imperfecto
averiguaré	averiguaremos
averiguarás	averiguaréis
averiguará	averiguarán

Futuro perfecto
habré averiguado	habremos averiguado
habrás averiguado	habréis averiguado
habrá averiguado	habrán averiguado

Condicional simple
averiguaría	averiguaríamos
averiguarías	averiguaríais
averiguaría	averiguarían

Condicional compuesto
habría averiguado	habríamos averiguado
habrías averiguado	habríais averiguado
habría averiguado	habrían averiguado

SUBJUNTIVO

Presente
averigüe	averigüemos
averigües	averigüéis
averigüe	averigüen

Pretérito perfecto
haya averiguado	hayamos averiguado
hayas averiguado	hayáis averiguado
haya averiguado	hayan averiguado

Pretérito imperfecto
averiguara o averiguase	averiguáramos o averiguásemos
averiguaras o averiguases	averiguarais o averiguaseis
averiguara o averiguase	averiguaran o averiguasen

Pretérito pluscuamperfecto
hubiera o hubiese averiguado	hubiéramos o hubiésemos averiguado
hubieras o hubieses averiguado	hubierais o hubieseis averiguado
hubiera o hubiese averiguado	hubieran o hubiesen averiguado

IMPERATIVO

averigua (tú)
averigüe (usted)
averiguad (vosotros/as)
averigüen (ustedes)

FORMAS NO PERSONALES

Infinitivo	averiguar
Infinitivo compuesto	haber averiguado
Gerundio	averiguando
Participio	averiguado

Palabras, oraciones y expresiones relacionadas con el verbo

La averiguación
Averiguable

18. ayudar

INDICATIVO

Presente		Pretérito perfecto	
ayudo	ayudamos	he ayudado	hemos ayudado
ayudas	ayudáis	has ayudado	habéis ayudado
ayuda	ayudan	ha ayudado	han ayudado

Pretérito imperfecto		Pretérito pluscuamperfecto	
ayudaba	ayudábamos	había ayudado	habíamos ayudado
ayudabas	ayudabais	habías ayudado	habíais ayudado
ayudaba	ayudaban	había ayudado	habían ayudado

Pretérito indefinido		Pretérito anterior	
ayudé	ayudamos	hube ayudado	hubimos ayudado
ayudaste	ayudasteis	hubiste ayudado	hubisteis ayudado
ayudó	ayudaron	hubo ayudado	hubieron ayudado

Futuro imperfecto		Futuro perfecto	
ayudaré	ayudaremos	habré ayudado	habremos ayudado
ayudarás	ayudaréis	habrás ayudado	habréis ayudado
ayudará	ayudarán	habrá ayudado	habrán ayudado

Condicional simple		Condicional compuesto	
ayudaría	ayudaríamos	habría ayudado	habríamos ayudado
ayudarías	ayudaríais	habrías ayudado	habríais ayudado
ayudaría	ayudarían	habría ayudado	habrían ayudado

SUBJUNTIVO

Presente		Pretérito perfecto	
ayude	ayudemos	haya ayudado	hayamos ayudado
ayudes	ayudéis	hayas ayudado	hayáis ayudado
ayude	ayuden	haya ayudado	hayan ayudado

Pretérito imperfecto		Pretérito pluscuamperfecto	
ayudara	ayudáramos	hubiera o	hubiéramos o
o ayudase	o ayudásemos	hubiese ayudado	hubiésemos ayudado
ayudaras	ayudarais	hubieras o	hubierais o
o ayudases	o ayudaseis	hubieses ayudado	hubieseis ayudado
ayudara	ayudaran	hubiera o	hubieran o
o ayudase	o ayudasen	hubiese ayudado	hubiesen ayudado

IMPERATIVO

ayuda (tú)
ayude (usted)
ayudad (vosotros/as)
ayuden (ustedes)

FORMAS NO PERSONALES

Infinitivo	ayudar
Infinitivo compuesto	haber ayudado
Gerundio	ayudando
Participio	ayudado

Palabras, oraciones y expresiones relacionadas con el verbo

la ayuda
el ayudante
Me ayudó *a* salir del pozo.
Me ha ayudado mucho *en* los estudios.
Siempre que puede me ayuda *con* el niño.

19. bajar

INDICATIVO

Presente
bajo	bajamos
bajas	bajáis
baja	bajan

Pretérito perfecto
he bajado	hemos bajado
has bajado	habéis bajado
ha bajado	han bajado

Pretérito imperfecto
bajaba	bajábamos
bajabas	bajabais
bajaba	bajaban

Pretérito pluscuamperfecto
había bajado	habíamos bajado
habías bajado	habíais bajado
había bajado	habían bajado

Pretérito indefinido
bajé	bajamos
bajaste	bajasteis
bajó	bajaron

Pretérito anterior
hube bajado	hubimos bajado
hubiste bajado	hubisteis bajado
hubo bajado	hubieron bajado

Futuro imperfecto
bajaré	bajaremos
bajarás	bajaréis
bajará	bajarán

Futuro perfecto
habré bajado	habremos bajado
habrás bajado	habréis bajado
habrá bajado	habrán bajado

Condicional simple
bajaría	bajaríamos
bajarías	bajaríais
bajaría	bajarían

Condicional compuesto
habría bajado	habríamos bajado
habrías bajado	habríais bajado
habría bajado	habrían bajado

SUBJUNTIVO

Presente
baje	bajemos
bajes	bajéis
baje	bajen

Pretérito perfecto
haya bajado	hayamos bajado
hayas bajado	hayáis bajado
haya bajado	hayan bajado

Pretérito imperfecto
bajara o bajase	bajáramos o bajásemos
bajaras o bajases	bajarais o bajaseis
bajara o bajase	bajaran o bajasen

Pretérito pluscuamperfecto
hubiera o hubiese bajado	hubiéramos o hubiésemos bajado
hubieras o hubieses bajado	hubierais o hubieseis bajado
hubiera o hubiese bajado	hubieran o hubiesen bajado

IMPERATIVO

baja (tú)
baje (usted)
bajad (vosotros/as)
bajen (ustedes)

FORMAS NO PERSONALES

Infinitivo	bajar
Infinitivo compuesto	haber bajado
Gerundio	bajando
Participio	bajado

Palabras, oraciones y expresiones relacionadas con el verbo

Bajar la guardia: descuidar una persona la actitud de vigilancia o cuidado. *No bajes la guardia en la oficina, el jefe está muy atento.*

Bajar los humos: moderar una persona a otra su altivez u orgullo. *Le han contado todo lo que hizo mal la semana pasada y se le han bajado los humos.*

20. beber

INDICATIVO

Presente		Pretérito perfecto	
bebo	bebemos	he bebido	hemos bebido
bebes	bebéis	has bebido	habéis bebido
bebe	beben	ha bebido	han bebido

Pretérito imperfecto		Pretérito pluscuamperfecto	
bebía	bebíamos	había bebido	habíamos bebido
bebías	bebíais	habías bebido	habíais bebido
bebía	bebían	había bebido	habían bebido

Pretérito indefinido		Pretérito anterior	
bebí	bebimos	hube bebido	hubimos bebido
bebiste	bebisteis	hubiste bebido	hubisteis bebido
bebió	bebieron	hubo bebido	hubieron bebido

Futuro imperfecto		Futuro perfecto	
beberé	beberemos	habré bebido	habremos bebido
beberás	beberéis	habrás bebido	habréis bebido
beberá	beberán	habrá bebido	habrán bebido

Condicional simple		Condicional compuesto	
bebería	beberíamos	habría bebido	habríamos bebido
beberías	beberíais	habrías bebido	habríais bebido
bebería	beberían	habría bebido	habrían bebido

SUBJUNTIVO

Presente		Pretérito perfecto	
beba	bebamos	haya bebido	hayamos bebido
bebas	bebáis	hayas bebido	hayáis bebido
beba	beban	haya bebido	hayan bebido

Pretérito imperfecto		Pretérito pluscuamperfecto	
bebiera o bebiese	bebiéramos o bebiésemos	hubiera o hubiese bebido	hubiéramos o hubiésemos bebido
bebieras o bebieses	bebierais o bebieseis	hubieras o hubieses bebido	hubierais o hubieseis bebido
bebiera o bebiese	bebieran o bebiesen	hubiera o hubiese bebido	hubieran o hubiesen bebido

IMPERATIVO

bebe (tú)
beba (usted)
bebed (vosotros/as)
beban (ustedes)

FORMAS NO PERSONALES

Infinitivo	beber
Infinitivo compuesto	haber bebido
Gerundio	bebiendo
Participio	bebido

Palabras, oraciones y expresiones relacionadas con el verbo

beber a morro: beber sin vaso, directamente de una botella o recipiente parecido. *No teníamos vasos y tuvimos que beber a morro.*

beber los vientos: estar una persona muy enamorada de otra persona. *David bebe los vientos por Belén.*

sin comerlo ni beberlo: sin haber hecho una persona nada para que ocurra. *Sin comerlo ni beberlo comenzó a gritarme.*

21. buscar

Presente
busco	buscamos
buscas	buscáis
busca	buscan

Pretérito perfecto
he buscado	hemos buscado
has buscado	habéis buscado
ha buscado	han buscado

Pretérito imperfecto
buscaba	buscábamos
buscabas	buscabais
buscaba	buscaban

Pretérito pluscuamperfecto
había buscado	habíamos buscado
habías buscado	habíais buscado
había buscado	habían buscado

Pretérito indefinido
busqué	buscamos
buscaste	buscasteis
buscó	buscaron

Pretérito anterior
hube buscado	hubimos buscado
hubiste buscado	hubisteis buscado
hubo buscado	hubieron buscado

Futuro imperfecto
buscaré	buscaremos
buscarás	buscaréis
buscará	buscarán

Futuro perfecto
habré buscado	habremos buscado
habrás buscado	habréis buscado
habrá buscado	habrán buscado

Condicional simple
buscaría	buscaríamos
buscarías	buscaríais
buscaría	buscarían

Condicional compuesto
habría buscado	habríamos buscado
habrías buscado	habríais buscado
habría buscado	habrían buscado

SUBJUNTIVO

Presente
busque	busquemos
busques	busquéis
busque	busquen

Pretérito perfecto
haya buscado	hayamos buscado
hayas buscado	hayáis buscado
haya buscado	hayan buscado

Pretérito imperfecto
buscara o buscase	buscáramos o buscásemos
buscaras o buscases	buscarais o buscaseis
buscara o buscase	buscaran o buscasen

Pretérito pluscuamperfecto
hubiera o hubiese buscado	hubiéramos o hubiésemos buscado
hubieras o hubieses buscado	hubierais o hubieseis buscado
hubiera o hubiese buscado	hubieran o hubiesen buscado

IMPERATIVO

busca (tú)
busque (usted)
buscad (vosotros/as)
busquen (ustedes)

FORMAS NO PERSONALES

Infinitivo	buscar
Infinitivo compuesto	haber buscado
Gerundio	buscando
Participio	buscado

Palabras, oraciones y expresiones relacionadas con el verbo

Buscar tres/cinco pies al gato: empeñarse en encontrar dificultades, inconvenientes o complicaciones. *Si te dijo que no había problemas, confía en él. No le busques cinco pies al gato.*
Buscar las cosquillas: hacer una persona todo lo posible para enfadar o molestar a otra. *Como sigas buscándome las cosquillas, vas a llevarte una desagradable sorpresa.*
Buscar una aguja en un pajar: empeñarse en una cosa imposible o muy difícil. *Se me ha caído un pendiente en la calle, pero no lo encontraremos porque es como buscar una aguja en un pajar.*

22. caber

INDICATIVO

Presente		Pretérito perfecto	
quepo	cabemos	he cabido	hemos cabido
cabes	cabéis	has cabido	habéis cabido
cabe	caben	ha cabido	han cabido

Pretérito imperfecto		Pretérito pluscuamperfecto	
cabía	cabíamos	había cabido	habíamos cabido
cabías	cabíais	habías cabido	habíais cabido
cabía	cabían	había cabido	habían cabido

Pretérito indefinido		Pretérito anterior	
cupe	cupimos	hube cabido	hubimos cabido
cupiste	cupisteis	hubiste cabido	hubisteis cabido
cupo	cupieron	hubo cabido	hubieron cabido

Futuro imperfecto		Futuro perfecto	
cabré	cabremos	habré cabido	habremos cabido
cabrás	cabréis	habrás cabido	habréis cabido
cabrá	cabrán	habrá cabido	habrán cabido

Condicional simple		Condicional compuesto	
cabría	cabríamos	habría cabido	habríamos cabido
cabrías	cabríais	habrías cabido	habríais cabido
cabría	cabrían	habría cabido	habrían cabido

SUBJUNTIVO

Presente		Pretérito perfecto	
quepa	quepamos	haya cabido	hayamos cabido
quepas	quepáis	hayas cabido	hayáis cabido
quepa	quepan	haya cabido	hayan cabido

Pretérito imperfecto		Pretérito pluscuamperfecto	
cupiera o cupiese	cupiéramos o cupiésemos	hubiera o hubiese cabido	hubiéramos o hubiésemos cabido
cupieras o cupieses	cupierais o cupieseis	hubieras o hubieses cabido	hubierais o hubieseis cabido
cupiera o cupiese	cupieran o cupiesen	hubiera o hubiese cabido	hubieran o hubiesen cabido

IMPERATIVO

cabe (tú)
quepa (usted)
cabed (vosotros/as)
quepan (ustedes)

FORMAS NO PERSONALES

Infinitivo	caber
Infinitivo compuesto	haber cabido
Gerundio	cabiendo
Participio	cabido

Palabras, oraciones y expresiones relacionadas con el verbo

No caber el corazón en el pecho: estar una persona muy inquieta o excitada por una cosa. *Rosa sentía una emoción tan grande que no le cabía el corazón en el pecho.*
No caber en la cabeza: no ser una cosa comprensible para una persona. *No me cabe en la cabeza cómo mi hermana ha podido hacer algo tan ridículo.*
No caber (ni) un alfiler: estar un sitio muy lleno. *El autobús estaba tan lleno que no cabía ni un alfiler.*

23. caerse

Presente

me caigo	nos caemos
te caes	os caéis
se cae	se caen

Pretérito perfecto

me he caído	nos hemos caído
te has caído	os habéis caído
se ha caído	se han caído

Pretérito imperfecto

me caía	nos caíamos
te caías	os caíais
se caía	se caían

Pretérito pluscuamperfecto

me había caído	nos habíamos caído
te habías caído	os habíais caído
se había caído	se habían caído

Pretérito indefinido

me caí	nos caímos
te caíste	os caísteis
se cayó	se cayeron

Pretérito anterior

me hube caído	nos hubimos caído
te hubiste caído	os hubisteis caído
se hubo caído	se hubieron caído

Futuro imperfecto

me caeré	nos caeremos
te caerás	os caeréis
se caerá	se caerán

Futuro perfecto

me habré caído	nos habremos caído
te habrás caído	os habréis caído
se habrá caído	se habrán caído

Condicional simple

me caería	nos caeríamos
te caerías	os caeríais
se caería	se caerían

Condicional compuesto

me habría caído	nos habríamos caído
te habrías caído	os habríais caído
se habría caído	se habrían caído

SUBJUNTIVO

Presente

me caiga	nos caigamos
te caigas	os caigáis
se caiga	se caigan

Pretérito perfecto

me haya caído	nos hayamos caído
te hayas caído	os hayáis caído
se haya caído	se hayan caído

Pretérito imperfecto

me cayera o cayese	nos cayéramos o cayésemos
te cayeras o cayeses	os cayerais o cayeseis
se cayera o cayese	se cayeran o cayesen

Pretérito pluscuamperfecto

me hubiera o hubiese caído	nos hubiéramos o hubiésemos caído
te hubieras o hubieses caído	os hubierais o hubieseis caído
se hubiera o hubiese caído	se hubieran o hubiesen caído

IMPERATIVO

cáete (tú)
cáigase (usted)
caeos (vosotros/as)
cáiganse (ustedes)

FORMAS NO PERSONALES

Infinitivo	caerse
Infinitivo compuesto	haberse caído
Gerundio	cayéndose
Participio	caído

Palabras, oraciones y expresiones relacionadas con el verbo

La caída
Pepa se cayó de cabeza.
Caerse de un nido: ser una persona muy ingenua. *¿Te crees que me he caído de un nido?*
Caerse de espaldas: asombrarse mucho. *Se cayó de espaldas cuando le dije que me iba a vivir a la India.*

24. cambiar

INDICATIVO

Presente		Pretérito perfecto	
cambio	cambiamos	he cambiado	hemos cambiado
cambias	cambiáis	has cambiado	habéis cambiado
cambia	cambian	ha cambiado	han cambiado

Pretérito imperfecto		Pretérito pluscuamperfecto	
cambiaba	cambiábamos	había cambiado	habíamos cambiado
cambiabas	cambiabais	habías cambiado	habíais cambiado
cambiaba	cambiaban	había cambiado	habían cambiado

Pretérito indefinido		Pretérito anterior	
cambié	cambiamos	hube cambiado	hubimos cambiado
cambiaste	cambiasteis	hubiste cambiado	hubisteis cambiado
cambió	cambiaron	hubo cambiado	hubieron cambiado

Futuro imperfecto		Futuro perfecto	
cambiaré	cambiaremos	habré cambiado	habremos cambiado
cambiarás	cambiaréis	habrás cambiado	habréis cambiado
cambiará	cambiarán	habrá cambiado	habrán cambiado

Condicional simple		Condicional compuesto	
cambiaría	cambiaríamos	habría cambiado	habríamos cambiado
cambiarías	cambiaríais	habrías cambiado	habríais cambiado
cambiaría	cambiarían	habría cambiado	habrían cambiado

SUBJUNTIVO

Presente		Pretérito perfecto	
cambie	cambiemos	haya cambiado	hayamos cambiado
cambies	cambiéis	hayas cambiado	hayáis cambiado
cambie	cambien	haya cambiado	hayan cambiado

Pretérito imperfecto		Pretérito pluscuamperfecto	
cambiara o cambiase	cambiáramos o cambiásemos	hubiera o hubiese cambiado	hubiéramos o hubiésemos cambiado
cambiaras o cambiases	cambiarais o cambiaseis	hubieras o hubieses cambiado	hubierais o hubieseis cambiado
cambiara o cambiase	cambiaran o cambiasen	hubiera o hubiese cambiado	hubieran o hubiesen cambiado

IMPERATIVO

cambia (tú)
cambie (usted)
cambiad (vosotros/as)
cambien (ustedes)

FORMAS NO PERSONALES

Infinitivo	cambiar
Infinitivo compuesto	haber cambiado
Gerundio	cambiando
Participio	cambiado

Palabras, oraciones y expresiones relacionadas con el verbo

He cambiado el traje **por** un vestido.
Tenemos que cambiar **de** coche.
La niña cambió su risa **en** llanto.
Cambiar impresiones: comunicarse dos o más personas su opinión sobre algo. *Los dos jefes de Estado cambiaron impresiones sobre política exterior.*

25. ceñirse

Presente
me ciño	nos ceñimos
te ciñes	os ceñís
se ciñe	se ciñen

Pretérito perfecto
me he ceñido	nos hemos ceñido
te has ceñido	os habéis ceñido
se ha ceñido	se han ceñido

Pretérito imperfecto
me ceñía	nos ceñíamos
te ceñías	os ceñíais
se ceñía	se ceñían

Pretérito pluscuamperfecto
me había ceñido	nos habíamos ceñido
te habías ceñido	os habíais ceñido
se había ceñido	se habían ceñido

Pretérito indefinido
me ceñí	nos ceñimos
te ceñiste	os ceñisteis
se ciñó	se ciñeron

Pretérito anterior
me hube ceñido	nos hubimos ceñido
te hubiste ceñido	os hubisteis ceñido
se hubo ceñido	se hubieron ceñido

Futuro imperfecto
me ceñiré	nos ceñiremos
te ceñirás	os ceñiréis
se ceñirá	se ceñirán

Futuro perfecto
me habré ceñido	nos habremos ceñido
te habrás ceñido	os habréis ceñido
se habrá ceñido	se habrán ceñido

Condicional simple
me ceñiría	nos ceñiríamos
te ceñirías	os ceñiríais
se ceñiría	se ceñirían

Condicional compuesto
me habría ceñido	nos habríamos ceñido
te habrías ceñido	os habríais ceñido
se habría ceñido	se habrían ceñido

SUBJUNTIVO

Presente
me ciña	nos ciñamos
te ciñas	os ciñáis
se ciña	se ciñan

Pretérito perfecto
me haya ceñido	nos hayamos ceñido
te hayas ceñido	os hayáis ceñido
se haya ceñido	se hayan ceñido

Pretérito imperfecto
me ciñera o ciñese	nos ciñéramos o ciñésemos
te ciñeras o ciñeses	os ciñerais o ciñeseis
se ciñera o ciñese	se ciñeran o ciñesen

Pretérito pluscuamperfecto
me hubiera o hubiese ceñido	nos hubiéramos o hubiésemos ceñido
te hubieras o hubieses ceñido	os hubierais o hubieseis ceñido
se hubiera o hubiese ceñido	se hubieran o hubiesen ceñido

IMPERATIVO

cíñete (tú)
cíñase (usted)
ceñíos (vosotros/as)
cíñanse (ustedes)

FORMAS NO PERSONALES

Infinitivo	ceñirse
Infinitivo compuesto	haberse ceñido
Gerundio	ciñéndose
Participio	ceñido

Palabras, oraciones y expresiones relacionadas con el verbo

Ceñido, da
*Me ciño **a** lo pactado.*

26. cerrar

INDICATIVO

Presente		Pretérito perfecto	
cierro	cerramos	he cerrado	hemos cerrado
cierras	cerráis	has cerrado	habéis cerrado
cierra	cierran	ha cerrado	han cerrado

Pretérito imperfecto		Pretérito pluscuamperfecto	
cerraba	cerrábamos	había cerrado	habíamos cerrado
cerrabas	cerrabais	habías cerrado	habíais cerrado
cerraba	cerraban	había cerrado	habían cerrado

Pretérito indefinido		Pretérito anterior	
cerré	cerramos	hube cerrado	hubimos cerrado
cerraste	cerrasteis	hubiste cerrado	hubisteis cerrado
cerró	cerraron	hubo cerrado	hubieron cerrado

Futuro imperfecto		Futuro perfecto	
cerraré	cerraremos	habré cerrado	habremos cerrado
cerrarás	cerraréis	habrás cerrado	habréis cerrado
cerrará	cerrarán	habrá cerrado	habrán cerrado

Condicional simple		Condicional compuesto	
cerraría	cerraríamos	habría cerrado	habríamos cerrado
cerrarías	cerraríais	habrías cerrado	habríais cerrado
cerraría	cerrarían	habría cerrado	habrían cerrado

SUBJUNTIVO

Presente		Pretérito perfecto	
cierre	cerremos	haya cerrado	hayamos cerrado
cierres	cerréis	hayas cerrado	hayáis cerrado
cierre	cierren	haya cerrado	hayan cerrado

Pretérito imperfecto		Pretérito pluscuamperfecto	
cerrara o cerrase	cerráramos o cerrásemos	hubiera o hubiese cerrado	hubiéramos o hubiésemos cerrado
cerraras o cerrases	cerrarais o cerraseis	hubieras o hubieses cerrado	hubierais o hubieseis cerrado
cerrara o cerrase	cerraran o cerrasen	hubiera o hubiese cerrado	hubieran o hubiesen cerrado

IMPERATIVO

cierra (tú)
cierre (usted)
cerrad (vosotros/as)
cierren (ustedes)

FORMAS NO PERSONALES

Infinitivo	cerrar
Infinitivo compuesto	haber cerrado
Gerundio	cerrando
Participio	cerrado

Palabras, oraciones y expresiones relacionadas con el verbo

Cerrar a cal y canto: cerrar completamente. *No podremos entrar porque han cerrado la puerta a cal y canto.*

Cerrar el pico: callarse. *Cierra el pico cuando te hable.*

En un abrir y cerrar de ojos: muy rápidamente. *Si viajas en avión, llegarás en un abrir y cerrar de ojos.*

27. cocinar

INDICATIVO

Presente

cocino	cocinamos
cocinas	cocináis
cocina	cocinan

Pretérito imperfecto

cocinaba	cocinábamos
cocinabas	cocinabais
cocinaba	cocinaban

Pretérito indefinido

cociné	cocinamos
cocinaste	cocinasteis
cocinó	cocinaron

Futuro imperfecto

cocinaré	cocinaremos
cocinarás	cocinaréis
cocinará	cocinarán

Condicional simple

cocinaría	cocinaríamos
cocinarías	cocinaríais
cocinaría	cocinarían

Pretérito perfecto

he cocinado	hemos cocinado
has cocinado	habéis cocinado
ha cocinado	han cocinado

Pretérito pluscuamperfecto

había cocinado	habíamos cocinado
habías cocinado	habíais cocinado
había cocinado	habían cocinado

Pretérito anterior

hube cocinado	hubimos cocinado
hubiste cocinado	hubisteis cocinado
hubo cocinado	hubieron cocinado

Futuro perfecto

habré cocinado	habremos cocinado
habrás cocinado	habréis cocinado
habrá cocinado	habrán cocinado

Condicional compuesto

habría cocinado	habríamos cocinado
habrías cocinado	habríais cocinado
habría cocinado	habrían cocinado

SUBJUNTIVO

Presente

cocine	cocinemos
cocines	cocinéis
cocine	cocinen

Pretérito imperfecto

cocinara o cocinase	cocináramos o cocinásemos
cocinaras o cocinases	cocinarais o cocinaseis
cocinara o cocinase	cocinaran o cocinasen

Pretérito perfecto

haya cocinado	hayamos cocinado
hayas cocinado	hayáis cocinado
haya cocinado	hayan cocinado

Pretérito pluscuamperfecto

hubiera o hubiese cocinado	hubiéramos o hubiésemos cocinado
hubieras o hubieses cocinado	hubierais o hubieseis cocinado
hubiera o hubiese cocinado	hubieran o hubiesen cocinado

IMPERATIVO

cocina (tú)
cocine (usted)
cocinad (vosotros/as)
cocinen (ustedes)

FORMAS NO PERSONALES

Infinitivo	cocinar
Infinitivo compuesto	haber cocinado
Gerundio	cocinando
Participio	cocinado

Palabras, oraciones y expresiones relacionadas con el verbo

La cocina
El/la cocinero, ra

28. coger

INDICATIVO

Presente		Pretérito perfecto	
cojo	cogemos	he cogido	hemos cogido
coges	cogéis	has cogido	habéis cogido
coge	cogen	ha cogido	han cogido

Pretérito imperfecto		Pretérito pluscuamperfecto	
cogía	cogíamos	había cogido	habíamos cogido
cogías	cogíais	habías cogido	habíais cogido
cogía	cogían	había cogido	habían cogido

Pretérito indefinido		Pretérito anterior	
cogí	cogimos	hube cogido	hubimos cogido
cogiste	cogisteis	hubiste cogido	hubisteis cogido
cogió	cogieron	hubo cogido	hubieron cogido

Futuro imperfecto		Futuro perfecto	
cogeré	cogeremos	habré cogido	habremos cogido
cogerás	cogeréis	habrás cogido	habréis cogido
cogerá	cogerán	habrá cogido	habrán cogido

Condicional simple		Condicional compuesto	
cogería	cogeríamos	habría cogido	habríamos cogido
cogerías	cogeríais	habrías cogido	habríais cogido
cogería	cogerían	habría cogido	habrían cogido

SUBJUNTIVO

Presente		Pretérito perfecto	
coja	cojamos	haya cogido	hayamos cogido
cojas	cojáis	hayas cogido	hayáis cogido
coja	cojan	haya cogido	hayan cogido

Pretérito imperfecto		Pretérito pluscuamperfecto	
cogiera o cogiese	cogiéramos o cogiésemos	hubiera o hubiese cogido	hubiéramos o hubiésemos cogido
cogieras o cogieses	cogierais o cogieseis	hubieras o hubieses cogido	hubierais o hubieseis cogido
cogiera o cogiese	cogieran o cogiesen	hubiera o hubiese cogido	hubieran o hubiesen cogido

IMPERATIVO

coge (tú)
coja (usted)
coged (vosotros/as)
cojan (ustedes)

FORMAS NO PERSONALES

Infinitivo	coger
Infinitivo compuesto	haber cogido
Gerundio	cogiendo
Participio	cogido

Palabras, oraciones y expresiones relacionadas con el verbo

Coger el toro por los cuernos: enfrentarse a una dificultad con decisión. *Si de verdad quieres solucionar el problema, coge el toro por los cuernos y habla con él en cuanto puedas.*

Coger el tranquillo: dominar las dificultades de una cosa o una actividad. *Una vez que le coges el tranquillo, es muy fácil escribir con el ordenador.*

No tener por donde cogerlo: 1. ser una persona o una cosa muy mala. *Esta película no hay por donde cogerla.* 2. no tener ningún defecto. *Es tan bondadosa que no hay por donde cogerla.*

29. colgar

INDICATIVO

Presente		Pretérito perfecto	
cuelgo	colgamos	he colgado	hemos colgado
cuelgas	colgáis	has colgado	habéis colgado
cuelga	cuelgan	ha colgado	han colgado

Pretérito imperfecto		Pretérito pluscuamperfecto	
colgaba	colgábamos	había colgado	habíamos colgado
colgabas	colgabais	habías colgado	habíais colgado
colgaba	colgaban	había colgado	habían colgado

Pretérito indefinido		Pretérito anterior	
colgué	colgamos	hube colgado	hubimos colgado
colgaste	colgasteis	hubiste colgado	hubisteis colgado
colgó	colgaron	hubo colgado	hubieron colgado

Futuro imperfecto		Futuro perfecto	
colgaré	colgaremos	habré colgado	habremos colgado
colgarás	colgaréis	habrás colgado	habréis colgado
colgará	colgarán	habrá colgado	habrán colgado

Condicional simple		Condicional compuesto	
colgaría	colgaríamos	habría colgado	habríamos colgado
colgarías	colgaríais	habrías colgado	habríais colgado
colgaría	colgarían	habría colgado	habrían colgado

SUBJUNTIVO

Presente		Pretérito perfecto	
cuelgue	colguemos	haya colgado	hayamos colgado
cuelgues	colguéis	hayas colgado	hayáis colgado
cuelgue	cuelguen	haya colgado	hayan colgado

Pretérito imperfecto		Pretérito pluscuamperfecto	
colgara o colgase	colgáramos o colgásemos	hubiera o hubiese colgado	hubiéramos o hubiésemos colgado
colgaras o colgases	colgarais o colgaseis	hubieras o hubieses colgado	hubierais o hubieseis colgado
colgara o colgase	colgaran o colgasen	hubiera o hubiese colgado	hubieran o hubiesen colgado

IMPERATIVO

cuelga (tú)
cuelgue (usted)
colgad (vosotros/as)
cuelguen (ustedes)

FORMAS NO PERSONALES

Infinitivo	colgar
Infinitivo compuesto	haber colgado
Gerundio	colgando
Participio	colgado

Palabras, oraciones y expresiones relacionadas con el verbo

*Cuelga el sombrero **en** una percha.*
*La lámpara cuelga **del** techo.*
Colgar de un hilo: estar una persona o una cosa en situación poco segura, en peligro.
La celebración de la reunión cuelga de un hilo.
Estar colgado: 1. estar loco o haber perdido facultades mentales. *No le hagas caso, está colgado.*
2. depender de la droga. *Tu amigo está colgado, no puede dejar la heroína.*

30. comer

INDICATIVO

Presente

como	comemos
comes	coméis
come	comen

Pretérito perfecto

he comido	hemos comido
has comido	habéis comido
ha comido	han comido

Pretérito imperfecto

comía	comíamos
comías	comíais
comía	comían

Pretérito pluscuamperfecto

había comido	habíamos comido
habías comido	habíais comido
había comido	habían comido

Pretérito indefinido

comí	comimos
comiste	comisteis
comió	comieron

Pretérito anterior

hube comido	hubimos comido
hubiste comido	hubisteis comido
hubo comido	hubieron comido

Futuro imperfecto

comeré	comeremos
comerás	comeréis
comerá	comerán

Futuro perfecto

habré comido	habremos comido
habrás comido	habréis comido
habrá comido	habrán comido

Condicional simple

comería	comeríamos
comerías	comeríais
comería	comerían

Condicional compuesto

habría comido	habríamos comido
habrías comido	habríais comido
habría comido	habrían comido

SUBJUNTIVO

Presente

coma	comamos
comas	comáis
coma	coman

Pretérito perfecto

haya comido	hayamos comido
hayas comido	hayáis comido
haya comido	hayan comido

Pretérito imperfecto

comiera o comiese	comiéramos o comiésemos
comieras o comieses	comierais o comieseis
comiera o comiese	comieran o comiesen

Pretérito pluscuamperfecto

hubiera o hubiese comido	hubiéramos o hubiésemos comido
hubieras o hubieses comido	hubierais o hubieseis comido
hubiera o hubiese comido	hubieran o hubiesen comido

IMPERATIVO

come (tú)
coma (usted)
comed (vosotros/as)
coman (ustedes)

FORMAS NO PERSONALES

Infinitivo	comer
Infinitivo compuesto	haber comido
Gerundio	comiendo
Participio	comido

Palabras, oraciones y expresiones relacionadas con el verbo

juntarse el hambre con las ganas de comer: se usa para indicar que coinciden los defectos, necesidades o aficiones de dos personas. *Los dos eran unos vagos así que se juntó el hambre con las ganas de comer.*

sin comerlo ni beberlo: sin haber hecho una persona nada para que ocurra. *Sin comerlo ni beberlo comenzó a gritarme.*

31. comprar

Presente

compro	compramos
compras	compráis
compra	compran

Pretérito perfecto

he comprado	hemos comprado
has comprado	habéis comprado
ha comprado	han comprado

Pretérito imperfecto

compraba	comprábamos
comprabas	comprabais
compraba	compraban

Pretérito pluscuamperfecto

había comprado	habíamos comprado
habías comprado	habíais comprado
había comprado	habían comprado

Pretérito indefinido

compré	compramos
compraste	comprasteis
compró	compraron

Pretérito anterior

hube comprado	hubimos comprado
hubiste comprado	hubisteis comprado
hubo comprado	hubieron comprado

Futuro imperfecto

compraré	compraremos
comprarás	compraréis
comprará	comprarán

Futuro perfecto

habré comprado	habremos comprado
habrás comprado	habréis comprado
habrá comprado	habrán comprado

Condicional simple

compraría	compraríamos
comprarías	compraríais
compraría	comprarían

Condicional compuesto

habría comprado	habríamos comprado
habrías comprado	habríais comprado
habría comprado	habrían comprado

SUBJUNTIVO

Presente

compre	compremos
compres	compréis
compre	compren

Pretérito perfecto

haya comprado	hayamos comprado
hayas comprado	hayáis comprado
haya comprado	hayan comprado

Pretérito imperfecto

comprara o comprase	compráramos o comprásemos
compraras o comprases	comprarais o compraseis
comprara o comprase	compraran o comprasen

Pretérito pluscuamperfecto

hubiera o hubiese comprado	hubiéramos o hubiésemos comprado
hubieras o hubieses comprado	hubierais o hubieseis comprado
hubiera o hubiese comprado	hubieran o hubiesen comprado

IMPERATIVO

compra (tú)
compre (usted)
comprad (vosotros/as)
compren (ustedes)

FORMAS NO PERSONALES

Infinitivo	comprar
Infinitivo compuesto	haber comprado
Gerundio	comprando
Participio	comprado

Palabras, oraciones y expresiones relacionadas con el verbo

La compra
El/la comprador, ra
El que no te conozca que te compre: se usa para indicar que el hablante sabe muy bien cómo es una persona y que por ese motivo no puede fiarse de ella. *Yo ya sé cómo eres, no volveré a contar contigo para más trabajos. Lo siento. El que no te conozca que te compre.*

32. conducir

INDICATIVO

Presente		Pretérito perfecto	
conduzco	conducimos	he conducido	hemos conducido
conduces	conducís	has conducido	habéis conducido
conduce	conducen	ha conducido	han conducido

Pretérito imperfecto		Pretérito pluscuamperfecto	
conducía	conducíamos	había conducido	habíamos conducido
conducías	conducíais	habías conducido	habíais conducido
conducía	conducían	había conducido	habían conducido

Pretérito indefinido		Pretérito anterior	
conduje	condujimos	hube conducido	hubimos conducido
condujiste	condujisteis	hubiste conducido	hubisteis conducido
condujo	condujeron	hubo conducido	hubieron conducido

Futuro imperfecto		Futuro perfecto	
conduciré	conduciremos	habré conducido	habremos conducido
conducirás	conduciréis	habrás conducido	habréis conducido
conducirá	conducirán	habrá conducido	habrán conducido

Condicional simple		Condicional compuesto	
conduciría	conduciríamos	habría conducido	habríamos conducido
conducirías	conduciríais	habrías conducido	habríais conducido
conduciría	conducirían	habría conducido	habrían conducido

SUBJUNTIVO

Presente		Pretérito perfecto	
conduzca	conduzcamos	haya conducido	hayamos conducido
conduzcas	conduzcáis	hayas conducido	hayáis conducido
conduzca	conduzcan	haya conducido	hayan conducido

Pretérito imperfecto		Pretérito pluscuamperfecto	
condujera o condujese	condujéramos o condujésemos	hubiera o hubiese conducido	hubiéramos o hubiésemos conducido
condujeras o condujeses	condujerais o condujeseis	hubieras o hubieses conducido	hubierais o hubieseis conducido
condujera o condujese	condujeran o condujesen	hubiera o hubiese conducido	hubieran o hubiesen conducido

IMPERATIVO

conduce (tú)
conduzca (usted)
conducid (vosotros/as)
conduzcan (ustedes)

FORMAS NO PERSONALES

Infinitivo	conducir
Infinitivo compuesto	haber conducido
Gerundio	conduciendo
Participio	conducido

Palabras, oraciones y expresiones relacionadas con el verbo

El/la conductor, ra

El botones nos condujo **a** la habitación.
El autobús nos condujo **hasta** el aeropuerto.
No conducir a nada: ser una cosa inútil o inoportuna. *Tu rabieta no conduce a nada.*
No conducir a ninguna parte: ser inútil una cosa. *Estas discusiones no conducen
a ninguna parte.*

33. conocer

INDICATIVO

Presente
conozco	conocemos
conoces	conocéis
conoce	conocen

Pretérito imperfecto
conocía	conocíamos
conocías	conocíais
conocía	conocían

Pretérito indefinido
conocí	conocimos
conociste	conocisteis
conoció	conocieron

Futuro imperfecto
conoceré	conoceremos
conocerás	conoceréis
conocerá	conocerán

Condicional simple
conocería	conoceríamos
conocerías	conoceríais
conocería	conocerían

Pretérito perfecto
he conocido	hemos conocido
has conocido	habéis conocido
ha conocido	han conocido

Pretérito pluscuamperfecto
había conocido	habíamos conocido
habías conocido	habíais conocido
había conocido	habían conocido

Pretérito anterior
hube conocido	hubimos conocido
hubiste conocido	hubisteis conocido
hubo conocido	hubieron conocido

Futuro perfecto
habré conocido	habremos conocido
habrás conocido	habréis conocido
habrá conocido	habrán conocido

Condicional compuesto
habría conocido	habríamos conocido
habrías conocido	habríais conocido
habría conocido	habrían conocido

SUBJUNTIVO

Presente
conozca	conozcamos
conozcas	conozcáis
conozca	conozcan

Pretérito imperfecto
conociera o conociese	conociéramos o conociésemos
conocieras o conocieses	conocierais o conocieseis
conociera o conociese	conocieran o conociesen

Pretérito perfecto
haya conocido	hayamos conocido
hayas conocido	hayáis conocido
haya conocido	hayan conocido

Pretérito pluscuamperfecto
hubiera o hubiese conocido	hubiéramos o hubiésemos conocido
hubieras o hubieses conocido	hubierais o hubieseis conocido
hubiera o hubiese conocido	hubieran o hubiesen conocido

IMPERATIVO

conoce (tú)
conozca (usted)
conoced (vosotros/as)
conozcan (ustedes)

FORMAS NO PERSONALES

Infinitivo	conocer
Infinitivo compuesto	haber conocido
Gerundio	conociendo
Participio	conocido

Palabras, oraciones y expresiones relacionadas con el verbo

Conocer como la palma de la mano: conocer a una persona o una cosa muy bien. *El jefe de la policía conoce este territorio como la palma de la mano.*
Conocer a alguien de vista: saber una persona cómo es otra por haberla visto en alguna ocasión, sin haber tenido trato con ella. *Solo la conozco de vista, ni siquiera sé cómo se llama.*
Te conozco, bacalao: se usa para indicar que se conocen las intenciones del que habla. *No me engañes que te conozco, bacalao.*

34. conseguir

INDICATIVO

Presente		Pretérito perfecto	
consigo	conseguimos	he conseguido	hemos conseguido
consigues	conseguís	has conseguido	habéis conseguido
consigue	consiguen	ha conseguido	han conseguido

Pretérito imperfecto		Pretérito pluscuamperfecto	
conseguía	conseguíamos	había conseguido	habíamos conseguido
conseguías	conseguíais	habías conseguido	habíais conseguido
conseguía	conseguían	había conseguido	habían conseguido

Pretérito indefinido		Pretérito anterior	
conseguí	conseguimos	hube conseguido	hubimos conseguido
conseguiste	conseguisteis	hubiste conseguido	hubisteis conseguido
consiguió	consiguieron	hubo conseguido	hubieron conseguido

Futuro imperfecto		Futuro perfecto	
conseguiré	conseguiremos	habré conseguido	habremos conseguido
conseguirás	conseguiréis	habrás conseguido	habréis conseguido
conseguirá	conseguirán	habrá conseguido	habrán conseguido

Condicional simple		Condicional compuesto	
conseguiría	conseguiríamos	habría conseguido	habríamos conseguido
conseguirías	conseguiríais	habrías conseguido	habríais conseguido
conseguiría	conseguirían	habría conseguido	habrían conseguido

SUBJUNTIVO

Presente		Pretérito perfecto	
consiga	consigamos	haya conseguido	hayamos conseguido
consigas	consigáis	hayas conseguido	hayáis conseguido
consiga	consigan	haya conseguido	hayan conseguido

Pretérito imperfecto		Pretérito pluscuamperfecto	
consiguiera o consiguiese	consiguiéramos o consiguiésemos	hubiera o hubiese conseguido	hubiéramos o hubiésemos conseguido
consiguieras o consiguieses	consiguierais o consiguieseis	hubieras o hubieses conseguido	hubierais o hubieseis conseguido
consiguiera o consiguiese	consiguieran o consiguiesen	hubiera o hubiese conseguido	hubieran o hubiesen conseguido

IMPERATIVO

consigue (tú)
consiga (usted)
conseguid (vosotros/as)
consigan (ustedes)

FORMAS NO PERSONALES

Infinitivo	conseguir
Infinitivo compuesto	haber conseguido
Gerundio	consiguiendo
Participio	conseguido

Palabras, oraciones y expresiones relacionadas con el verbo

la consecución
conseguido, da
Conseguí el permiso **de** la directora.

35. construir

INDICATIVO

Presente
construyo	construimos
construyes	construís
construye	construyen

Pretérito perfecto
he construido	hemos construido
has construido	habéis construido
ha construido	han construido

Pretérito imperfecto
construía	construíamos
construías	construíais
construía	construían

Pretérito pluscuamperfecto
había construido	habíamos construido
habías construido	habíais construido
había construido	habían construido

Pretérito indefinido
construí	construimos
construiste	construisteis
construyó	construyeron

Pretérito anterior
hube construido	hubimos construido
hubiste construido	hubisteis construido
hubo construido	hubieron construido

Futuro imperfecto
construiré	construiremos
construirás	construiréis
construirá	construirán

Futuro perfecto
habré construido	habremos construido
habrás construido	habréis construido
habrá construido	habrán construido

Condicional simple
construiría	construiríamos
construirías	construiríais
construiría	construirían

Condicional compuesto
habría construido	habríamos construido
habrías construido	habríais construido
habría construido	habrían construido

SUBJUNTIVO

Presente
construya	construyamos
construyas	construyáis
construya	construyan

Pretérito perfecto
haya construido	hayamos construido
hayas construido	hayáis construido
haya construido	hayan construido

Pretérito imperfecto
construyera o construyese	construyéramos o construyésemos
construyeras o construyeses	construyerais o construyeseis
construyera o construyese	construyeran o construyesen

Pretérito pluscuamperfecto
hubiera o hubiese construido	hubiéramos o hubiésemos construido
hubieras o hubieses construido	hubierais o hubieseis construido
hubiera o hubiese construido	hubieran o hubiesen construido

IMPERATIVO

construye (tú)
construya (usted)
construid (vosotros/as)
construyan (ustedes)

FORMAS NO PERSONALES

Infinitivo	construir
Infinitivo compuesto	haber construido
Gerundio	construyendo
Participio	construido

Palabras, oraciones y expresiones relacionadas con el verbo

La construcción
El/la constructor, ra

36. contar

INDICATIVO

Presente		Pretérito perfecto	
cuento	contamos	he contado	hemos contado
cuentas	contáis	has contado	habéis contado
cuenta	cuentan	ha contado	han contado

Pretérito imperfecto		Pretérito pluscuamperfecto	
contaba	contábamos	había contado	habíamos contado
contabas	contabais	habías contado	habíais contado
contaba	contaban	había contado	habían contado

Pretérito indefinido		Pretérito anterior	
conté	contamos	hube contado	hubimos contado
contaste	contasteis	hubiste contado	hubisteis contado
contó	contaron	hubo contado	hubieron contado

Futuro imperfecto		Futuro perfecto	
contaré	contaremos	habré contado	habremos contado
contarás	contaréis	habrás contado	habréis contado
contará	contarán	habrá contado	habrán contado

Condicional simple		Condicional compuesto	
contaría	contaríamos	habría contado	habríamos contado
contarías	contaríais	habrías contado	habríais contado
contaría	contarían	habría contado	habrían contado

SUBJUNTIVO

Presente		Pretérito perfecto	
cuente	contemos	haya contado	hayamos contado
cuentes	contéis	hayas contado	hayáis contado
cuente	cuenten	haya contado	hayan contado

Pretérito imperfecto		Pretérito pluscuamperfecto	
contara o contase	contáramos o contásemos	hubiera o hubiese contado	hubiéramos o hubiésemos contado
contaras o contases	contarais o contaseis	hubieras o hubieses contado	hubierais o hubieseis contado
contara o contase	contaran o contasen	hubiera o hubiese contado	hubieran o hubiesen contado

IMPERATIVO

cuenta (tú)
cuente (usted)
contad (vosotros/as)
cuenten (ustedes)

FORMAS NO PERSONALES

Infinitivo	contar
Infinitivo compuesto	haber contado
Gerundio	contando
Participio	contado

Palabras, oraciones y expresiones relacionadas con el verbo

contar con: tener presente una cosa o a una persona. *Cuenta con que es posible que ese día llueva.*

contar con pelos y señales: contar una cosa con todos los detalles. *Conté con pelos y señales todo lo que había sucedido.*

La intención es lo que cuenta: se usa para señalar que el pensamiento de hacer algo es lo importante. *Carlos estaba muy apurado porque solo me ha podido regalar una flor, pero ya le he dicho: «La intención es lo que cuenta».*

37. contestar

INDICATIVO

Presente

contesto	contestamos
contestas	contestáis
contesta	contestan

Pretérito perfecto

he contestado	hemos contestado
has contestado	habéis contestado
ha contestado	han contestado

Pretérito imperfecto

contestaba	contestábamos
contestabas	contestabais
contestaba	contestaban

Pretérito pluscuamperfecto

había contestado	habíamos contestado
habías contestado	habíais contestado
había contestado	habían contestado

Pretérito indefinido

contesté	contestamos
contestaste	contestasteis
contestó	contestaron

Pretérito anterior

hube contestado	hubimos contestado
hubiste contestado	hubisteis contestado
hubo contestado	hubieron contestado

Futuro imperfecto

contestaré	contestaremos
contestarás	contestaréis
contestará	contestarán

Futuro perfecto

habré contestado	habremos contestado
habrás contestado	habréis contestado
habrá contestado	habrán contestado

Condicional simple

contestaría	contestaríamos
contestarías	contestaríais
contestaría	contestarían

Condicional compuesto

habría contestado	habríamos contestado
habrías contestado	habríais contestado
habría contestado	habrían contestado

SUBJUNTIVO

Presente

conteste	contestemos
contestes	contestéis
conteste	contesten

Pretérito perfecto

haya contestado	hayamos contestado
hayas contestado	hayáis contestado
haya contestado	hayan contestado

Pretérito imperfecto

contestara o contestase	contestáramos o contestásemos
contestaras o contestases	contestarais o contestaseis
contestara o contestase	contestaran o contestasen

Pretérito pluscuamperfecto

hubiera o hubiese contestado	hubiéramos o hubiésemos contestado
hubieras o hubieses contestado	hubierais o hubieseis contestado
hubiera o hubiese contestado	hubieran o hubiesen contestado

IMPERATIVO

contesta (tú)
conteste (usted)
contestad (vosotros/as)
contesten (ustedes)

FORMAS NO PERSONALES

Infinitivo	contestar
Infinitivo compuesto	haber contestado
Gerundio	contestando
Participio	contestado

Palabras, oraciones y expresiones relacionadas con el verbo

La contestación
El contestador
*Contestó **a** mi pregunta **con** un monosílabo.*

38. correr

INDICATIVO

Presente		Pretérito perfecto	
corro	corremos	he corrido	hemos corrido
corres	corréis	has corrido	habéis corrido
corre	corren	ha corrido	han corrido

Pretérito imperfecto		Pretérito pluscuamperfecto	
corría	corríamos	había corrido	habíamos corrido
corrías	corríais	habías corrido	habíais corrido
corría	corrían	había corrido	habían corrido

Pretérito indefinido		Pretérito anterior	
corrí	corrimos	hube corrido	hubimos corrido
corriste	corristeis	hubiste corrido	hubisteis corrido
corrió	corrieron	hubo corrido	hubieron corrido

Futuro imperfecto		Futuro perfecto	
correré	correremos	habré corrido	habremos corrido
correrás	correréis	habrás corrido	habréis corrido
correrá	correrán	habrá corrido	habrán corrido

Condicional simple		Condicional compuesto	
correría	correríamos	habría corrido	habríamos corrido
correrías	correríais	habrías corrido	habríais corrido
correría	correrían	habría corrido	habrían corrido

SUBJUNTIVO

Presente		Pretérito perfecto	
corra	corramos	haya corrido	hayamos corrido
corras	corráis	hayas corrido	hayáis corrido
corra	corran	haya corrido	hayan corrido

Pretérito imperfecto		Pretérito pluscuamperfecto	
corriera o corriese	corriéramos o corriésemos	hubiera o hubiese corrido	hubiéramos o hubiésemos corrido
corrieras o corrieses	corrierais o corrieseis	hubieras o hubieses corrido	hubierais o hubieseis corrido
corriera o corriese	corrieran o corriesen	hubiera o hubiese corrido	hubieran o hubiesen corrido

IMPERATIVO

corre (tú)
corra (usted)
corred (vosotros/as)
corran (ustedes)

FORMAS NO PERSONALES

Infinitivo	correr
Infinitivo compuesto	haber corrido
Gerundio	corriendo
Participio	corrido

Palabras, oraciones y expresiones relacionadas con el verbo

Aquí el que no corre, vuela: se usa para indicar que una persona saca provecho de una situación en cuanto tiene oportunidad. *No dejaré pasar esta ocasión; aquí el que no corre, vuela.*
Correr prisa: ser urgente una cosa. *Este encargo me corre mucha prisa.*
Correr un tupido velo: intentar ocultar u olvidar una cosa que no es agradable o conveniente recordar. *Es mejor correr un tupido velo sobre su pasado.*

39. creer

INDICATIVO

Presente		Pretérito perfecto	
creo	creemos	he creído	hemos creído
crees	creéis	has creído	habéis creído
cree	creen	ha creído	han creído

Pretérito imperfecto		Pretérito pluscuamperfecto	
creía	creíamos	había creído	habíamos creído
creías	creíais	habías creído	habíais creído
creía	creían	había creído	habían creído

Pretérito indefinido		Pretérito anterior	
creí	creímos	hube creído	hubimos creído
creíste	creísteis	hubiste creído	hubisteis creído
creyó	creyeron	hubo creído	hubieron creído

Futuro imperfecto		Futuro perfecto	
creeré	creeremos	habré creído	habremos creído
creerás	creeréis	habrás creído	habréis creído
creerá	creerán	habrá creído	habrán creído

Condicional simple		Condicional compuesto	
creería	creeríamos	habría creído	habríamos creído
creerías	creeríais	habrías creído	habríais creído
creería	creerían	habría creído	habrían creído

SUBJUNTIVO

Presente		Pretérito perfecto	
crea	creamos	haya creído	hayamos creído
creas	creáis	hayas creído	hayáis creído
crea	crean	haya creído	hayan creído

Pretérito imperfecto		Pretérito pluscuamperfecto	
creyera o creyese	creyéramos o creyésemos	hubiera o hubiese creído	hubiéramos o hubiésemos creído
creyeras o creyeses	creyerais o creyeseis	hubieras o hubieses creído	hubierais o hubieseis creído
creyera o creyese	creyeran o creyesen	hubiera o hubiese creído	hubieran o hubiesen creído

IMPERATIVO

cree (tú)
crea (usted)
creed (vosotros/as)
crean (ustedes)

FORMAS NO PERSONALES

Infinitivo	creer
Infinitivo compuesto	haber creído
Gerundio	creyendo
Participio	creído

Palabras, oraciones y expresiones relacionadas con el verbo

La creencia
Creo en la justicia.
No creas: se usa para dar a entender que no es descaminado algo que se va a decir. *No creas, no veo ese asunto tan claro como parece.*
¡Ya lo creo!: se usa para afirmar enérgicamente algo que es evidente. *Cuando le pregunté si tenía frío me dijo: «¡Ya lo creo!».*

40. dar

INDICATIVO

Presente

doy	damos
das	dais
da	dan

Pretérito perfecto

he dado	hemos dado
has dado	habéis dado
ha dado	han dado

Pretérito imperfecto

daba	dábamos
dabas	dabais
daba	daban

Pretérito pluscuamperfecto

había dado	habíamos dado
habías dado	habíais dado
había dado	habían dado

Pretérito indefinido

di	dimos
diste	disteis
dio	dieron

Pretérito anterior

hube dado	hubimos dado
hubiste dado	hubisteis dado
hubo dado	hubieron dado

Futuro imperfecto

daré	daremos
darás	daréis
dará	darán

Futuro perfecto

habré dado	habremos dado
habrás dado	habréis dado
habrá dado	habrán dado

Condicional simple

daría	daríamos
darías	daríais
daría	darían

Condicional compuesto

habría dado	habríamos dado
habrías dado	habríais dado
habría dado	habrían dado

SUBJUNTIVO

Presente

dé	demos
des	deis
dé	den

Pretérito perfecto

haya dado	hayamos dado
hayas dado	hayáis dado
haya dado	hayan dado

Pretérito imperfecto

diera o diese	diéramos o diésemos
dieras o dieses	dierais o dieseis
diera o diese	dieran o diesen

Pretérito pluscuamperfecto

hubiera o hubiese dado	hubiéramos o hubiésemos dado
hubieras o hubieses dado	hubierais o hubieseis dado
hubiera o hubiese dado	hubieran o hubiesen dado

IMPERATIVO

da (tú)
dé (usted)
dad (vosotros/as)
den (ustedes)

FORMAS NO PERSONALES

Infinitivo	dar
Infinitivo compuesto	haber dado
Gerundio	dando
Participio	dado

Palabras, oraciones y expresiones relacionadas con el verbo

Enciende la luz, no te des con la cómoda.

Ya me he dado en la cabeza.

Dale, o **dale que dale**, o **dale que te pego:** se usa para indicar fastidio ante la insistencia o la pesadez de una persona o de una cosa. *Te estoy diciendo que te calles y tú siempre estás dale que te pego.*

41. deber

Presente

debo	debemos
debes	debéis
debe	deben

Pretérito perfecto

he debido	hemos debido
has debido	habéis debido
ha debido	han debido

Pretérito imperfecto

debía	debíamos
debías	debíais
debía	debían

Pretérito pluscuamperfecto

había debido	habíamos debido
habías debido	habíais debido
había debido	habían debido

Pretérito indefinido

debí	debimos
debiste	debisteis
debió	debieron

Pretérito anterior

hube debido	hubimos debido
hubiste debido	hubisteis debido
hubo debido	hubieron debido

Futuro imperfecto

deberé	deberemos
deberás	deberéis
deberá	deberán

Futuro perfecto

habré debido	habremos debido
habrás debido	habréis debido
habrá debido	habrán debido

Condicional simple

debería	deberíamos
deberías	deberíais
debería	deberían

Condicional compuesto

habría debido	habríamos debido
habrías debido	habríais debido
habría debido	habrían debido

SUBJUNTIVO

Presente

deba	debamos
debas	debáis
deba	deban

Pretérito perfecto

haya debido	hayamos debido
hayas debido	hayáis debido
haya debido	hayan debido

Pretérito imperfecto

debiera o debiese	debiéramos o debiésemos
debieras o debieses	debierais o debieseis
debiera o debiese	debieran o debiesen

Pretérito pluscuamperfecto

hubiera o hubiese debido	hubiéramos o hubiésemos debido
hubieras o hubieses debido	hubierais o hubieseis debido
hubiera o hubiese debido	hubieran o hubiesen debido

IMPERATIVO

debe (tú)
deba (usted)
debed (vosotros/as)
deban (ustedes)

FORMAS NO PERSONALES

Infinitivo	deber
Infinitivo compuesto	haber debido
Gerundio	debiendo
Participio	debido

Palabras, oraciones y expresiones relacionadas con el verbo

El deber

42. decidir

INDICATIVO

Presente		Pretérito perfecto	
decido	decidimos	he decidido	hemos decidido
decides	decidís	has decidido	habéis decidido
decide	deciden	ha decidido	han decidido

Pretérito imperfecto		Pretérito pluscuamperfecto	
decidía	decidíamos	había decidido	habíamos decidido
decidías	decidíais	habías decidido	habíais decidido
decidía	decidían	había decidido	habían decidido

Pretérito indefinido		Pretérito anterior	
decidí	decidimos	hube decidido	hubimos decidido
decidiste	decidisteis	hubiste decidido	hubisteis decidido
decidió	decidieron	hubo decidido	hubieron decidido

Futuro imperfecto		Futuro perfecto	
decidiré	decidiremos	habré decidido	habremos decidido
decidirás	decidiréis	habrás decidido	habréis decidido
decidirá	decidirán	habrá decidido	habrán decidido

Condicional simple		Condicional compuesto	
decidiría	decidiríamos	habría decidido	habríamos decidido
decidirías	decidiríais	habrías decidido	habríais decidido
decidiría	decidirían	habría decidido	habrían decidido

SUBJUNTIVO

Presente		Pretérito perfecto	
decida	decidamos	haya decidido	hayamos decidido
decidas	decidáis	hayas decidido	hayáis decidido
decida	decidan	haya decidido	hayan decidido

Pretérito imperfecto		Pretérito pluscuamperfecto	
decidiera o decidiese	decidiéramos o decidiésemos	hubiera o hubiese decidido	hubiéramos o hubiésemos decidido
decidieras o decidieses	decidierais o decidieseis	hubieras o hubieses decidido	hubierais o hubieseis decidido
decidiera o decidiese	decidieran o decidiesen	hubiera o hubiese decidido	hubieran o hubiesen decidido

IMPERATIVO

decide (tú)
decida (usted)
decidid (vosotros/as)
decidan (ustedes)

FORMAS NO PERSONALES

Infinitivo	decidir
Infinitivo compuesto	haber decidido
Gerundio	decidiendo
Participio	decidido

Palabras, oraciones y expresiones relacionadas con el verbo

la decisión
Decidido, da

43. decir

INDICATIVO

Presente
digo	decimos
dices	decís
dice	dicen

Pretérito perfecto
he dicho	hemos dicho
has dicho	habéis dicho
ha dicho	han dicho

Pretérito imperfecto
decía	decíamos
decías	decíais
decía	decían

Pretérito pluscuamperfecto
había dicho	habíamos dicho
habías dicho	habíais dicho
había dicho	habían dicho

Pretérito indefinido
dije	dijimos
dijiste	dijisteis
dijo	dijeron

Pretérito anterior
hube dicho	hubimos dicho
hubiste dicho	hubisteis dicho
hubo dicho	hubieron dicho

Futuro imperfecto
diré	diremos
dirás	diréis
dirá	dirán

Futuro perfecto
habré dicho	habremos dicho
habrás dicho	habréis dicho
habrá dicho	habrán dicho

Condicional simple
diría	diríamos
dirías	diríais
diría	dirían

Condicional compuesto
habría dicho	habríamos dicho
habrías dicho	habríais dicho
habría dicho	habrían dicho

SUBJUNTIVO

Presente
diga	digamos
digas	digáis
diga	digan

Pretérito perfecto
haya dicho	hayamos dicho
hayas dicho	hayáis dicho
haya dicho	hayan dicho

Pretérito imperfecto
dijera o dijese	dijéramos o dijésemos
dijeras o dijeses	dijerais o dijeseis
dijera o dijese	dijeran o dijesen

Pretérito pluscuamperfecto
hubiera o hubiese dicho	hubiéramos o hubiésemos dicho
hubieras o hubieses dicho	hubierais o hubieseis dicho
hubiera o hubiese dicho	hubieran o hubiesen dicho

IMPERATIVO

di (tú)
diga (usted)
decid (vosotros/as)
digan (ustedes)

FORMAS NO PERSONALES

Infinitivo	decir
Infinitivo compuesto	haber dicho
Gerundio	diciendo
Participio	dicho

Palabras, oraciones y expresiones relacionadas con el verbo

Decir por decir: hacer una persona referencia a una cosa sin haberla pensado o sentido. *Eso lo ha dicho por decir, no tiene ni idea de lo que ha ocurrido.*

Como quien dice: se usa para suavizar lo que se afirma a continuación. *Empezó a insultarme y me puso, como quien dice, verde.*

No decir ni mu/pío: no decir una persona nada, no hablar. *Ayer en la reunión nadie dijo ni mu sobre el asunto de las vacaciones.*

44. dejar

VERBOS CONJUGADOS

INDICATIVO

Presente		Pretérito perfecto	
dejo	dejamos	he dejado	hemos dejado
dejas	dejáis	has dejado	habéis dejado
deja	dejan	ha dejado	han dejado

Pretérito imperfecto		Pretérito pluscuamperfecto	
dejaba	dejábamos	había dejado	habíamos dejado
dejabas	dejabais	habías dejado	habíais dejado
dejaba	dejaban	había dejado	habían dejado

Pretérito indefinido		Pretérito anterior	
dejé	dejamos	hube dejado	hubimos dejado
dejaste	dejasteis	hubiste dejado	hubisteis dejado
dejó	dejaron	hubo dejado	hubieron dejado

Futuro imperfecto		Futuro perfecto	
dejaré	dejaremos	habré dejado	habremos dejado
dejarás	dejaréis	habrás dejado	habréis dejado
dejará	dejarán	habrá dejado	habrán dejado

Condicional simple		Condicional compuesto	
dejaría	dejaríamos	habría dejado	habríamos dejado
dejarías	dejaríais	habrías dejado	habríais dejado
dejaría	dejarían	habría dejado	habrían dejado

SUBJUNTIVO

Presente		Pretérito perfecto	
deje	dejemos	haya dejado	hayamos dejado
dejes	dejéis	hayas dejado	hayáis dejado
deje	dejen	haya dejado	hayan dejado

Pretérito imperfecto		Pretérito pluscuamperfecto	
dejara o dejase	dejáramos o dejásemos	hubiera o hubiese dejado	hubiéramos o hubiésemos dejado
dejaras o dejases	dejarais o dejaseis	hubieras o hubieses dejado	hubierais o hubieseis dejado
dejara o dejase	dejaran o dejasen	hubiera o hubiese dejado	hubieran o hubiesen dejado

IMPERATIVO

deja (tú)
deje (usted)
dejad (vosotros/as)
dejen (ustedes)

FORMAS NO PERSONALES

Infinitivo	dejar
Infinitivo compuesto	haber dejado
Gerundio	dejando
Participio	dejado

Palabras, oraciones y expresiones relacionadas con el verbo

Me han dejado el traje **como** nuevo.

No dejar lugar a dudas: no permitir que pueda haber ninguna duda. *Lo que dijo no deja lugar a dudas.*

No dejar ni a sol ni a sombra: acompañar o perseguir continuamente una persona a otra. *Siempre está pegado a ti, no te deja ni a sol ni a sombra.*

45. discernir

INDICATIVO

Presente
discierno	discernimos
disciernes	discernís
discierne	disciernen

Pretérito perfecto
he discernido	hemos discernido
has discernido	habéis discernido
ha discernido	han discernido

Pretérito imperfecto
discernía	discerníamos
discernías	discerníais
discernía	discernían

Pretérito pluscuamperfecto
había discernido	habíamos discernido
habías discernido	habíais discernido
había discernido	habían discernido

Pretérito indefinido
discerní	discernimos
discerniste	discernisteis
discernió	discernieron

Pretérito anterior
hube discernido	hubimos discernido
hubiste discernido	hubisteis discernido
hubo discernido	hubieron discernido

Futuro imperfecto
discerniré	discerniremos
discernirás	discerniréis
discernirá	discernirán

Futuro perfecto
habré discernido	habremos discernido
habrás discernido	habréis discernido
habrá discernido	habrán discernido

Condicional simple
discerniría	discerniríamos
discernirías	discerniríais
discerniría	discernirían

Condicional compuesto
habría discernido	habríamos discernido
habrías discernido	habríais discernido
habría discernido	habrían discernido

SUBJUNTIVO

Presente
discierna	discernamos
disciernas	discernáis
discierna	disciernan

Pretérito perfecto
haya discernido	hayamos discernido
hayas discernido	hayáis discernido
haya discernido	hayan discernido

Pretérito imperfecto
discerniera o discerniese	discerniéramos o discerniésemos
discernieras o discernieses	discernierais o discernieseis
discerniera o discerniese	discernieran o discerniesen

Pretérito pluscuamperfecto
hubiera o hubiese discernido	hubiéramos o hubiésemos discernido
hubieras o hubieses discernido	hubierais o hubieseis discernido
hubiera o hubiese discernido	hubieran o hubiesen discernido

IMPERATIVO

discierne (tú)
discierna (usted)
discernid (vosotros/as)
disciernan (ustedes)

FORMAS NO PERSONALES

Infinitivo	discernir
Infinitivo compuesto	haber discernido
Gerundio	discerniendo
Participio	discernido

Palabras, oraciones y expresiones relacionadas con el verbo

El discernimiento
Es capaz de discernir lo verdadero de lo falso y lo injusto de lo justo.

46. divertirse

INDICATIVO

Presente

me divierto · nos divertimos
te diviertes · os divertís
se divierte · se divierten

Pretérito imperfecto

me divertía · nos divertíamos
te divertías · os divertíais
se divertía · se divertían

Pretérito indefinido

me divertí · nos divertimos
te divertiste · os divertisteis
se divirtió · se divirtieron

Futuro imperfecto

me divertiré · nos divertiremos
te divertirás · os divertiréis
se divertirá · se divertirán

Condicional simple

me divertiría · nos divertiríamos
te divertirías · os divertiríais
se divertiría · se divertirían

Pretérito perfecto

me he divertido · nos hemos divertido
te has divertido · os habéis divertido
se ha divertido · se han divertido

Pretérito pluscuamperfecto

me había divertido · nos habíamos divertido
te habías divertido · os habíais divertido
se había divertido · se habían divertido

Pretérito anterior

me hube divertido · nos hubimos divertido
te hubiste divertido · os hubisteis divertido
se hubo divertido · se hubieron divertido

Futuro perfecto

me habré divertido · nos habremos divertido
te habrás divertido · os habréis divertido
se habrá divertido · se habrán divertido

Condicional compuesto

me habría divertido · nos habríamos divertido
te habrías divertido · os habríais divertido
se habría divertido · se habrían divertido

SUBJUNTIVO

Presente

me divierta · nos divirtamos
te diviertas · os divirtáis
se divierta · se diviertan

Pretérito imperfecto

me divirtiera · nos divirtiéramos
o divirtiese · o divirtiésemos

te divirtieras · os divirtierais
o divirtieses · o divirtieseis

se divirtiera · se divirtieran
o divirtiese · o divirtiesen

Pretérito perfecto

me haya divertido · nos hayamos divertido
te hayas divertido · os hayáis divertido
se haya divertido · se hayan divertido

Pretérito pluscuamperfecto

me hubiera o · nos hubiéramos o
hubiese divertido · hubiésemos divertido

te hubieras o · os hubierais o
hubieses divertido · hubieseis divertido

se hubiera o · se hubieran o
hubiese divertido · hubiesen divertido

IMPERATIVO

diviértete (tú)
diviértase (usted)
divertíos (vosotros/as)
diviértanse (ustedes)

FORMAS NO PERSONALES

Infinitivo · divertirse
Infinitivo compuesto · haberse divertido
Gerundio · divirtiéndose
Participio · divertido

Palabras, oraciones y expresiones relacionadas con el verbo

La diversión
El divertimento/divertimiento
Divertido, da
Jesús se divierte mucho **con** las películas de dibujos.

47. doler

INDICATIVO

Presente		Pretérito perfecto	
duele	duelen	ha dolido	han dolido

Pretérito imperfecto		Pretérito pluscuamperfecto	
dolía	dolían	había dolido	habían dolido

Pretérito indefinido		Pretérito anterior	
dolió	dolieron	hubo dolido	hubieron dolido

Futuro imperfecto		Futuro perfecto	
dolerá	dolerán	habrá dolido	habrán dolido

Condicional simple		Condicional compuesto	
dolería	dolerían	habría dolido	habrían dolido

SUBJUNTIVO

Presente		Pretérito perfecto	
duela	duelan	haya dolido	hayan dolido

Pretérito imperfecto		Pretérito pluscuamperfecto	
doliera o doliese	dolieran o doliesen	hubiera o hubiese dolido	hubieran o hubiesen dolido

IMPERATIVO

FORMAS NO PERSONALES

Infinitivo	doler
Infinitivo compuesto	haber dolido
Gerundio	doliendo
Participio	dolido

Palabras, oraciones y expresiones relacionadas con el verbo

Ahí le duele: se usa para indicar que se ha encontrado lo fundamental de una cuestión o el punto débil de una persona. *Ahí le duele; es buen chico, pero muy perezoso.*
No dolerle prendas: 1. cumplir alguien fielmente unas obligaciones. *A la hora de estudiar, no le duelen prendas.* 2. no escatimar esfuerzos en un asunto o propósito. *No le dolían prendas con tal de conseguir ese trabajo.*

48. dormir

INDICATIVO

Presente
duermo	dormimos
duermes	dormís
duerme	duermen

Pretérito perfecto
he dormido	hemos dormido
has dormido	habéis dormido
ha dormido	han dormido

Pretérito imperfecto
dormía	dormíamos
dormías	dormíais
dormía	dormían

Pretérito pluscuamperfecto
había dormido	habíamos dormido
habías dormido	habíais dormido
había dormido	habían dormido

Pretérito indefinido
dormí	dormimos
dormiste	dormisteis
durmió	durmieron

Pretérito anterior
hube dormido	hubimos dormido
hubiste dormido	hubisteis dormido
hubo dormido	hubieron dormido

Futuro imperfecto
dormiré	dormiremos
dormirás	dormiréis
dormirá	dormirán

Futuro perfecto
habré dormido	habremos dormido
habrás dormido	habréis dormido
habrá dormido	habrán dormido

Condicional simple
dormiría	dormiríamos
dormirías	dormiríais
dormiría	dormirían

Condicional compuesto
habría dormido	habríamos dormido
habrías dormido	habríais dormido
habría dormido	habrían dormido

SUBJUNTIVO

Presente
duerma	durmamos
duermas	durmáis
duerma	duerman

Pretérito perfecto
haya dormido	hayamos dormido
hayas dormido	hayáis dormido
haya dormido	hayan dormido

Pretérito imperfecto
durmiera o durmiese	durmiéramos o durmiésemos
durmieras o durmieses	durmierais o durmieseis
durmiera o durmiese	durmieran o durmiesen

Pretérito pluscuamperfecto
hubiera o hubiese dormido	hubiéramos o hubiésemos dormido
hubieras o hubieses dormido	hubierais o hubieseis dormido
hubiera o hubiese dormido	hubieran o hubiesen dormido

IMPERATIVO
duerme (tú)
duerma (usted)
dormid (vosotros/as)
duerman (ustedes)

FORMAS NO PERSONALES
Infinitivo	dormir
Infinitivo compuesto	haber dormido
Gerundio	durmiendo
Participio	dormido

Palabras, oraciones y expresiones relacionadas con el verbo

Dormir a pierna suelta/como un tronco: dormir una persona tranquila y profundamente. *Estaba tan cansado que durmió a pierna suelta toda la noche.*

Dormir la mona: dormir una persona después de haberse emborrachado. *Estuvieron bebiendo toda la noche y luego se fueron a la playa a dormir la mona.*

49. elegir

INDICATIVO

Presente
elijo	elegimos
eliges	elegís
elige	eligen

Pretérito imperfecto
elegía	elegíamos
elegías	elegíais
elegía	elegían

Pretérito indefinido
elegí	elegimos
elegiste	elegisteis
eligió	eligieron

Futuro imperfecto
elegiré	elegiremos
elegirás	elegiréis
elegirá	elegirán

Condicional simple
elegiría	elegiríamos
elegirías	elegiríais
elegiría	elegirían

Pretérito perfecto
he elegido	hemos elegido
has elegido	habéis elegido
ha elegido	han elegido

Pretérito pluscuamperfecto
había elegido	habíamos elegido
habías elegido	habíais elegido
había elegido	habían elegido

Pretérito anterior
hube elegido	hubimos elegido
hubiste elegido	hubisteis elegido
hubo elegido	hubieron elegido

Futuro perfecto
habré elegido	habremos elegido
habrás elegido	habréis elegido
habrá elegido	habrán elegido

Condicional compuesto
habría elegido	habríamos elegido
habrías elegido	habríais elegido
habría elegido	habrían elegido

SUBJUNTIVO

Presente
elija	elijamos
elijas	elijáis
elija	elijan

Pretérito imperfecto
eligiera o eligiese	eligiéramos o eligiésemos
eligieras o eligieses	eligierais o eligieseis
eligiera o eligiese	eligieran o eligiesen

Pretérito perfecto
haya elegido	hayamos elegido
hayas elegido	hayáis elegido
haya elegido	hayan elegido

Pretérito pluscuamperfecto
hubiera o hubiese elegido	hubiéramos o hubiésemos elegido
hubieras o hubieses elegido	hubierais o hubieseis elegido
hubiera o hubiese elegido	hubieran o hubiesen elegido

IMPERATIVO

elige (tú)
elija (usted)
elegid (vosotros/as)
elijan (ustedes)

FORMAS NO PERSONALES

Infinitivo	elegir
Infinitivo compuesto	haber elegido
Gerundio	eligiendo
Participio	elegido

Palabras, oraciones y expresiones relacionadas con el verbo

La elección
Eligieron al delegado por votación.
Elegir a dedo: elegir o nombrar una persona a otra por influencia o enchufe, sin considerar los méritos de los demás. *La nueva secretaria fue elegida a dedo.*

50. empezar

INDICATIVO

Presente		Pretérito perfecto	
empiezo	empezamos	he empezado	hemos empezado
empiezas	empezáis	has empezado	habéis empezado
empieza	empiezan	ha empezado	han empezado

Pretérito imperfecto		Pretérito pluscuamperfecto	
empezaba	empezábamos	había empezado	habíamos empezado
empezabas	empezabais	habías empezado	habíais empezado
empezaba	empezaban	había empezado	habían empezado

Pretérito indefinido		Pretérito anterior	
empecé	empezamos	hube empezado	hubimos empezado
empezaste	empezasteis	hubiste empezado	hubisteis empezado
empezó	empezaron	hubo empezado	hubieron empezado

Futuro imperfecto		Futuro perfecto	
empezaré	empezaremos	habré empezado	habremos empezado
empezarás	empezaréis	habrás empezado	habréis empezado
empezará	empezarán	habrá empezado	habrán empezado

Condicional simple		Condicional compuesto	
empezaría	empezaríamos	habría empezado	habríamos empezado
empezarías	empezaríais	habrías empezado	habríais empezado
empezaría	empezarían	habría empezado	habrían empezado

SUBJUNTIVO

Presente		Pretérito perfecto	
empiece	empecemos	haya empezado	hayamos empezado
empieces	empecéis	hayas empezado	hayáis empezado
empiece	empiecen	haya empezado	hayan empezado

Pretérito imperfecto		Pretérito pluscuamperfecto	
empezara o empezase	empezáramos o empezásemos	hubiera o hubiese empezado	hubiéramos o hubiésemos empezado
empezaras o empezases	empezarais o empezaseis	hubieras o hubieses empezado	hubierais o hubieseis empezado
empezara o empezase	empezaran o empezasen	hubiera o hubiese empezado	hubieran o hubiesen empezado

IMPERATIVO

empieza (tú)
empiece (usted)
empezad (vosotros/as)
empiecen (ustedes)

FORMAS NO PERSONALES

Infinitivo	empezar
Infinitivo compuesto	haber empezado
Gerundio	empezando
Participio	empezado

Palabras, oraciones y expresiones relacionadas con el verbo

Empezó **a** hablar con los asistentes.

empezar la casa por el tejado: empezar una tarea o un asunto por el final. *Haz las cosas con orden: no empieces la casa por el tejado.*

ya empezamos: se usa para indicar fastidio ante la insistencia de una persona o la reiteración de una cosa. *Ya empezamos con las preguntas de siempre.*

51. encender

INDICATIVO

Presente
enciendo	encendemos
enciendes	encendéis
enciende	encienden

Pretérito imperfecto
encendía	encendíamos
encendías	encendíais
encendía	encendían

Pretérito indefinido
encendí	encendimos
encendiste	encendisteis
encendió	encendieron

Futuro imperfecto
encenderé	encenderemos
encenderás	encenderéis
encenderá	encenderán

Condicional simple
encendería	encenderíamos
encenderías	encenderíais
encendería	encenderían

Pretérito perfecto
he encendido	hemos encendido
has encendido	habéis encendido
ha encendido	han encendido

Pretérito pluscuamperfecto
había encendido	habíamos encendido
habías encendido	habíais encendido
había encendido	habían encendido

Pretérito anterior
hube encendido	hubimos encendido
hubiste encendido	hubisteis encendido
hubo encendido	hubieron encendido

Futuro perfecto
habré encendido	habremos encendido
habrás encendido	habréis encendido
habrá encendido	habrán encendido

Condicional compuesto
habría encendido	habríamos encendido
habrías encendido	habríais encendido
habría encendido	habrían encendido

SUBJUNTIVO

Presente
encienda	encendamos
enciendas	encendáis
encienda	enciendan

Pretérito imperfecto
encendiera o encendiese	encendiéramos o encendiésemos
encendieras o encendieses	encendierais o encendieseis
encendiera o encendiese	encendieran o encendiesen

Pretérito perfecto
haya encendido	hayamos encendido
hayas encendido	hayáis encendido
haya encendido	hayan encendido

Pretérito pluscuamperfecto
hubiera o hubiese encendido	hubiéramos o hubiésemos encendido
hubieras o hubieses encendido	hubierais o hubieseis encendido
hubiera o hubiese encendido	hubieran o hubiesen encendido

IMPERATIVO

enciende (tú)
encienda (usted)
encended (vosotros/as)
enciendan (ustedes)

FORMAS NO PERSONALES

Infinitivo	encender
Infinitivo compuesto	haber encendido
Gerundio	encendiendo
Participio	encendido

Palabras, oraciones y expresiones relacionadas con el verbo

El encendedor
Encendido, da
Encender la sangre: enfadar o irritar mucho una persona o una cosa. *Los mentirosos me encienden la sangre.*

52. encontrar

INDICATIVO

Presente		Pretérito perfecto	
encuentro	encontramos	he encontrado	hemos encontrado
encuentras	encontráis	has encontrado	habéis encontrado
encuentra	encuentran	ha encontrado	han encontrado

Pretérito imperfecto		Pretérito pluscuamperfecto	
encontraba	encontrábamos	había encontrado	habíamos encontrado
encontrabas	encontrabais	habías encontrado	habíais encontrado
encontraba	encontraban	había encontrado	habían encontrado

Pretérito indefinido		Pretérito anterior	
encontré	encontramos	hube encontrado	hubimos encontrado
encontraste	encontrasteis	hubiste encontrado	hubisteis encontrado
encontró	encontraron	hubo encontrado	hubieron encontrado

Futuro imperfecto		Futuro perfecto	
encontraré	encontraremos	habré encontrado	habremos encontrado
encontrarás	encontraréis	habrás encontrado	habréis encontrado
encontrará	encontrarán	habrá encontrado	habrán encontrado

Condicional simple		Condicional compuesto	
encontraría	encontraríamos	habría encontrado	habríamos encontrado
encontrarías	encontraríais	habrías encontrado	habríais encontrado
encontraría	encontrarían	habría encontrado	habrían encontrado

SUBJUNTIVO

Presente		Pretérito perfecto	
encuentre	encontremos	haya encontrado	hayamos encontrado
encuentres	encontréis	hayas encontrado	hayáis encontrado
encuentre	encuentren	haya encontrado	hayan encontrado

Pretérito imperfecto		Pretérito pluscuamperfecto	
encontrara o encontrase	encontráramos o encontrásemos	hubiera o hubiese encontrado	hubiéramos o hubiésemos encontrado
encontraras o encontrases	encontrarais o encontraseis	hubieras o hubieses encontrado	hubierais o hubieseis encontrado
encontrara o encontrase	encontraran o encontrasen	hubiera o hubiese encontrado	hubieran o hubiesen encontrado

IMPERATIVO

encuentra (tú)
encuentre (usted)
encontrad (vosotros/as)
encuentren (ustedes)

FORMAS NO PERSONALES

Infinitivo	encontrar
Infinitivo compuesto	haber encontrado
Gerundio	encontrando
Participio	encontrado

Palabras, oraciones y expresiones relacionadas con el verbo

encuentro

encontrar la horma de su zapato: 1. encontrar una persona lo que desea o merece. *Gracias a su consejo, ha dado con la horma de su zapato al montar ese negocio.* 2. encontrar una persona a otra que le hace frente. *Parece que en la nueva profesora ha encontrado la horma de su zapato, porque no le permite ninguna indisciplina.*

53. enfadarse

INDICATIVO

Presente

me enfado	nos enfadamos
te enfadas	os enfadáis
se enfada	se enfadan

Pretérito perfecto

me he enfadado	nos hemos enfadado
te has enfadado	os habéis enfadado
se ha enfadado	se han enfadado

Pretérito imperfecto

me enfadaba	nos enfadábamos
te enfadabas	os enfadabais
se enfadaba	se enfadaban

Pretérito pluscuamperfecto

me había enfadado	nos habíamos enfadado
te habías enfadado	os habíais enfadado
se había enfadado	se habían enfadado

Pretérito indefinido

me enfadé	nos enfadamos
te enfadaste	os enfadasteis
se enfadó	se enfadaron

Pretérito anterior

me hube enfadado	nos hubimos enfadado
te hubiste enfadado	os hubisteis enfadado
se hubo enfadado	se hubieron enfadado

Futuro imperfecto

me enfadaré	nos enfadaremos
te enfadarás	os enfadaréis
se enfadará	se enfadarán

Futuro perfecto

me habré enfadado	nos habremos enfadado
te habrás enfadado	os habréis enfadado
se habrá enfadado	se habrán enfadado

Condicional simple

me enfadaría	nos enfadaríamos
te enfadarías	os enfadaríais
se enfadaría	se enfadarían

Condicional compuesto

me habría enfadado	nos habríamos enfadado
te habrías enfadado	os habríais enfadado
se habría enfadado	se habrían enfadado

SUBJUNTIVO

Presente

me enfade	nos enfademos
te enfades	os enfadéis
se enfade	se enfaden

Pretérito perfecto

me haya enfadado	nos hayamos enfadado
te hayas enfadado	os hayáis enfadado
se haya enfadado	se hayan enfadado

Pretérito imperfecto

me enfadara o enfadase	nos enfadáramos o enfadásemos
te enfadaras o enfadases	os enfadarais o enfadaseis
se enfadara o enfadase	se enfadaran o enfadasen

Pretérito pluscuamperfecto

me hubiera o hubiese enfadado	nos hubiéramos o hubiésemos enfadado
te hubieras o hubieses enfadado	os hubierais o hubieseis enfadado
se hubiera o hubiese enfadado	se hubieran o hubiesen enfadado

IMPERATIVO

enfádate (tú)
enfádese (usted)
enfadaos (vosotros/as)
enfádense (ustedes)

FORMAS NO PERSONALES

Infinitivo	enfadarse
Infinitivo compuesto	haberse enfadado
Gerundio	enfadándose
Participio	enfadado

Palabras, oraciones y expresiones relacionadas con el verbo

El enfado
*Se enfadó **con** su vecina **por** una tontería.*

54. enseñar

INDICATIVO

Presente		Pretérito perfecto	
enseño	enseñamos	he enseñado	hemos enseñado
enseñas	enseñáis	has enseñado	habéis enseñado
enseña	enseñan	ha enseñado	han enseñado

Pretérito imperfecto		Pretérito pluscuamperfecto	
enseñaba	enseñábamos	había enseñado	habíamos enseñado
enseñabas	enseñabais	habías enseñado	habíais enseñado
enseñaba	enseñaban	había enseñado	habían enseñado

Pretérito indefinido		Pretérito anterior	
enseñé	enseñamos	hube enseñado	hubimos enseñado
enseñaste	enseñasteis	hubiste enseñado	hubisteis enseñado
enseñó	enseñaron	hubo enseñado	hubieron enseñado

Futuro imperfecto		Futuro perfecto	
enseñaré	enseñaremos	habré enseñado	habremos enseñado
enseñarás	enseñaréis	habrás enseñado	habréis enseñado
enseñará	enseñarán	habrá enseñado	habrán enseñado

Condicional simple		Condicional compuesto	
enseñaría	enseñaríamos	habría enseñado	habríamos enseñado
enseñarías	enseñaríais	habrías enseñado	habríais enseñado
enseñaría	enseñarían	habría enseñado	habrían enseñado

SUBJUNTIVO

Presente		Pretérito perfecto	
enseñe	enseñemos	haya enseñado	hayamos enseñado
enseñes	enseñéis	hayas enseñado	hayáis enseñado
enseñe	enseñen	haya enseñado	hayan enseñado

Pretérito imperfecto		Pretérito pluscuamperfecto	
enseñara o enseñase	enseñáramos o enseñásemos	hubiera o hubiese enseñado	hubiéramos o hubiésemos enseñado
enseñaras o enseñases	enseñarais o enseñaseis	hubieras o hubieses enseñado	hubierais o hubieseis enseñado
enseñara o enseñase	enseñaran o enseñasen	hubiera o hubiese enseñado	hubieran o hubiesen enseñado

IMPERATIVO

enseña (tú)
enseñe (usted)
enseñad (vosotros/as)
enseñen (ustedes)

FORMAS NO PERSONALES

Infinitivo	enseñar
Infinitivo compuesto	haber enseñado
Gerundio	enseñando
Participio	enseñado

Palabras, oraciones y expresiones relacionadas con el verbo

Nos enseñó a montar en bicicleta.

enseñar las cartas: mostrar una persona sus verdaderas intenciones o los medios de que dispone para hacer alguna cosa. *Si los oponentes no nos enseñan sus cartas, romperemos la negociación.*

enseñar los dientes: demostrar una persona o un animal que está dispuesto a atacar o defenderse. *No me fío de ese perro que me ha enseñado los dientes.*

55. entender

Presente		Pretérito perfecto	
entiendo	entendemos	he entendido	hemos entendido
entiendes	entendéis	has entendido	habéis entendido
entiende	entienden	ha entendido	han entendido

Pretérito imperfecto		Pretérito pluscuamperfecto	
entendía	entendíamos	había entendido	habíamos entendido
entendías	entendíais	habías entendido	habíais entendido
entendía	entendían	había entendido	habían entendido

Pretérito indefinido		Pretérito anterior	
entendí	entendimos	hube entendido	hubimos entendido
entendiste	entendisteis	hubiste entendido	hubisteis entendido
entendió	entendieron	hubo entendido	hubieron entendido

Futuro imperfecto		Futuro perfecto	
entenderé	entenderemos	habré entendido	habremos entendido
entenderás	entenderéis	habrás entendido	habréis entendido
entenderá	entenderán	habrá entendido	habrán entendido

Condicional simple		Condicional compuesto	
entendería	entenderíamos	habría entendido	habríamos entendido
entenderías	entenderíais	habrías entendido	habríais entendido
entendería	entenderían	habría entendido	habrían entendido

SUBJUNTIVO

Presente		Pretérito perfecto	
entienda	entendamos	haya entendido	hayamos entendido
entiendas	entendáis	hayas entendido	hayáis entendido
entienda	entiendan	haya entendido	hayan entendido

Pretérito imperfecto		Pretérito pluscuamperfecto	
entendiera o entendiese	entendiéramos o entendiésemos	hubiera o hubiese entendido	hubiéramos o hubiésemos entendido
entendieras o entendieses	entendierais o entendieseis	hubieras o hubieses entendido	hubierais o hubieseis entendido
entendiera o entendiese	entendieran o entendiesen	hubiera o hubiese entendido	hubieran o hubiesen entendido

IMPERATIVO

entiende (tú)
entienda (usted)
entended (vosotros/as)
entiendan (ustedes)

FORMAS NO PERSONALES

Infinitivo	entender
Infinitivo compuesto	haber entendido
Gerundio	entendiendo
Participio	entendido

Palabras, oraciones y expresiones relacionadas con el verbo

Entendía de filosofía.
Como Dios da a entender a alguien: de cualquier manera, sin excesiva reflexión o sin medios. *Rellenó la solicitud como Dios le dio a entender.*
Dar a entender a alguien algo: decir algo encubierta o indirectamente, o manifestarlo de igual modo mediante acciones o gestos. *Por lo que me dijo, me dio a entender que no iba a venir.*

56. entrar

INDICATIVO

Presente		Pretérito perfecto	
entro	entramos	he entrado	hemos entrado
entras	entráis	has entrado	habéis entrado
entra	entran	ha entrado	han entrado

Pretérito imperfecto		Pretérito pluscuamperfecto	
entraba	entrábamos	había entrado	habíamos entrado
entrabas	entrabais	habías entrado	habíais entrado
entraba	entraban	había entrado	habían entrado

Pretérito indefinido		Pretérito anterior	
entré	entramos	hube entrado	hubimos entrado
entraste	entrasteis	hubiste entrado	hubisteis entrado
entró	entraron	hubo entrado	hubieron entrado

Futuro imperfecto		Futuro perfecto	
entraré	entraremos	habré entrado	habremos entrado
entrarás	entraréis	habrás entrado	habréis entrado
entrará	entrarán	habrá entrado	habrán entrado

Condicional simple		Condicional compuesto	
entraría	entraríamos	habría entrado	habríamos entrado
entrarías	entraríais	habrías entrado	habríais entrado
entraría	entrarían	habría entrado	habrían entrado

SUBJUNTIVO

Presente		Pretérito perfecto	
entre	entremos	haya entrado	hayamos entrado
entres	entréis	hayas entrado	hayáis entrado
entre	entren	haya entrado	hayan entrado

Pretérito imperfecto		Pretérito pluscuamperfecto	
entrara o entrase	entráramos o entrásemos	hubiera o hubiese entrado	hubiéramos o hubiésemos entrado
entraras o entrases	entrarais o entraseis	hubieras o hubieses entrado	hubierais o hubieseis entrado
entrara o entrase	entraran o entrasen	hubiera o hubiese entrado	hubieran o hubiesen entrado

IMPERATIVO

entra (tú)
entre (usted)
entrad (vosotros/as)
entren (ustedes)

FORMAS NO PERSONALES

Infinitivo	entrar
Infinitivo compuesto	haber entrado
Gerundio	entrando
Participio	entrado

Palabras, oraciones y expresiones relacionadas con el verbo

Entramos **en** la ciudad **por** la carretera del norte.

Entrar a saco: 1. saquear. *Entraron a saco en la ciudad.* 2. entrar bruscamente en un sitio. *Los niños entraron a saco en la clase.* 3. entrar directamente en un asunto. *El jefe nos llamó y entró a saco con las preguntas.*

No entrar ni salir: mantenerse una persona al margen de un asunto o una discusión. *Ese es un asunto en el que yo no entro ni salgo. No voy a hacer nada.*

57. enviar

INDICATIVO

Presente
envío	enviamos
envías	enviáis
envía	envían

Pretérito perfecto
he enviado	hemos enviado
has enviado	habéis enviado
ha enviado	han enviado

Pretérito imperfecto
enviaba	enviábamos
enviabas	enviabais
enviaba	enviaban

Pretérito pluscuamperfecto
había enviado	habíamos enviado
habías enviado	habíais enviado
había enviado	habían enviado

Pretérito indefinido
envié	enviamos
enviaste	enviasteis
envió	enviaron

Pretérito anterior
hube enviado	hubimos enviado
hubiste enviado	hubisteis enviado
hubo enviado	hubieron enviado

Futuro imperfecto
enviaré	enviaremos
enviarás	enviaréis
enviará	enviarán

Futuro perfecto
habré enviado	habremos enviado
habrás enviado	habréis enviado
habrá enviado	habrán enviado

Condicional simple
enviaría	enviaríamos
enviarías	enviaríais
enviaría	enviarían

Condicional compuesto
habría enviado	habríamos enviado
habrías enviado	habríais enviado
habría enviado	habrían enviado

SUBJUNTIVO

Presente
envíe	enviemos
envíes	enviéis
envíe	envíen

Pretérito perfecto
haya enviado	hayamos enviado
hayas enviado	hayáis enviado
haya enviado	hayan enviado

Pretérito imperfecto
enviara o enviase	enviáramos o enviásemos
enviaras o enviases	enviarais o enviaseis
enviara o enviase	enviaran o enviasen

Pretérito pluscuamperfecto
hubiera o hubiese enviado	hubiéramos o hubiésemos enviado
hubieras o hubieses enviado	hubierais o hubieseis enviado
hubiera o hubiese enviado	hubieran o hubiesen enviado

IMPERATIVO

envía (tú)
envíe (usted)
enviad (vosotros/as)
envíen (ustedes)

FORMAS NO PERSONALES

Infinitivo	enviar
Infinitivo compuesto	haber enviado
Gerundio	enviando
Participio	enviado

Palabras, oraciones y expresiones relacionadas con el verbo

El envío
Envió a su hijo a casa de sus abuelos.
Enviar a la porra: echar una persona de su presencia a otra con enfado. *¿No lo has enviado a la porra después de lo que te hizo?*
Enviar a paseo: se usa para rechazar a una persona o una cosa con decisión o brusquedad. *Paco ha roto con su novia y la ha mandado a paseo.*

58. envolver

INDICATIVO

Presente
envuelvo	envolvemos
envuelves	envolvéis
envuelve	envuelven

Pretérito perfecto
he envuelto	hemos envuelto
has envuelto	habéis envuelto
ha envuelto	han envuelto

Pretérito imperfecto
envolvía	envolvíamos
envolvías	envolvíais
envolvía	envolvían

Pretérito pluscuamperfecto
había envuelto	habíamos envuelto
habías envuelto	habíais envuelto
había envuelto	habían envuelto

Pretérito indefinido
envolví	envolvimos
envolviste	envolvisteis
envolvió	envolvieron

Pretérito anterior
hube envuelto	hubimos envuelto
hubiste envuelto	hubisteis envuelto
hubo envuelto	hubieron envuelto

Futuro imperfecto
envolveré	envolveremos
envolverás	envolveréis
envolverá	envolverán

Futuro perfecto
habré envuelto	habremos envuelto
habrás envuelto	habréis envuelto
habrá envuelto	habrán envuelto

Condicional simple
envolvería	envolveríamos
envolverías	envolveríais
envolvería	envolverían

Condicional compuesto
habría envuelto	habríamos envuelto
habrías envuelto	habríais envuelto
habría envuelto	habrían envuelto

SUBJUNTIVO

Presente
envuelva	envolvamos
envuelvas	envolváis
envuelva	envuelvan

Pretérito perfecto
haya envuelto	hayamos envuelto
hayas envuelto	hayáis envuelto
haya envuelto	hayan envuelto

Pretérito imperfecto
envolviera o envolviese	envolviéramos o envolviésemos
envolvieras o envolvieses	envolvierais o envolvieseis
envolviera o envolviese	envolvieran o envolviesen

Pretérito pluscuamperfecto
hubiera o hubiese envuelto	hubiéramos o hubiésemos envuelto
hubieras o hubieses envuelto	hubierais o hubieseis envuelto
hubiera o hubiese envuelto	hubieran o hubiesen envuelto

IMPERATIVO

envuelve (tú)
envuelva (usted)
envolved (vosotros/as)
envuelvan (ustedes)

FORMAS NO PERSONALES

Infinitivo	envolver
Infinitivo compuesto	haber envuelto
Gerundio	envolviendo
Participio	envuelto

Palabras, oraciones y expresiones relacionadas con el verbo

El envoltorio
La envoltura
Me envolvieron el regalo con un papel precioso.
Hemos envuelto el queso en papel de alumnio.

59. equivocarse

INDICATIVO

Presente
me equivoco	nos equivocamos
te equivocas	os equivocáis
se equivoca	se equivocan

Pretérito perfecto
me he equivocado	nos hemos equivocado
te has equivocado	os habéis equivocado
se ha equivocado	se han equivocado

Pretérito imperfecto
me equivocaba	nos equivocábamos
te equivocabas	os equivocabais
se equivocaba	se equivocaban

Pretérito pluscuamperfecto
me había equivocado	nos habíamos equivocado
te habías equivocado	os habíais equivocado
se había equivocado	se habían equivocado

Pretérito indefinido
me equivoqué	nos equivocamos
te equivocaste	os equivocasteis
se equivocó	se equivocaron

Pretérito anterior
me hube equivocado	nos hubimos equivocado
te hubiste equivocado	os hubisteis equivocado
se hubo equivocado	se hubieron equivocado

Futuro imperfecto
me equivocaré	nos equivocaremos
te equivocarás	os equivocaréis
se equivocará	se equivocarán

Futuro perfecto
me habré equivocado	nos habremos equivocado
te habrás equivocado	os habréis equivocado
se habrá equivocado	se habrán equivocado

Condicional simple
me equivocaría	nos equivocaríamos
te equivocarías	os equivocaríais
se equivocaría	se equivocarían

Condicional compuesto
me habría equivocado	nos habríamos equivocado
te habrías equivocado	os habríais equivocado
se habría equivocado	se habrían equivocado

SUBJUNTIVO

Presente
me equivoque	nos equivoquemos
te equivoques	os equivoquéis
se equivoque	se equivoquen

Pretérito perfecto
me haya equivocado	nos hayamos equivocado
te hayas equivocado	os hayáis equivocado
se haya equivocado	se hayan equivocado

Pretérito imperfecto
me equivocara o equivocase	nos equivocáramos o equivocásemos
te equivocaras o equivocases	os equivocarais o equivocaseis
se equivocara o equivocase	se equivocaran o equivocasen

Pretérito pluscuamperfecto
me hubiera o hubiese equivocado	nos hubiéramos o hubiésemos equivocado
te hubieras o hubieses equivocado	os hubierais o hubieseis equivocado
se hubiera o hubiese equivocado	se hubieran o hubiesen equivocado

IMPERATIVO

equivócate (tú)
equivóquese (usted)
equivocaos (vosotros/as)
equivóquense (ustedes)

FORMAS NO PERSONALES

Infinitivo	equivocarse
Infinitivo compuesto	haberse equivocado
Gerundio	equivocándose
Participio	equivocado

Palabras, oraciones y expresiones relacionadas con el verbo

La equivocación
El equívoco
Equivocado, da
Me equivoqué de portal.
Nos equivocamos en nuestro juicio.
Se equivocaron con nuestro vecino.

60. escribir

INDICATIVO

Presente		Pretérito perfecto	
escribo	escribimos	he escrito	hemos escrito
escribes	escribís	has escrito	habéis escrito
escribe	escriben	ha escrito	han escrito

Pretérito imperfecto		Pretérito pluscuamperfecto	
escribía	escribíamos	había escrito	habíamos escrito
escribías	escribíais	habías escrito	habíais escrito
escribía	escribían	había escrito	habían escrito

Pretérito indefinido		Pretérito anterior	
escribí	escribimos	hube escrito	hubimos escrito
escribiste	escribisteis	hubiste escrito	hubisteis escrito
escribió	escribieron	hubo escrito	hubieron escrito

Futuro imperfecto		Futuro perfecto	
escribiré	escribiremos	habré escrito	habremos escrito
escribirás	escribiréis	habrás escrito	habréis escrito
escribirá	escribirán	habrá escrito	habrán escrito

Condicional simple		Condicional compuesto	
escribiría	escribiríamos	habría escrito	habríamos escrito
escribirías	escribiríais	habrías escrito	habríais escrito
escribiría	escribirían	habría escrito	habrían escrito

SUBJUNTIVO

Presente		Pretérito perfecto	
escriba	escribamos	haya escrito	hayamos escrito
escribas	escribáis	hayas escrito	hayáis escrito
escriba	escriban	haya escrito	hayan escrito

Pretérito imperfecto		Pretérito pluscuamperfecto	
escribiera	escribiéramos	hubiera o	hubiéramos o
o escribiese	o escribiésemos	hubiese escrito	hubiésemos escrito
escribieras	escribierais	hubieras o	hubierais o
o escribieses	o escribieseis	hubieses escrito	hubieseis escrito
escribiera	escribieran	hubiera o	hubieran o
o escribiese	o escribiesen	hubiese escrito	hubiesen escrito

IMPERATIVO

escribe (tú)
escriba (usted)
escribid (vosotros/as)
escriban (ustedes)

FORMAS NO PERSONALES

Infinitivo	escribir
Infinitivo compuesto	haber escrito
Gerundio	escribiendo
Participio	escrito

Palabras, oraciones y expresiones relacionadas con el verbo

Escribe **a** maquina.

Escribe **en** español.

Esta profesora escribe **sobre** historia.

Escribe **de** la actualidad política.

Escribir al dictado: escribir una persona lo que otra dicta. *Tomar apuntes no es escribir al dictado.*

61. escuchar

INDICATIVO

Presente
escucho	escuchamos
escuchas	escucháis
escucha	escuchan

Pretérito imperfecto
escuchaba	escuchábamos
escuchabas	escuchabais
escuchaba	escuchaban

Pretérito indefinido
escuché	escuchamos
escuchaste	escuchasteis
escuchó	escucharon

Futuro imperfecto
escucharé	escucharemos
escucharás	escucharéis
escuchará	escucharán

Condicional simple
escucharía	escucharíamos
escucharías	escucharíais
escucharía	escucharían

Pretérito perfecto
he escuchado	hemos escuchado
has escuchado	habéis escuchado
ha escuchado	han escuchado

Pretérito pluscuamperfecto
había escuchado	habíamos escuchado
habías escuchado	habíais escuchado
había escuchado	habían escuchado

Pretérito anterior
hube escuchado	hubimos escuchado
hubiste escuchado	hubisteis escuchado
hubo escuchado	hubieron escuchado

Futuro perfecto
habré escuchado	habremos escuchado
habrás escuchado	habréis escuchado
habrá escuchado	habrán escuchado

Condicional compuesto
habría escuchado	habríamos escuchado
habrías escuchado	habríais escuchado
habría escuchado	habrían escuchado

SUBJUNTIVO

Presente
escuche	escuchemos
escuches	escuchéis
escuche	escuchen

Pretérito imperfecto
escuchara o escuchase	escucháramos o escuchásemos
escucharas o escuchases	escucharais o escuchaseis
escuchara o escuchase	escucharan o escuchasen

Pretérito perfecto
haya escuchado	hayamos escuchado
hayas escuchado	hayáis escuchado
haya escuchado	hayan escuchado

Pretérito pluscuamperfecto
hubiera o hubiese escuchado	hubiéramos o hubiésemos escuchado
hubieras o hubieses escuchado	hubierais o hubieseis escuchado
hubiera o hubiese escuchado	hubieran o hubiesen escuchado

IMPERATIVO

escucha (tú)
escuche (usted)
escuchad (vosotros/as)
escuchen (ustedes)

FORMAS NO PERSONALES

Infinitivo	escuchar
Infinitivo compuesto	haber escuchado
Gerundio	escuchando
Participio	escuchado

Palabras, oraciones y expresiones relacionadas con el verbo

La escucha

62. esperar

INDICATIVO

Presente		Pretérito perfecto	
espero	esperamos	he esperado	hemos esperado
esperas	esperáis	has esperado	habéis esperado
espera	esperan	ha esperado	han esperado

Pretérito imperfecto		Pretérito pluscuamperfecto	
esperaba	esperábamos	había esperado	habíamos esperado
esperabas	esperabais	habías esperado	habíais esperado
esperaba	esperaban	había esperado	habían esperado

Pretérito indefinido		Pretérito anterior	
esperé	esperamos	hube esperado	hubimos esperado
esperaste	esperasteis	hubiste esperado	hubisteis esperado
esperó	esperaron	hubo esperado	hubieron esperado

Futuro imperfecto		Futuro perfecto	
esperaré	esperaremos	habré esperado	habremos esperado
esperarás	esperaréis	habrás esperado	habréis esperado
esperará	esperarán	habrá esperado	habrán esperado

Condicional simple		Condicional compuesto	
esperaría	esperaríamos	habría esperado	habríamos esperado
esperarías	esperaríais	habrías esperado	habríais esperado
esperaría	esperarían	habría esperado	habrían esperado

SUBJUNTIVO

Presente		Pretérito perfecto	
espere	esperemos	haya esperado	hayamos esperado
esperes	esperéis	hayas esperado	hayáis esperado
espere	esperen	haya esperado	hayan esperado

Pretérito imperfecto		Pretérito pluscuamperfecto	
esperara o esperase	esperáramos o esperásemos	hubiera o hubiese esperado	hubiéramos o hubiésemos esperado
esperaras o esperases	esperarais o esperaseis	hubieras o hubieses esperado	hubierais o hubieseis esperado
esperara o esperase	esperaran o esperasen	hubiera o hubiese esperado	hubieran o hubiesen esperado

IMPERATIVO

espera (tú)
espere (usted)
esperad (vosotros/as)
esperen (ustedes)

FORMAS NO PERSONALES

Infinitivo	esperar
Infinitivo compuesto	haber esperado
Gerundio	esperando
Participio	esperado

Palabras, oraciones y expresiones relacionadas con el verbo

De aquí te espero: muy grande o fuera de lo común. *Hace un frío de aquí te espero.*

Esperar sentado: prever una persona que otra tardará mucho en hacer o conseguir una cosa. *Si crees que te voy a ayudar, puedes esperar sentada.*

Ser de esperar: considerarse una cosa lógica o posible. *Es de esperar que no tarde.*

63. estar

INDICATIVO

Presente
estoy	estamos
estás	estáis
está	están

Pretérito imperfecto
estaba	estábamos
estabas	estabais
estaba	estaban

Pretérito indefinido
estuve	estuvimos
estuviste	estuvisteis
estuvo	estuvieron

Futuro imperfecto
estaré	estaremos
estarás	estaréis
estará	estarán

Condicional simple
estaría	estaríamos
estarías	estaríais
estaría	estarían

Pretérito perfecto
he estado	hemos estado
has estado	habéis estado
ha estado	han estado

Pretérito pluscuamperfecto
había estado	habíamos estado
habías estado	habíais estado
había estado	habían estado

Pretérito anterior
hube estado	hubimos estado
hubiste estado	hubisteis estado
hubo estado	hubieron estado

Futuro perfecto
habré estado	habremos estado
habrás estado	habréis estado
habrá estado	habrán estado

Condicional compuesto
habría estado	habríamos estado
habrías estado	habríais estado
habría estado	habrían estado

SUBJUNTIVO

Presente
esté	estemos
estés	estéis
esté	estén

Pretérito imperfecto
estuviera o estuviese	estuviéramos o estuviésemos
estuvieras o estuvieses	estuvierais o estuvieseis
estuviera o estuviese	estuvieran o estuviesen

Pretérito perfecto
haya estado	hayamos estado
hayas estado	hayáis estado
haya estado	hayan estado

Pretérito pluscuamperfecto
hubiera o hubiese estado	hubiéramos o hubiésemos estado
hubieras o hubieses estado	hubierais o hubieseis estado
hubiera o hubiese estado	hubieran o hubiesen estado

IMPERATIVO
está (tú)
esté (usted)
estad (vosotros/as)
estén (ustedes)

FORMAS NO PERSONALES
Infinitivo	estar
Infinitivo compuesto	haber estado
Gerundio	estando
Participio	estado

Palabras, oraciones y expresiones relacionadas con el verbo

Estar a disposición de: comprometerse una persona a hacer una cosa para ayudar a otra. *Estamos a tu disposición para lo que quieras mandarnos.*

Estar a la que salta: mantenerse una persona atenta para no desaprovechar ninguna oportunidad. *Es muy listo, está a la que salta.*

Estar a las duras y a las maduras: aceptar tanto el lado malo como el bueno de una cosa. *En un matrimonio hay que estar a las duras y a las maduras.*

64. estudiar

INDICATIVO

Presente		Pretérito perfecto	
estudio	estudiamos	he estudiado	hemos estudiado
estudias	estudiáis	has estudiado	habéis estudiado
estudia	estudian	ha estudiado	han estudiado

Pretérito imperfecto		Pretérito pluscuamperfecto	
estudiaba	estudiábamos	había estudiado	habíamos estudiado
estudiabas	estudiabais	habías estudiado	habíais estudiado
estudiaba	estudiaban	había estudiado	habían estudiado

Pretérito indefinido		Pretérito anterior	
estudié	estudiamos	hube estudiado	hubimos estudiado
estudiaste	estudiasteis	hubiste estudiado	hubisteis estudiado
estudió	estudiaron	hubo estudiado	hubieron estudiado

Futuro imperfecto		Futuro perfecto	
estudiaré	estudiaremos	habré estudiado	habremos estudiado
estudiarás	estudiaréis	habrás estudiado	habréis estudiado
estudiará	estudiarán	habrá estudiado	habrán estudiado

Condicional simple		Condicional compuesto	
estudiaría	estudiaríamos	habría estudiado	habríamos estudiado
estudiarías	estudiaríais	habrías estudiado	habríais estudiado
estudiaría	estudiarían	habría estudiado	habrían estudiado

SUBJUNTIVO

Presente		Pretérito perfecto	
estudie	estudiemos	haya estudiado	hayamos estudiado
estudies	estudiéis	hayas estudiado	hayáis estudiado
estudie	estudien	haya estudiado	hayan estudiado

Pretérito imperfecto		Pretérito pluscuamperfecto	
estudiara o estudiase	estudiáramos o estudiásemos	hubiera o hubiese estudiado	hubiéramos o hubiésemos estudiado
estudiaras o estudiases	estudiarais o estudiaseis	hubieras o hubieses estudiado	hubierais o hubieseis estudiado
estudiara o estudiase	estudiaran o estudiasen	hubiera o hubiese estudiado	hubieran o hubiesen estudiado

IMPERATIVO

studia (tú)
studie (usted)
studiad (vosotros/as)
studien (ustedes)

FORMAS NO PERSONALES

Infinitivo	estudiar
Infinitivo compuesto	haber estudiado
Gerundio	estudiando
Participio	estudiado

Palabras, oraciones y expresiones relacionadas con el verbo

◄ estudio
studioso, sa
studia **para** médico.
studió **en** un colegio inglés.
studió **con** los jesuitas.

65. explicar

INDICATIVO

Presente

explico	explicamos
explicas	explicáis
explica	explican

Pretérito perfecto

he explicado	hemos explicado
has explicado	habéis explicado
ha explicado	han explicado

Pretérito imperfecto

explicaba	explicábamos
explicabas	explicabais
explicaba	explicaban

Pretérito pluscuamperfecto

había explicado	habíamos explicado
habías explicado	habíais explicado
había explicado	habían explicado

Pretérito indefinido

expliqué	explicamos
explicaste	explicasteis
explicó	explicaron

Pretérito anterior

hube explicado	hubimos explicado
hubiste explicado	hubisteis explicado
hubo explicado	hubieron explicado

Futuro imperfecto

explicaré	explicaremos
explicarás	explicaréis
explicará	explicarán

Futuro perfecto

habré explicado	habremos explicado
habrás explicado	habréis explicado
habrá explicado	habrán explicado

Condicional simple

explicaría	explicaríamos
explicarías	explicaríais
explicaría	explicarían

Condicional compuesto

habría explicado	habríamos explicado
habrías explicado	habríais explicado
habría explicado	habrían explicado

SUBJUNTIVO

Presente

explique	expliquemos
expliques	expliquéis
explique	expliquen

Pretérito perfecto

haya explicado	hayamos explicado
hayas explicado	hayáis explicado
haya explicado	hayan explicado

Pretérito imperfecto

explicara o explicase	explicáramos o explicásemos
explicaras o explicases	explicarais o explicaseis
explicara o explicase	explicaran o explicasen

Pretérito pluscuamperfecto

hubiera o hubiese explicado	hubiéramos o hubiésemos explicado
hubieras o hubieses explicado	hubierais o hubieseis explicado
hubiera o hubiese explicado	hubieran o hubiesen explicado

IMPERATIVO

explica (tú)
explique (usted)
explicad (vosotros/as)
expliquen (ustedes)

FORMAS NO PERSONALES

Infinitivo	explicar
Infinitivo compuesto	haber explicado
Gerundio	explicando
Participio	explicado

Palabras, oraciones y expresiones relacionadas con el verbo

La explicación
Explicable
Explicativo, va

66. gustar

INDICATIVO

Presente		Pretérito perfecto	
gusta	gustan	ha gustado	han gustado

Pretérito imperfecto		Pretérito pluscuamperfecto	
gustaba	gustaban	había gustado	habían gustado

Pretérito indefinido		Pretérito anterior	
gustó	gustaron	hubo gustado	hubieron gustado

Futuro imperfecto		Futuro perfecto	
gustará	gustarán	habrá gustado	habrán gustado

Condicional simple		Condicional compuesto	
gustaría	gustarían	habría gustado	habrían gustado

SUBJUNTIVO

Presente		Pretérito perfecto	
guste	gusten	haya gustado	hayan gustado

Pretérito imperfecto		Pretérito pluscuamperfecto	
gustara o gustase	gustaran o gustasen	hubiera o hubiese gustado	hubieran o hubiesen gustado

IMPERATIVO

FORMAS NO PERSONALES

Infinitivo	gustar
Infinitivo compuesto	haber gustado
Gerundio	gustando
Participio	gustado

Palabras, oraciones y expresiones relacionadas con el verbo

gusto
gustosamente
gustoso, sa

67. haber

INDICATIVO

Presente		Pretérito perfecto
he	hemos	
has	habéis	
ha o hay	han	ha habido

Pretérito imperfecto		Pretérito pluscuamperfecto
había	habíamos	
habías	habíais	
había	habían	había habido

Pretérito indefinido		Pretérito anterior
hube	hubimos	
hubiste	hubisteis	
hubo	hubieron	hubo habido

Futuro imperfecto		Futuro perfecto
habré	habremos	
habrás	habréis	
habrá	habrán	habrá habido

Condicional simple		Condicional compuesto
habría	habríamos	
habrías	habríais	
habría	habrían	habría habido

SUBJUNTIVO

Presente		Pretérito perfecto
haya	hayamos	
hayas	hayáis	
haya	hayan	haya habido

Pretérito imperfecto		Pretérito pluscuamperfecto	
hubiera o hubiese	hubiéramos o hubiésemos		
hubieras o hubieses	hubierais o hubieseis		
hubiera o hubiese	hubieran o hubiesen	hubiera o hubiese habido	hubieran o hubiesen habido

IMPERATIVO

FORMAS NO PERSONALES

Infinitivo	haber
Infinitivo compuesto	haber habido
Gerundio	habiendo
Participio	habido

Palabras, oraciones y expresiones relacionadas con el verbo

Como hay pocos: se usa para reforzar un calificativo. *Raúl es amable como hay pocos.*
De lo que no hay: se usa para reforzar un calificativo. *Esta novela es malísima, de lo que no hay.*
Donde los/las haya: se usa para reforzar lo expresado anteriormente. *Es una mujer hermosa, donde las haya.*

68. hablar

INDICATIVO

Presente		Pretérito perfecto	
hablo	hablamos	he hablado	hemos hablado
hablas	habláis	has hablado	habéis hablado
habla	hablan	ha hablado	han hablado

Pretérito imperfecto		Pretérito pluscuamperfecto	
hablaba	hablábamos	había hablado	habíamos hablado
hablabas	hablabais	habías hablado	habíais hablado
hablaba	hablaban	había hablado	habían hablado

Pretérito indefinido		Pretérito anterior	
hablé	hablamos	hube hablado	hubimos hablado
hablaste	hablasteis	hubiste hablado	hubisteis hablado
habló	hablaron	hubo hablado	hubieron hablado

Futuro imperfecto		Futuro perfecto	
hablaré	hablaremos	habré hablado	habremos hablado
hablarás	hablaréis	habrás hablado	habréis hablado
hablará	hablarán	habrá hablado	habrán hablado

Condicional simple		Condicional compuesto	
hablaría	hablaríamos	habría hablado	habríamos hablado
hablarías	hablaríais	habrías hablado	habríais hablado
hablaría	hablarían	habría hablado	habrían hablado

SUBJUNTIVO

Presente		Pretérito perfecto	
hable	hablemos	haya hablado	hayamos hablado
hables	habléis	hayas hablado	hayáis hablado
hable	hablen	haya hablado	hayan hablado

Pretérito imperfecto		Pretérito pluscuamperfecto	
hablara o hablase	habláramos o hablásemos	hubiera o hubiese hablado	hubiéramos o hubiésemos hablado
hablaras o hablases	hablarais o hablaseis	hubieras o hubieses hablado	hubierais o hubieseis hablado
hablara o hablase	hablaran o hablasen	hubiera o hubiese hablado	hubieran o hubiesen hablado

IMPERATIVO

habla (tú)
hable (usted)
hablad (vosotros/as)
hablen (ustedes)

FORMAS NO PERSONALES

Infinitivo	hablar
Infinitivo compuesto	haber hablado
Gerundio	hablando
Participio	hablado

Palabras, oraciones y expresiones relacionadas con el verbo

Susana hablaba **con** un grupo de amigos **sobre** la crisis.

Nos habló **de** Luis y su nueva empresa.

hablar por los codos: hablar mucho. *Algunas personas hablan por los codos.*

no oír hablar de: se usa para expresar el rechazo a una cosa. *No quiero ni oír hablar de ese negocio.*

romper a hablar: empezar a hablar. *El niño está rompiendo a hablar.*

69. hacer

INDICATIVO

Presente

hago	hacemos
haces	hacéis
hace	hacen

Pretérito perfecto

he hecho	hemos hecho
has hecho	habéis hecho
ha hecho	han hecho

Pretérito imperfecto

hacía	hacíamos
hacías	hacíais
hacía	hacían

Pretérito pluscuamperfecto

había hecho	habíamos hecho
habías hecho	habíais hecho
había hecho	habían hecho

Pretérito indefinido

hice	hicimos
hiciste	hicisteis
hizo	hicieron

Pretérito anterior

hube hecho	hubimos hecho
hubiste hecho	hubisteis hecho
hubo hecho	hubieron hecho

Futuro imperfecto

haré	haremos
harás	haréis
hará	harán

Futuro perfecto

habré hecho	habremos hecho
habrás hecho	habréis hecho
habrá hecho	habrán hecho

Condicional simple

haría	haríamos
harías	haríais
haría	harían

Condicional compuesto

habría hecho	habríamos hecho
habrías hecho	habríais hecho
habría hecho	habrían hecho

SUBJUNTIVO

Presente

haga	hagamos
hagas	hagáis
haga	hagan

Pretérito perfecto

haya hecho	hayamos hecho
hayas hecho	hayáis hecho
haya hecho	hayan hecho

Pretérito imperfecto

hiciera o hiciese	hiciéramos o hiciésemos
hicieras o hicieses	hicierais o hicieseis
hiciera o hiciese	hicieran o hiciesen

Pretérito pluscuamperfecto

hubiera o hubiese hecho	hubiéramos o hubiésemos hecho
hubieras o hubieses hecho	hubierais o hubieseis hecho
hubiera o hubiese hecho	hubieran o hubiesen hecho

IMPERATIVO

haz (tú)
haga (usted)
haced (vosotros/as)
hagan (ustedes)

FORMAS NO PERSONALES

Infinitivo	hacer
Infinitivo compuesto	haber hecho
Gerundio	haciendo
Participio	hecho

Palabras, oraciones y expresiones relacionadas con el verbo

Hacer y deshacer: obrar una persona con absoluta autoridad. *Le gusta hacer y deshacer para demostrar su autoridad.*

Qué le voy/vas/vamos a hacer: expresión para aconsejar paciencia ante una dificultad o ante una situación inevitable. *Si no gano, no pasa nada, qué le vamos a hacer, pero al menos voy a intentarlo.*

70. intentar

INDICATIVO

Presente

intento	intentamos
intentas	intentáis
intenta	intentan

Pretérito perfecto

he intentado	hemos intentado
has intentado	habéis intentado
ha intentado	han intentado

Pretérito imperfecto

intentaba	intentábamos
intentabas	intentabais
intentaba	intentaban

Pretérito pluscuamperfecto

había intentado	habíamos intentado
habías intentado	habíais intentado
había intentado	habían intentado

Pretérito indefinido

intenté	intentamos
intentaste	intentasteis
intentó	intentaron

Pretérito anterior

hube intentado	hubimos intentado
hubiste intentado	hubisteis intentado
hubo intentado	hubieron intentado

Futuro imperfecto

intentaré	intentaremos
intentarás	intentaréis
intentará	intentarán

Futuro perfecto

habré intentado	habremos intentado
habrás intentado	habréis intentado
habrá intentado	habrán intentado

Condicional simple

intentaría	intentaríamos
intentarías	intentaríais
intentaría	intentarían

Condicional compuesto

habría intentado	habríamos intentado
habrías intentado	habríais intentado
habría intentado	habrían intentado

SUBJUNTIVO

Presente

intente	intentemos
intentes	intentéis
intente	intenten

Pretérito perfecto

haya intentado	hayamos intentado
hayas intentado	hayáis intentado
haya intentado	hayan intentado

Pretérito imperfecto

intentara o intentase	intentáramos o intentásemos
intentaras o intentases	intentarais o intentaseis
intentara o intentase	intentaran o intentasen

Pretérito pluscuamperfecto

hubiera o hubiese intentado	hubiéramos o hubiésemos intentado
hubieras o hubieses intentado	hubierais o hubieseis intentado
hubiera o hubiese intentado	hubieran o hubiesen intentado

IMPERATIVO

intenta (tú)
intente (usted)
intentad (vosotros/as)
intenten (ustedes)

FORMAS NO PERSONALES

Infinitivo	intentar
Infinitivo compuesto	haber intentado
Gerundio	intentando
Participio	intentado

Palabras, oraciones y expresiones relacionadas con el verbo

el intento
la intentona

71. interesarse

INDICATIVO

Presente

me intereso	nos interesamos
te interesas	os interesáis
se interesa	se interesan

Pretérito perfecto

me he interesado	nos hemos interesado
te has interesado	os habéis interesado
se ha interesado	se han interesado

Pretérito imperfecto

me interesaba	nos interesábamos
te interesabas	os interesabais
se interesaba	se interesaban

Pretérito pluscuamperfecto

me había interesado	nos habíamos interesado
te habías interesado	os habíais interesado
se había interesado	se habían interesado

Pretérito indefinido

me interesé	nos interesamos
te interesaste	os interesasteis
se interesó	se interesaron

Pretérito anterior

me hube interesado	nos hubimos interesado
te hubiste interesado	os hubisteis interesado
se hubo interesado	se hubieron interesado

Futuro imperfecto

me interesaré	nos interesaremos
te interesarás	os interesaréis
se interesará	se interesarán

Futuro perfecto

me habré interesado	nos habremos interesado
te habrás interesado	os habréis interesado
se habrá interesado	se habrán interesado

Condicional simple

me interesaría	nos interesaríamos
te interesarías	os interesaríais
se interesaría	se interesarían

Condicional compuesto

me habría interesado	nos habríamos interesado
te habrías interesado	os habríais interesado
se habría interesado	se habrían interesado

SUBJUNTIVO

Presente

me interese	nos interesemos
te intereses	os intereséis
se interese	se interesen

Pretérito perfecto

me haya interesado	nos hayamos interesado
te hayas interesado	os hayáis interesado
se haya interesado	se hayan interesado

Pretérito imperfecto

me interesara o interesase	nos interesáramos o interesásemos
te interesaras o interesases	os interesarais o interesaseis
se interesara o interesase	se interesaran o interesasen

Pretérito pluscuamperfecto

me hubiera o hubiese interesado	nos hubiéramos o hubiésemos interesado
te hubieras o hubieses interesado	os hubierais o hubieseis interesado
se hubiera o hubiese interesado	se hubieran o hubiesen interesado

IMPERATIVO

interésate (tú)
interésese (usted)
interesaos (vosotros/as)
interésense (ustedes)

FORMAS NO PERSONALES

Infinitivo	interesarse
Infinitivo compuesto	haberse interesado
Gerundio	interesándose
Participio	interesado

Palabras, oraciones y expresiones relacionadas con el verbo

El interés
Interesado, da
Interesante
*El director se ha interesado **por** los nuevos productos.*

72. ir

INDICATIVO

Presente		Pretérito perfecto	
voy	vamos	he ido	hemos ido
vas	vais	has ido	habéis ido
va	van	ha ido	han ido

Pretérito imperfecto		Pretérito pluscuamperfecto	
iba	íbamos	había ido	habíamos ido
ibas	ibais	habías ido	habíais ido
iba	iban	había ido	habían ido

Pretérito indefinido		Pretérito anterior	
fui	fuimos	hube ido	hubimos ido
fuiste	fuisteis	hubiste ido	hubisteis ido
fue	fueron	hubo ido	hubieron ido

Futuro imperfecto		Futuro perfecto	
iré	iremos	habré ido	habremos ido
irás	iréis	habrás ido	habréis ido
irá	irán	habrá ido	habrán ido

Condicional simple		Condicional compuesto	
iría	iríamos	habría ido	habríamos ido
irías	iríais	habrías ido	habríais ido
iría	irían	habría ido	habrían ido

SUBJUNTIVO

Presente		Pretérito perfecto	
vaya	vayamos	haya ido	hayamos ido
vayas	vayáis	hayas ido	hayáis ido
vaya	vayan	haya ido	hayan ido

Pretérito imperfecto		Pretérito pluscuamperfecto	
fuera	fuéramos	hubiera o	hubiéramos o
o fuese	o fuésemos	hubiese ido	hubiésemos ido
fueras	fuerais	hubieras o	hubierais o
o fueses	o fueseis	hubieses ido	hubieseis ido
fuera	fueran	hubiera o	hubieran o
o fuese	o fuesen	hubiese ido	hubiesen ido

IMPERATIVO

ve (tú)
vaya (usted)
id (vosotros/as)
vayan (ustedes)

FORMAS NO PERSONALES

Infinitivo	ir
Infinitivo compuesto	haber ido
Gerundio	yendo
Participio	ido

Palabras, oraciones y expresiones relacionadas con el verbo

Dónde va a parar!: se utiliza para destacar la diferencia que hay entre dos cosas. *No compares su trabajo con el tuyo, ¡dónde va a parar!*

ir a lo suyo: obrar una persona egoístamente. *Javier es un egoísta y siempre va a lo suyo.*

ir bien/mal: ser la evolución de una persona o una cosa satisfactoria o insatisfactoria. *Las negociaciones van mal.*

73. jugar

INDICATIVO

Presente
juego	jugamos
juegas	jugáis
juega	juegan

Pretérito perfecto
he jugado	hemos jugado
has jugado	habéis jugado
ha jugado	han jugado

Pretérito imperfecto
jugaba	jugábamos
jugabas	jugabais
jugaba	jugaban

Pretérito pluscuamperfecto
había jugado	habíamos jugado
habías jugado	habíais jugado
había jugado	habían jugado

Pretérito indefinido
jugué	jugamos
jugaste	jugasteis
jugó	jugaron

Pretérito anterior
hube jugado	hubimos jugado
hubiste jugado	hubisteis jugado
hubo jugado	hubieron jugado

Futuro imperfecto
jugaré	jugaremos
jugarás	jugaréis
jugará	jugarán

Futuro perfecto
habré jugado	habremos jugado
habrás jugado	habréis jugado
habrá jugado	habrán jugado

Condicional simple
jugaría	jugaríamos
jugarías	jugaríais
jugaría	jugarían

Condicional compuesto
habría jugado	habríamos jugado
habrías jugado	habríais jugado
habría jugado	habrían jugado

SUBJUNTIVO

Presente
juegue	juguemos
juegues	juguéis
juegue	jueguen

Pretérito perfecto
haya jugado	hayamos jugado
hayas jugado	hayáis jugado
haya jugado	hayan jugado

Pretérito imperfecto
jugara o jugase	jugáramos o jugásemos
jugaras o jugases	jugarais o jugaseis
jugara o jugase	jugaran o jugasen

Pretérito pluscuamperfecto
hubiera o hubiese jugado	hubiéramos o hubiésemos jugado
hubieras o hubieses jugado	hubierais o hubieseis jugado
hubiera o hubiese jugado	hubieran o hubiesen jugado

IMPERATIVO

juega (tú)
juegue (usted)
jugad (vosotros/as)
jueguen (ustedes)

FORMAS NO PERSONALES

Infinitivo	jugar
Infinitivo compuesto	haber jugado
Gerundio	jugando
Participio	jugado

Palabras, oraciones y expresiones relacionadas con el verbo

Jugar con fuego: realizar una persona una cosa peligrosa o arriesgada. *Ten cuidado con ese asunto, estás jugando con fuego.*

Jugar limpio: 1. no hacer trampas en el juego. *Es un tramposo, nunca juega limpio.* 2. obrar una persona con honradez y nobleza. *No tengo miedo de su reacción porque juega limpio.*

Jugar sucio: 1. hacer trampas en el juego. *Nadie quiere jugar con él porque juega sucio.* 2. obrar con engaño. *Si te adelantas a su proyecto, jugarás sucio.*

74. leer

INDICATIVO

Presente		Pretérito perfecto	
leo	leemos	he leído	hemos leído
lees	leéis	has leído	habéis leído
lee	leen	ha leído	han leído

Pretérito imperfecto		Pretérito pluscuamperfecto	
leía	leíamos	había leído	habíamos leído
leías	leíais	habías leído	habíais leído
leía	leían	había leído	habían leído

Pretérito indefinido		Pretérito anterior	
leí	leímos	hube leído	hubimos leído
leíste	leísteis	hubiste leído	hubisteis leído
leyó	leyeron	hubo leído	hubieron leído

Futuro imperfecto		Futuro perfecto	
leeré	leeremos	habré leído	habremos leído
leerás	leeréis	habrás leído	habréis leído
leerá	leerán	habrá leído	habrán leído

Condicional simple		Condicional compuesto	
leería	leeríamos	habría leído	habríamos leído
leerías	leeríais	habrías leído	habríais leído
leería	leerían	habría leído	habrían leído

SUBJUNTIVO

Presente		Pretérito perfecto	
lea	leamos	haya leído	hayamos leído
leas	leáis	hayas leído	hayáis leído
lea	lean	haya leído	hayan leído

Pretérito imperfecto		Pretérito pluscuamperfecto	
leyera o leyese	leyéramos o leyésemos	hubiera o hubiese leído	hubiéramos o hubiésemos leído
leyeras o leyeses	leyerais o leyeseis	hubieras o hubieses leído	hubierais o hubieseis leído
leyera o leyese	leyeran o leyesen	hubiera o hubiese leído	hubieran o hubiesen leído

IMPERATIVO

lee (tú)
lea (usted)
leed (vosotros/as)
lean (ustedes)

FORMAS NO PERSONALES

Infinitivo	leer
Infinitivo compuesto	haber leído
Gerundio	leyendo
Participio	leído

Palabras, oraciones y expresiones relacionadas con el verbo

La lectura
El/la lector, ra
leer entre líneas/renglones: reconstruir las intenciones de un escrito o de un discurso más allá del significado concreto de las palabras. *En resumen, si leemos entre líneas, nos ha amenazado.*

75. levantarse

INDICATIVO

Presente

me levanto	nos levantamos
te levantas	os levantáis
se levanta	se levantan

Pretérito imperfecto

me levantaba	nos levantábamos
te levantabas	os levantabais
se levantaba	se levantaban

Pretérito indefinido

me levanté	nos levantamos
te levantaste	os levantasteis
se levantó	se levantaron

Futuro imperfecto

me levantaré	nos levantaremos
te levantarás	os levantaréis
se levantará	se levantarán

Condicional simple

me levantaría	nos levantaríamos
te levantarías	os levantaríais
se levantaría	se levantarían

Pretérito perfecto

me he levantado	nos hemos levantado
te has levantado	os habéis levantado
se ha levantado	se han levantado

Pretérito pluscuamperfecto

me había levantado	nos habíamos levantado
te habías levantado	os habíais levantado
se había levantado	se habían levantado

Pretérito anterior

me hube levantado	nos hubimos levantado
te hubiste levantado	os hubistéis levantado
se hubo levantado	se hubieron levantado

Futuro perfecto

me habré levantado	nos habremos levantado
te habrás levantado	os habréis levantado
se habrá levantado	se habrán levantado

Condicional compuesto

me habría levantado	nos habríamos levantado
te habrías levantado	os habríais levantado
se habría levantado	se habrían levantado

SUBJUNTIVO

Presente

me levante	nos levantemos
te levantes	os levantéis
se levante	se levanten

Pretérito imperfecto

me levantara o levantase	nos levantáramos o levantásemos
te levantaras o levantases	os levantarais o levantaseis
se levantara o levantase	se levantaran o levantasen

Pretérito perfecto

me haya levantado	nos hayamos levantado
te hayas levantado	os hayáis levantado
se haya levantado	se hayan levantado

Pretérito pluscuamperfecto

me hubiera o hubiese levantado	nos hubiéramos o hubiésemos levantado
te hubieras o hubieses levantado	os hubierais o hubieseis levantado
se hubiera o hubiese levantado	se hubieran o hubiesen levantado

IMPERATIVO

levántate (tú)
levántese (usted)
levantaos (vosotros/as)
levántense (ustedes)

FORMAS NO PERSONALES

Infinitivo	levantarse
Infinitivo compuesto	haberse levantado
Gerundio	levantándose
Participio	levantado

Palabras, oraciones y expresiones relacionadas con el verbo

El levantamiento
La levantada
Se levantó de la silla.
El campanario se levanta sobre el pueblo.

76. llamar

INDICATIVO

Presente		Pretérito perfecto	
llamo	llamamos	he llamado	hemos llamado
llamas	llamáis	has llamado	habéis llamado
llama	llaman	ha llamado	han llamado

Pretérito imperfecto		Pretérito pluscuamperfecto	
llamaba	llamábamos	había llamado	habíamos llamado
llamabas	llamabais	habías llamado	habíais llamado
llamaba	llamaban	había llamado	habían llamado

Pretérito indefinido		Pretérito anterior	
llamé	llamamos	hube llamado	hubimos llamado
llamaste	llamasteis	hubiste llamado	hubisteis llamado
llamó	llamaron	hubo llamado	hubieron llamado

Futuro imperfecto		Futuro perfecto	
llamaré	llamaremos	habré llamado	habremos llamado
llamarás	llamaréis	habrás llamado	habréis llamado
llamará	llamarán	habrá llamado	habrán llamado

Condicional simple		Condicional compuesto	
llamaría	llamaríamos	habría llamado	habríamos llamado
llamarías	llamaríais	habrías llamado	habríais llamado
llamaría	llamarían	habría llamado	habrían llamado

SUBJUNTIVO

Presente		Pretérito perfecto	
llame	llamemos	haya llamado	hayamos llamado
llames	llaméis	hayas llamado	hayáis llamado
llame	llamen	haya llamado	hayan llamado

Pretérito imperfecto		Pretérito pluscuamperfecto	
llamara o llamase	llamáramos o llamásemos	hubiera o hubiese llamado	hubiéramos o hubiésemos llamado
llamaras o llamases	llamarais o llamaseis	hubieras o hubieses llamado	hubierais o hubieseis llamado
llamara o llamase	llamaran o llamasen	hubiera o hubiese llamado	hubieran o hubiesen llamado

IMPERATIVO

llama (tú)
llame (usted)
llamad (vosotros/as)
llamen (ustedes)

FORMAS NO PERSONALES

Infinitivo	llamar
Infinitivo compuesto	haber llamado
Gerundio	llamando
Participio	llamado

Palabras, oraciones y expresiones relacionadas con el verbo

Llamar a capítulo: pedir una autoridad cuentas a un subordinado. *Lo llamaron a capítulo para que controlara los gastos de representación.*

Llamar de tú: tutear a alguien, tratarle como a un igual. *Llámame de tú, para mí eres como un hijo.*

Llamar la atención: 1. provocar interés o curiosidad. *La paella estaba tan bien presentada que llamaba la atención.* 2. reñir una persona a otra. *Continuamente le llamaba la atención por su pereza.*

77. llegar

INDICATIVO

Presente		Pretérito perfecto	
llego	llegamos	he llegado	hemos llegado
llegas	llegáis	has llegado	habéis llegado
llega	llegan	ha llegado	han llegado

Pretérito imperfecto		Pretérito pluscuamperfecto	
llegaba	llegábamos	había llegado	habíamos llegado
llegabas	llegabais	habías llegado	habíais llegado
llegaba	llegaban	había llegado	habían llegado

Pretérito indefinido		Pretérito anterior	
llegué	llegamos	hube llegado	hubimos llegado
llegaste	llegasteis	hubiste llegado	hubisteis llegado
llegó	llegaron	hubo llegado	hubieron llegado

Futuro imperfecto		Futuro perfecto	
llegaré	llegaremos	habré llegado	habremos llegado
llegarás	llegaréis	habrás llegado	habréis llegado
llegará	llegarán	habrá llegado	habrán llegado

Condicional simple		Condicional compuesto	
llegaría	llegaríamos	habría llegado	habríamos llegado
llegarías	llegaríais	habrías llegado	habríais llegado
llegaría	llegarían	habría llegado	habrían llegado

SUBJUNTIVO

Presente		Pretérito perfecto	
llegue	lleguemos	haya llegado	hayamos llegado
llegues	lleguéis	hayas llegado	hayáis llegado
llegue	lleguen	haya llegado	hayan llegado

Pretérito imperfecto		Pretérito pluscuamperfecto	
llegara o llegase	llegáramos o llegásemos	hubiera o hubiese llegado	hubiéramos o hubiésemos llegado
llegaras o llegases	llegarais o llegaseis	hubieras o hubieses llegado	hubierais o hubieseis llegado
llegara o llegase	llegaran o llegasen	hubiera o hubiese llegado	hubieran o hubiesen llegado

IMPERATIVO

llega (tú)
llegue (usted)
llegad (vosotros/as)
lleguen (ustedes)

FORMAS NO PERSONALES

Infinitivo	llegar
Infinitivo compuesto	haber llegado
Gerundio	llegando
Participio	llegado

Palabras, oraciones y expresiones relacionadas con el verbo

Hasta ahí podemos/podíamos llegar: se usa para expresar indignación. *¡Que no puedo decir lo que pienso en mi propia casa, hasta ahí podíamos llegar!*
Estar al llegar: ser inminente la presencia de una persona o una cosa en un lugar. *Mi primo está al llegar.*
Llegar lejos: subir una persona en la escala social o en un grupo social o profesional. *Ese chico llegará lejos, juega bien al fútbol.*

78. llevar

INDICATIVO

Presente		Pretérito perfecto	
llevo	llevamos	he llevado	hemos llevado
llevas	lleváis	has llevado	habéis llevado
lleva	llevan	ha llevado	han llevado

Pretérito imperfecto		Pretérito pluscuamperfecto	
llevaba	llevábamos	había llevado	habíamos llevado
llevabas	llevabais	habías llevado	habíais llevado
llevaba	llevaban	había llevado	habían llevado

Pretérito indefinido		Pretérito anterior	
llevé	llevamos	hube llevado	hubimos llevado
llevaste	llevasteis	hubiste llevado	hubisteis llevado
llevó	llevaron	hubo llevado	hubieron llevado

Futuro imperfecto		Futuro perfecto	
llevaré	llevaremos	habré llevado	habremos llevado
llevarás	llevaréis	habrás llevado	habréis llevado
llevará	llevarán	habrá llevado	habrán llevado

Condicional simple		Condicional compuesto	
llevaría	llevaríamos	habría llevado	habríamos llevado
llevarías	llevaríais	habrías llevado	habríais llevado
llevaría	llevarían	habría llevado	habrían llevado

SUBJUNTIVO

Presente		Pretérito perfecto	
lleve	llevemos	haya llevado	hayamos llevado
lleves	llevéis	hayas llevado	hayáis llevado
lleve	lleven	haya llevado	hayan llevado

Pretérito imperfecto		Pretérito pluscuamperfecto	
llevara o llevase	lleváramos o llevásemos	hubiera o hubiese llevado	hubiéramos o hubiésemos llevado
llevaras o llevases	llevarais o llevaseis	hubieras o hubieses llevado	hubierais o hubieseis llevado
llevara o llevase	llevaran o llevasen	hubiera o hubiese llevado	hubieran o hubiesen llevado

IMPERATIVO

lleva (tú)
lleve (usted)
llevad (vosotros/as)
lleven (ustedes)

FORMAS NO PERSONALES

Infinitivo	llevar
Infinitivo compuesto	haber llevado
Gerundio	llevando
Participio	llevado

Palabras, oraciones y expresiones relacionadas con el verbo

Llevar adelante: continuar una persona lo que había emprendido. *El gobierno llevó adelante su proyecto de ley.*
Llevar de cabeza: dar una persona o una cosa mucho trabajo o preocupación. *María me lleva de cabeza con su vagancia.*
Llevar las de ganar/perder: tener una persona ventaja o desventaja frente a sus oponentes o sus competidores. *En este tipo de asunto, tu amigo lleva las de ganar.*

79. llover

INDICATIVO

Presente	Pretérito perfecto
llueve	ha llovido

Pretérito imperfecto	Pretérito pluscuamperfecto
llovía	había llovido

Pretérito indefinido	Pretérito anterior
llovió	hubo llovido

Futuro imperfecto	Futuro perfecto
lloverá	habrá llovido

Condicional simple	Condicional compuesto
llovería	habría llovido

SUBJUNTIVO

Presente	Pretérito perfecto
llueva	haya llovido

Pretérito imperfecto	Pretérito pluscuamperfecto
lloviera o lloviese	hubiera o hubiese llovido

IMPERATIVO

FORMAS NO PERSONALES

Infinitivo	llover
Infinitivo compuesto	haber llovido
Gerundio	lloviendo
Participio	llovido

Palabras, oraciones y expresiones relacionadas con el verbo

Llover a mares: llover mucho, en gran cantidad. *Me empapé porque llovía a mares.*
Llovido del cielo: de forma inesperada e imprevista. *Tu ayuda nos vino como llovida del cielo.*
Llover sobre mojado: se usa para indicar que ocurre una cosa desagradable o molesta
después de otra del mismo carácter. *Solo nos faltaba este accidente, es que llueve sobre mojado.*

80. mirar

INDICATIVO

Presente		Pretérito perfecto	
miro	miramos	he mirado	hemos mirado
miras	miráis	has mirado	habéis mirado
mira	miran	ha mirado	han mirado

Pretérito imperfecto		Pretérito pluscuamperfecto	
miraba	mirábamos	había mirado	habíamos mirado
mirabas	mirabais	habías mirado	habíais mirado
miraba	miraban	había mirado	habían mirado

Pretérito indefinido		Pretérito anterior	
miré	miramos	hube mirado	hubimos mirado
miraste	mirasteis	hubiste mirado	hubisteis mirado
miró	miraron	hubo mirado	hubieron mirado

Futuro imperfecto		Futuro perfecto	
miraré	miraremos	habré mirado	habremos mirado
mirarás	miraréis	habrás mirado	habréis mirado
mirará	mirarán	habrá mirado	habrán mirado

Condicional simple		Condicional compuesto	
miraría	miraríamos	habría mirado	habríamos mirado
mirarías	miraríais	habrías mirado	habríais mirado
miraría	mirarían	habría mirado	habrían mirado

SUBJUNTIVO

Presente		Pretérito perfecto	
mire	miremos	haya mirado	hayamos mirado
mires	miréis	hayas mirado	hayáis mirado
mire	miren	haya mirado	hayan mirado

Pretérito imperfecto		Pretérito pluscuamperfecto	
mirara o mirase	miráramos o mirásemos	hubiera o hubiese mirado	hubiéramos o hubiésemos mirado
miraras o mirases	mirarais o miraseis	hubieras o hubieses mirado	hubierais o hubieseis mirado
mirara o mirase	miraran o mirasen	hubiera o hubiese mirado	hubieran o hubiesen mirado

IMPERATIVO

mira (tú)
mire (usted)
mirad (vosotros/as)
miren (ustedes)

FORMAS NO PERSONALES

Infinitivo	mirar
Infinitivo compuesto	haber mirado
Gerundio	mirando
Participio	mirado

Palabras, oraciones y expresiones relacionadas con el verbo

Bien mirado, o si bien se mira, o mirándolo bien: se usa con significado condicional para apoyar una afirmación o una negación. *Mirándolo bien, es fácil aprobar.*

Mira (tú)/Mire (usted): se utiliza como apertura para llamar la atención sobre una cosa que se dice. *Mire usted, yo no entiendo nada.*

Mira (tú)/Mire (usted) por dónde: se usa para introducir un hecho inesperado. *Mira tú por dónde vamos a salir ganando.*

81. morirse

INDICATIVO

Presente
me muero	nos morimos
te mueres	os morís
se muere	se mueren

Pretérito perfecto
me he muerto	nos hemos muerto
te has muerto	os habéis muerto
se ha muerto	se han muerto

Pretérito imperfecto
me moría	nos moríamos
te morías	os moríais
se moría	se morían

Pretérito pluscuamperfecto
me había muerto	nos habíamos muerto
te habías muerto	os habíais muerto
se había muerto	se habían muerto

Pretérito indefinido
me morí	nos morimos
te moriste	os moristeis
se murió	se murieron

Pretérito anterior
me hube muerto	nos hubimos muerto
te hubiste muerto	os hubisteis muerto
se hubo muerto	se hubieron muerto

Futuro imperfecto
me moriré	nos moriremos
te morirás	os moriréis
se morirá	se morirán

Futuro perfecto
me habré muerto	nos habremos muerto
te habrás muerto	os habréis muerto
se habrá muerto	se habrán muerto

Condicional simple
me moriría	nos moriríamos
te morirías	os moriríais
se moriría	se morirían

Condicional compuesto
me habría muerto	nos habríamos muerto
te habrías muerto	os habríais muerto
se habría muerto	se habrían muerto

SUBJUNTIVO

Presente
me muera	nos muramos
te mueras	os muráis
se muera	se mueran

Pretérito perfecto
me haya muerto	nos hayamos muerto
te hayas muerto	os hayáis muerto
se haya muerto	se hayan muerto

Pretérito imperfecto
me muriera o muriese	nos muriéramos o muriésemos
te murieras o murieses	os murierais o murieseis
se muriera o muriese	se murieran o muriesen

Pretérito pluscuamperfecto
me hubiera o hubiese muerto	nos hubiéramos o hubiésemos muerto
te hubieras o hubieses muerto	os hubierais o hubieseis muerto
se hubiera o hubiese muerto	se hubieran o hubiesen muerto

IMPERATIVO

muérete (tú)
muérase (usted)
moríos (vosotros/as)
muéranse (ustedes)

FORMAS NO PERSONALES

Infinitivo	morir
Infinitivo compuesto	haberse muerto
Gerundio	muriendo
Participio	muerto

Palabras, oraciones y expresiones relacionadas con el verbo

La muerte
El médico se murió de un ataque al corazón.
Morirse de frío: tener mucho frío. *Necesito tomar una sopa caliente, me muero de frío.*
Morirse de hambre: vivir con muchas necesidades. *Es mejor aceptar ese trabajo que morirse de hambre.*

82. mover

INDICATIVO

Presente

muevo	movemos
mueves	movéis
mueve	mueven

Pretérito imperfecto

movía	movíamos
movías	movíais
movía	movían

Pretérito indefinido

moví	movimos
moviste	movisteis
movió	movieron

Futuro imperfecto

moveré	moveremos
moverás	moveréis
moverá	moverán

Condicional simple

movería	moveríamos
moverías	moveríais
movería	moverían

Pretérito perfecto

he movido	hemos movido
has movido	habéis movido
ha movido	han movido

Pretérito pluscuamperfecto

había movido	habíamos movido
habías movido	habíais movido
había movido	habían movido

Pretérito anterior

hube movido	hubimos movido
hubiste movido	hubisteis movido
hubo movido	hubieron movido

Futuro perfecto

habré movido	habremos movido
habrás movido	habréis movido
habrá movido	habrán movido

Condicional compuesto

habría movido	habríamos movido
habrías movido	habríais movido
habría movido	habrían movido

SUBJUNTIVO

Presente

mueva	movamos
muevas	mováis
mueva	muevan

Pretérito imperfecto

moviera o moviese	moviéramos o moviésemos
movieras o movieses	movierais o movieseis
moviera o moviese	movieran o moviesen

Pretérito perfecto

haya movido	hayamos movido
hayas movido	hayáis movido
haya movido	hayan movido

Pretérito pluscuamperfecto

hubiera o hubiese movido	hubiéramos o hubiésemos movido
hubieras o hubieses movido	hubierais o hubieseis movido
hubiera o hubiese movido	hubieran o hubiesen movido

IMPERATIVO

mueve (tú)
mueva (usted)
moved (vosotros/as)
muevan (ustedes)

FORMAS NO PERSONALES

Infinitivo	mover
Infinitivo compuesto	haber movido
Gerundio	moviendo
Participio	movido

Palabras, oraciones y expresiones relacionadas con el verbo

Movimos el cuadro de una pared a otra.
Su pobreza me movió a ayudarla.
Mover el esqueleto: bailar. *Durante la fiesta no pararon de mover el esqueleto.*
No mover un dedo: no tomarse una persona ninguna molestia por otra persona o cosa.
No voy a mover un dedo por ayudar a ese vago.

83. mullir

INDICATIVO

Presente

mullo	mullimos
mulles	mullís
mulle	mullen

Pretérito imperfecto

mullía	mullíamos
mullías	mullíais
mullía	mullían

Pretérito indefinido

mullí	mullimos
mulliste	mullisteis
mulló	mulleron

Futuro imperfecto

mulliré	mulliremos
mullirás	mulliréis
mullirá	mullirán

Condicional simple

mulliría	mulliríamos
mullirías	mulliríais
mulliría	mullirían

Pretérito perfecto

he mullido	hemos mullido
has mullido	habéis mullido
ha mullido	han mullido

Pretérito pluscuamperfecto

había mullido	habíamos mullido
habías mullido	habíais mullido
había mullido	habían mullido

Pretérito anterior

hube mullido	hubimos mullido
hubiste mullido	hubisteis mullido
hubo mullido	hubieron mullido

Futuro perfecto

habré mullido	habremos mullido
habrás mullido	habréis mullido
habrá mullido	habrán mullido

Condicional compuesto

habría mullido	habríamos mullido
habrías mullido	habríais mullido
habría mullido	habrían mullido

SUBJUNTIVO

Presente

mulla	mullamos
mullas	mulláis
mulla	mullan

Pretérito imperfecto

mullera o mullese	mulléramos o mullésemos
mulleras o mulleses	mullerais o mulleseis
mullera o mullese	mulleran o mullesen

Pretérito perfecto

haya mullido	hayamos mullido
hayas mullido	hayáis mullido
haya mullido	hayan mullido

Pretérito pluscuamperfecto

hubiera o hubiese mullido	hubiéramos o hubiésemos mullido
hubieras o hubieses mullido	hubierais o hubieseis mullido
hubiera o hubiese mullido	hubieran o hubiesen mullido

IMPERATIVO

mulle (tú)
mulla (usted)
mullid (vosotros/as)
mullan (ustedes)

FORMAS NO PERSONALES

Infinitivo	mullir
Infinitivo compuesto	haber mullido
Gerundio	mullendo
Participio	mullido

Palabras, oraciones y expresiones relacionadas con el verbo

Mullido, da

84. necesitar

INDICATIVO

Presente		Pretérito perfecto	
necesito	necesitamos	he necesitado	hemos necesitado
necesitas	necesitáis	has necesitado	habéis necesitado
necesita	necesitan	ha necesitado	han necesitado

Pretérito imperfecto		Pretérito pluscuamperfecto	
necesitaba	necesitábamos	había necesitado	habíamos necesitado
necesitabas	necesitabais	habías necesitado	habíais necesitado
necesitaba	necesitaban	había necesitado	habían necesitado

Pretérito indefinido		Pretérito anterior	
necesité	necesitamos	hube necesitado	hubimos necesitado
necesitaste	necesitasteis	hubiste necesitado	hubisteis necesitado
necesitó	necesitaron	hubo necesitado	hubieron necesitado

Futuro imperfecto		Futuro perfecto	
necesitaré	necesitaremos	habré necesitado	habremos necesitado
necesitarás	necesitaréis	habrás necesitado	habréis necesitado
necesitará	necesitarán	habrá necesitado	habrán necesitado

Condicional simple		Condicional compuesto	
necesitaría	necesitaríamos	habría necesitado	habríamos necesitado
necesitarías	necesitaríais	habrías necesitado	habríais necesitado
necesitaría	necesitarían	habría necesitado	habrían necesitado

SUBJUNTIVO

Presente		Pretérito perfecto	
necesite	necesitemos	haya necesitado	hayamos necesitado
necesites	necesitéis	hayas necesitado	hayáis necesitado
necesite	necesiten	haya necesitado	hayan necesitado

Pretérito imperfecto		Pretérito pluscuamperfecto	
necesitara o necesitase	necesitáramos o necesitásemos	hubiera o hubiese necesitado	hubiéramos o hubiésemos necesitado
necesitaras o necesitases	necesitarais o necesitaseis	hubieras o hubieses necesitado	hubierais o hubieseis necesitado
necesitara o necesitase	necesitaran o necesitasen	hubiera o hubiese necesitado	hubieran o hubiesen necesitado

IMPERATIVO

necesita (tú)
necesite (usted)
necesitad (vosotros/as)
necesiten (ustedes)

FORMAS NO PERSONALES

Infinitivo	necesitar
Infinitivo compuesto	haber necesitado
Gerundio	necesitando
Participio	necesitado

Palabras, oraciones y expresiones relacionadas con el verbo

la necesidad
Necesito de tu colaboración.

necesitar Dios y ayuda: costar o necesitar mucho esfuerzo. *Se necesita Dios y ayuda para salir de la crisis económica.*

no necesitar abuela: indica que la persona de la que se habla se alaba demasiado a sí misma. *Antonio dice que es el mejor cocinero, no necesita abuela.*

85. ocurrir

INDICATIVO

Presente		Pretérito perfecto	
ocurre	ocurren	ha ocurrido	han ocurrido

Pretérito imperfecto		Pretérito pluscuamperfecto	
ocurría	ocurrían	había ocurrido	habían ocurrido

Pretérito indefinido		Pretérito anterior	
ocurrió	ocurrieron	hubo ocurrido	hubieron ocurrido

Futuro imperfecto		Futuro perfecto	
ocurrirá	ocurrirán	habrá ocurrido	habrán ocurrido

Condicional simple		Condicional compuesto	
ocurriría	ocurrirían	habría ocurrido	habrían ocurrido

SUBJUNTIVO

Presente		Pretérito perfecto	
ocurra	ocurran	haya ocurrido	hayan ocurrido

Pretérito imperfecto		Pretérito pluscuamperfecto	
ocurriera u ocurriese	ocurrieran u ocurriesen	hubiera o hubiese ocurrido	hubieran o hubiesen ocurrido

IMPERATIVO

FORMAS NO PERSONALES

Infinitivo	ocurrir
Infinitivo compuesto	haber ocurrido
Gerundio	ocurriendo
Participio	ocurrido

Palabras, oraciones y expresiones relacionadas con el verbo

Ocurrente

86. oír

INDICATIVO

Presente		Pretérito perfecto	
oigo	oímos	he oído	hemos oído
oyes	oís	has oído	habéis oído
oye	oyen	ha oído	han oído

Pretérito imperfecto		Pretérito pluscuamperfecto	
oía	oíamos	había oído	habíamos oído
oías	oíais	habías oído	habíais oído
oía	oían	había oído	habían oído

Pretérito indefinido		Pretérito anterior	
oí	oímos	hube oído	hubimos oído
oíste	oísteis	hubiste oído	hubisteis oído
oyó	oyeron	hubo oído	hubieron oído

Futuro imperfecto		Futuro perfecto	
oiré	oiremos	habré oído	habremos oído
oirás	oiréis	habrás oído	habréis oído
oirá	oirán	habrá oído	habrán oído

Condicional simple		Condicional compuesto	
oiría	oiríamos	habría oído	habríamos oído
oirías	oiríais	habrías oído	habríais oído
oiría	oirían	habría oído	habrían oído

SUBJUNTIVO

Presente		Pretérito perfecto	
oiga	oigamos	haya oído	hayamos oído
oigas	oigáis	hayas oído	hayáis oído
oiga	oigan	haya oído	hayan oído

Pretérito imperfecto		Pretérito pluscuamperfecto	
oyera u oyese	oyéramos u oyésemos	hubiera o hubiese oído	hubiéramos o hubiésemos oído
oyeras u oyeses	oyerais u oyeseis	hubieras o hubieses oído	hubierais o hubieseis oído
oyera u oyese	oyeran u oyesen	hubiera o hubiese oído	hubieran o hubiesen oído

IMPERATIVO

oye (tú)
oiga (usted)
oíd (vosotros/as)
oigan (ustedes)

FORMAS NO PERSONALES

Infinitivo	oír
Infinitivo compuesto	haber oído
Gerundio	oyendo
Participio	oído

Palabras, oraciones y expresiones relacionadas con el verbo

como quien oye llover: indica que una persona no presta atención a otra persona o una cosa. *Carlos atiende a tus consejos como quien oye llover.*

las paredes oyen: aconseja prudencia cuando se habla de algo importante porque otra persona puede oírlo. *Ya me lo dirás luego, que las paredes oyen.*

¡Diga!/¡Oye!: se usa para llamar la atención o para reforzar lo que se dice. *¡Oye, que yo estaba primero!*

87. oler

INDICATIVO

Presente

huelo	olemos
hueles	oléis
huele	huelen

Pretérito perfecto

he olido	hemos olido
has olido	habéis olido
ha olido	han olido

Pretérito imperfecto

olía	olíamos
olías	olíais
olía	olían

Pretérito pluscuamperfecto

había olido	habíamos olido
habías olido	habíais olido
había olido	habían olido

Pretérito indefinido

olí	olimos
oliste	olisteis
olió	olieron

Pretérito anterior

hube olido	hubimos olido
hubiste olido	hubisteis olido
hubo olido	hubieron olido

Futuro imperfecto

oleré	oleremos
olerás	oleréis
olerá	olerán

Futuro perfecto

habré olido	habremos olido
habrás olido	habréis olido
habrá olido	habrán olido

Condicional simple

olería	oleríamos
olerías	oleríais
olería	olerían

Condicional compuesto

habría olido	habríamos olido
habrías olido	habríais olido
habría olido	habrían olido

SUBJUNTIVO

Presente

huela	olamos
huelas	oláis
huela	huelan

Pretérito perfecto

haya olido	hayamos olido
hayas olido	hayáis olido
haya olido	hayan olido

Pretérito imperfecto

oliera u oliese	oliéramos u oliésemos
olieras u olieses	olierais u olieseis
oliera u oliese	olieran u oliesen

Pretérito pluscuamperfecto

hubiera o hubiese olido	hubiéramos o hubiésemos olido
hubieras o hubieses olido	hubierais o hubieseis olido
hubiera o hubiese olido	hubieran o hubiesen olido

IMPERATIVO

huele (tú)
huela (usted)
oled (vosotros/as)
huelan (ustedes)

FORMAS NO PERSONALES

Infinitivo	oler
Infinitivo compuesto	haber olido
Gerundio	oliendo
Participio	olido

Palabras, oraciones y expresiones relacionadas con el verbo

El olor
Huele a un perfume extraño.
Oler a chamusquina: tener un asunto mal aspecto o producir una mala sensación.
Me huele a chamusquina que estén reunidos tanto tiempo.
Oler a tigre: oler una persona o un lugar muy mal. *En esta habitación huele a tigre.*

88. olvidar

INDICATIVO

Presente		Pretérito perfecto	
olvido	olvidamos	he olvidado	hemos olvidado
olvidas	olvidáis	has olvidado	habéis olvidado
olvida	olvidan	ha olvidado	han olvidado

Pretérito imperfecto		Pretérito pluscuamperfecto	
olvidaba	olvidábamos	había olvidado	habíamos olvidado
olvidabas	olvidabais	habías olvidado	habíais olvidado
olvidaba	olvidaban	había olvidado	habían olvidado

Pretérito indefinido		Pretérito anterior	
olvidé	olvidamos	hube olvidado	hubimos olvidado
olvidaste	olvidasteis	hubiste olvidado	hubisteis olvidado
olvidó	olvidaron	hubo olvidado	hubieron olvidado

Futuro imperfecto		Futuro perfecto	
olvidaré	olvidaremos	habré olvidado	habremos olvidado
olvidarás	olvidaréis	habrás olvidado	habréis olvidado
olvidará	olvidarán	habrá olvidado	habrán olvidado

Condicional simple		Condicional compuesto	
olvidaría	olvidaríamos	habría olvidado	habríamos olvidado
olvidarías	olvidaríais	habrías olvidado	habríais olvidado
olvidaría	olvidarían	habría olvidado	habrían olvidado

SUBJUNTIVO

Presente		Pretérito perfecto	
olvide	olvidemos	haya olvidado	hayamos olvidado
olvides	olvidéis	hayas olvidado	hayáis olvidado
olvide	olviden	haya olvidado	hayan olvidado

Pretérito imperfecto		Pretérito pluscuamperfecto	
olvidara u olvidase	olvidáramos u olvidásemos	hubiera o hubiese olvidado	hubiéramos o hubiésemos olvidado
olvidaras u olvidases	olvidarais u olvidaseis	hubieras o hubieses olvidado	hubierais o hubieseis olvidado
olvidara u olvidase	olvidaran u olvidasen	hubiera o hubiese olvidado	hubieran o hubiesen olvidado

IMPERATIVO

olvida (tú)
olvide (usted)
olvidad (vosotros/as)
olviden (ustedes)

FORMAS NO PERSONALES

Infinitivo	olvidar
Infinitivo compuesto	haber olvidado
Gerundio	olvidando
Participio	olvidado

Palabras, oraciones y expresiones relacionadas con el verbo

El olvido
Olvidado, da
Olvidadizo, za
Inolvidable
Olvidé la cartera **en** el coche.

89. pagar

INDICATIVO

Presente
pago	pagamos
pagas	pagáis
paga	pagan

Pretérito perfecto
he pagado	hemos pagado
has pagado	habéis pagado
ha pagado	han pagado

Pretérito imperfecto
pagaba	pagábamos
pagabas	pagabais
pagaba	pagaban

Pretérito pluscuamperfecto
había pagado	habíamos pagado
habías pagado	habíais pagado
había pagado	habían pagado

Pretérito indefinido
pagué	pagamos
pagaste	pagasteis
pagó	pagaron

Pretérito anterior
hube pagado	hubimos pagado
hubiste pagado	hubisteis pagado
hubo pagado	hubieron pagado

Futuro imperfecto
pagaré	pagaremos
pagarás	pagaréis
pagará	pagarán

Futuro perfecto
habré pagado	habremos pagado
habrás pagado	habréis pagado
habrá pagado	habrán pagado

Condicional simple
pagaría	pagaríamos
pagarías	pagaríais
pagaría	pagarían

Condicional compuesto
habría pagado	habríamos pagado
habrías pagado	habríais pagado
habría pagado	habrían pagado

SUBJUNTIVO

Presente
pague	paguemos
pagues	paguéis
pague	paguen

Pretérito perfecto
haya pagado	hayamos pagado
hayas pagado	hayáis pagado
haya pagado	hayan pagado

Pretérito imperfecto
pagara o pagase	pagáramos o pagásemos
pagaras o pagases	pagarais o pagaseis
pagara o pagase	pagaran o pagasen

Pretérito pluscuamperfecto
hubiera o hubiese pagado	hubiéramos o hubiésemos pagado
hubieras o hubieses pagado	hubierais o hubieseis pagado
hubiera o hubiese pagado	hubieran o hubiesen pagado

IMPERATIVO

paga (tú)
pague (usted)
pagad (vosotros/as)
paguen (ustedes)

FORMAS NO PERSONALES

Infinitivo	pagar
Infinitivo compuesto	haber pagado
Gerundio	pagando
Participio	pagado

Palabras, oraciones y expresiones relacionadas con el verbo

Pagar con la misma moneda: corresponder en venganza a algo malo que se nos ha hecho.
Me desprecia y le pienso pagar con la misma moneda.
Pagar el pato: sufrir una persona un castigo o las consecuencias de algo sin merecerlo.
Mi hermano pequeño, como es muy travieso, siempre paga el pato.
Pagarlas (todas juntas): sufrir una persona el castigo o las consecuencias de una mala acción.
Juro que esta mala persona me las pagará todas juntas.

90. parar

INDICATIVO

Presente
paro	paramos
paras	paráis
para	paran

Pretérito imperfecto
paraba	parábamos
parabas	parabais
paraba	paraban

Pretérito indefinido
paré	paramos
paraste	parasteis
paró	pararon

Futuro imperfecto
pararé	pararemos
pararás	pararéis
parará	pararán

Condicional simple
pararía	pararíamos
pararías	pararíais
pararía	pararían

Pretérito perfecto
he parado	hemos parado
has parado	habéis parado
ha parado	han parado

Pretérito pluscuamperfecto
había parado	habíamos parado
habías parado	habíais parado
había parado	habían parado

Pretérito anterior
hube parado	hubimos parado
hubiste parado	hubisteis parado
hubo parado	hubieron parado

Futuro perfecto
habré parado	habremos parado
habrás parado	habréis parado
habrá parado	habrán parado

Condicional compuesto
habría parado	habríamos parado
habrías parado	habríais parado
habría parado	habrían parado

SUBJUNTIVO

Presente
pare	paremos
pares	paréis
pare	paren

Pretérito imperfecto
parara o parase	paráramos o parásemos
pararas o parases	pararais o paraseis
parara o parase	pararan o parasen

Pretérito perfecto
haya parado	hayamos parado
hayas parado	hayáis parado
haya parado	hayan parado

Pretérito pluscuamperfecto
hubiera o hubiese parado	hubiéramos o hubiésemos parado
hubieras o hubieses parado	hubierais o hubieseis parado
hubiera o hubiese parado	hubieran o hubiesen parado

IMPERATIVO

para (tú)
pare (usted)
parad (vosotros/as)
paren (ustedes)

FORMAS NO PERSONALES

Infinitivo	parar
Infinitivo compuesto	haber parado
Gerundio	parando
Participio	parado

Palabras, oraciones y expresiones relacionadas con el verbo

No parar en casa: no estar una persona nunca en casa. *Desde que Alicia sale con Luis no para en casa.*

Parar el golpe: evitar o reducir una persona las consecuencias negativas de una cosa. *Iban a despedirlo, pero su jefe paró el golpe.*

Parar los pies: detener o frenar una persona a otra en sus intenciones. *Se está tomando demasiadas confianzas; habrá que pararle los pies.*

91. pasar

INDICATIVO

Presente
paso	pasamos
pasas	pasáis
pasa	pasan

Pretérito perfecto
he pasado	hemos pasado
has pasado	habéis pasado
ha pasado	han pasado

Pretérito imperfecto
pasaba	pasábamos
pasabas	pasabais
pasaba	pasaban

Pretérito pluscuamperfecto
había pasado	habíamos pasado
habías pasado	habíais pasado
había pasado	habían pasado

Pretérito indefinido
pasé	pasamos
pasaste	pasasteis
pasó	pasaron

Pretérito anterior
hube pasado	hubimos pasado
hubiste pasado	hubisteis pasado
hubo pasado	hubieron pasado

Futuro imperfecto
pasaré	pasaremos
pasarás	pasaréis
pasará	pasarán

Futuro perfecto
habré pasado	habremos pasado
habrás pasado	habréis pasado
habrá pasado	habrán pasado

Condicional simple
pasaría	pasaríamos
pasarías	pasaríais
pasaría	pasarían

Condicional compuesto
habría pasado	habríamos pasado
habrías pasado	habríais pasado
habría pasado	habrían pasado

SUBJUNTIVO

Presente
pase	pasemos
pases	paséis
pase	pasen

Pretérito perfecto
haya pasado	hayamos pasado
hayas pasado	hayáis pasado
haya pasado	hayan pasado

Pretérito imperfecto
pasara o pasase	pasáramos o pasásemos
pasaras o pasases	pasarais o pasaseis
pasara o pasase	pasaran o pasasen

Pretérito pluscuamperfecto
hubiera o hubiese pasado	hubiéramos o hubiésemos pasado
hubieras o hubieses pasado	hubierais o hubieseis pasado
hubiera o hubiese pasado	hubieran o hubiesen pasado

IMPERATIVO

pasa (tú)
pase (usted)
pasad (vosotros/as)
pasen (ustedes)

FORMAS NO PERSONALES

Infinitivo	pasar
Infinitivo compuesto	haber pasado
Gerundio	pasando
Participio	pasado

Palabras, oraciones y expresiones relacionadas con el verbo

Pasar a limpio: redactar un escrito en su forma definitiva. *Pasad a limpio los deberes.*
Pasar de moda: quedar una cosa anticuada. *Esta blusa está pasada de moda.*
Pasar el rato: hacer una persona algo para no perder el tiempo. *Hago ganchillo para pasar el rato.*
Pasar la noche en blanco: pasar una persona la noche sin dormir. *Pasé la noche en blanco por el calor.*

92. pedir

INDICATIVO

Presente
pido
pides
pide

pedimos
pedís
piden

Pretérito perfecto
he pedido
has pedido
ha pedido

hemos pedido
habéis pedido
han pedido

Pretérito imperfecto
pedía
pedías
pedía

pedíamos
pedíais
pedían

Pretérito pluscuamperfecto
había pedido
habías pedido
había pedido

habíamos pedido
habíais pedido
habían pedido

Pretérito indefinido
pedí
pediste
pidió

pedimos
pedisteis
pidieron

Pretérito anterior
hube pedido
hubiste pedido
hubo pedido

hubimos pedido
hubisteis pedido
hubieron pedido

Futuro imperfecto
pediré
pedirás
pedirá

pediremos
pediréis
pedirán

Futuro perfecto
habré pedido
habrás pedido
habrá pedido

habremos pedido
habréis pedido
habrán pedido

Condicional simple
pediría
pedirías
pediría

pediríamos
pediríais
pedirían

Condicional compuesto
habría pedido
habrías pedido
habría pedido

habríamos pedido
habríais pedido
habrían pedido

SUBJUNTIVO

Presente
pida
pidas
pida

pidamos
pidáis
pidan

Pretérito perfecto
haya pedido
hayas pedido
haya pedido

hayamos pedido
hayáis pedido
hayan pedido

Pretérito imperfecto
pidiera
o pidiese

pidiéramos
o pidiésemos

pidieras
o pidieses

pidierais
o pidieseis

pidiera
o pidiese

pidieran
o pidiesen

Pretérito pluscuamperfecto
hubiera o
hubiese pedido

hubiéramos o
hubiésemos pedido

hubieras o
hubieses pedido

hubierais o
hubieseis pedido

hubiera o
hubiese pedido

hubieran o
hubiesen pedido

IMPERATIVO

pide (tú)
pida (usted)
pedid (vosotros/as)
pidan (ustedes)

FORMAS NO PERSONALES

Infinitivo
Infinitivo compuesto
Gerundio
Participio

pedir
haber pedido
pidiendo
pedido

Palabras, oraciones y expresiones relacionadas con el verbo

Pedir a gritos: necesitar una cosa con urgencia. *El comedor pide a gritos una mano de pintura.*
Pedir disculpas: disculparse. *Les pido disculpas por el retraso.*
Pedir hora: solicitar una cita. *Tengo que pedir hora para el dentista.*
Pedir peras al olmo: pedir o pretender algo imposible. *Esperar que estudies en verano, es pedir peras al olmo.*

93. pensar

INDICATIVO

Presente		Pretérito perfecto	
pienso	pensamos	he pensado	hemos pensado
piensas	pensáis	has pensado	habéis pensado
piensa	piensan	ha pensado	han pensado

Pretérito imperfecto		Pretérito pluscuamperfecto	
pensaba	pensábamos	había pensado	habíamos pensado
pensabas	pensabais	habías pensado	habíais pensado
pensaba	pensaban	había pensado	habían pensado

Pretérito indefinido		Pretérito anterior	
pensé	pensamos	hube pensado	hubimos pensado
pensaste	pensasteis	hubiste pensado	hubisteis pensado
pensó	pensaron	hubo pensado	hubieron pensado

Futuro imperfecto		Futuro perfecto	
pensaré	pensaremos	habré pensado	habremos pensado
pensarás	pensaréis	habrás pensado	habréis pensado
pensará	pensarán	habrá pensado	habrán pensado

Condicional simple		Condicional compuesto	
pensaría	pensaríamos	habría pensado	habríamos pensado
pensarías	pensaríais	habrías pensado	habríais pensado
pensaría	pensarían	habría pensado	habrían pensado

SUBJUNTIVO

Presente		Pretérito perfecto	
piense	pensemos	haya pensado	hayamos pensado
pienses	penséis	hayas pensado	hayáis pensado
piense	piensen	haya pensado	hayan pensado

Pretérito imperfecto		Pretérito pluscuamperfecto	
pensara o pensase	pensáramos o pensásemos	hubiera o hubiese pensado	hubiéramos o hubiésemos pensado
pensaras o pensases	pensarais o pensaseis	hubieras o hubieses pensado	hubierais o hubieseis pensado
pensara o pensase	pensaran o pensasen	hubiera o hubiese pensado	hubieran o hubiesen pensado

IMPERATIVO

piensa (tú)
piense (usted)
pensad (vosotros/as)
piensen (ustedes)

FORMAS NO PERSONALES

Infinitivo	pensar
Infinitivo compuesto	haber pensado
Gerundio	pensando
Participio	pensado

Palabras, oraciones y expresiones relacionadas con el verbo

Ni pensarlo: indica que se rechaza o se niega una cosa. *No te voy a dejar el coche, ni pensarlo.*
Pensar en las musarañas: estar una persona distraída, despistada o sin prestar atención. *Aquí estoy, mirando por la ventana y pensando en las musarañas.*
Pensar mal: interpretar una persona las acciones o palabras de otra de la manera más desfavorable. *No quiero pensar mal, pero aquí pasa algo raro.*

94. perder

INDICATIVO

Presente
pierdo	perdemos
pierdes	perdéis
pierde	pierden

Pretérito perfecto
he perdido	hemos perdido
has perdido	habéis perdido
ha perdido	han perdido

Pretérito imperfecto
perdía	perdíamos
perdías	perdíais
perdía	perdían

Pretérito pluscuamperfecto
había perdido	habíamos perdido
habías perdido	habíais perdido
había perdido	habían perdido

Pretérito indefinido
perdí	perdimos
perdiste	perdisteis
perdió	perdieron

Pretérito anterior
hube perdido	hubimos perdido
hubiste perdido	hubisteis perdido
hubo perdido	hubieron perdido

Futuro imperfecto
perderé	perderemos
perderás	perderéis
perderá	perderán

Futuro perfecto
habré perdido	habremos perdido
habrás perdido	habréis perdido
habrá perdido	habrán perdido

Condicional simple
perdería	perderíamos
perderías	perderíais
perdería	perderían

Condicional compuesto
habría perdido	habríamos perdido
habrías perdido	habríais perdido
habría perdido	habrían perdido

SUBJUNTIVO

Presente
pierda	perdamos
pierdas	perdáis
pierda	pierdan

Pretérito perfecto
haya perdido	hayamos perdido
hayas perdido	hayáis perdido
haya perdido	hayan perdido

Pretérito imperfecto
perdiera o perdiese	perdiéramos o perdiésemos
perdieras o perdieses	perdierais o perdieseis
perdiera o perdiese	perdieran o perdiesen

Pretérito pluscuamperfecto
hubiera o hubiese perdido	hubiéramos o hubiésemos perdido
hubieras o hubieses perdido	hubierais o hubieseis perdido
hubiera o hubiese perdido	hubieran o hubiesen perdido

IMPERATIVO
pierde (tú)
pierda (usted)
perded (vosotros/as)
pierdan (ustedes)

FORMAS NO PERSONALES
Infinitivo	perder
Infinitivo compuesto	haber perdido
Gerundio	perdiendo
Participio	perdido

Palabras, oraciones y expresiones relacionadas con el verbo

Perder el juicio: volverse una persona loca. *Perdió el juicio y tuvieron que internarlo en un psiquiátrico.*

Perder los nervios: perder la calma. *El entrenador recomendó a los jugadores que no perdieran los nervios.*

Perder el conocimiento: desmayarse. *Se dio un golpe y perdió el conocimiento.*

95. poder

INDICATIVO

Presente

puedo	podemos
puedes	podéis
puede	pueden

Pretérito perfecto

he podido	hemos podido
has podido	habéis podido
ha podido	han podido

Pretérito imperfecto

podía	podíamos
podías	podíais
podía	podían

Pretérito pluscuamperfecto

había podido	habíamos podido
habías podido	habíais podido
había podido	habían podido

Pretérito indefinido

pude	pudimos
pudiste	pudisteis
pudo	pudieron

Pretérito anterior

hube podido	hubimos podido
hubiste podido	hubisteis podido
hubo podido	hubieron podido

Futuro imperfecto

podré	podremos
podrás	podréis
podrá	podrán

Futuro perfecto

habré podido	habremos podido
habrás podido	habréis podido
habrá podido	habrán podido

Condicional simple

podría	podríamos
podrías	podríais
podría	podrían

Condicional compuesto

habría podido	habríamos podido
habrías podido	habríais podido
habría podido	habrían podido

SUBJUNTIVO

Presente

pueda	podamos
puedas	podáis
pueda	puedan

Pretérito perfecto

haya podido	hayamos podido
hayas podido	hayáis podido
haya podido	hayan podido

Pretérito imperfecto

pudiera o pudiese	pudiéramos o pudiésemos
pudieras o pudieses	pudierais o pudieseis
pudiera o pudiese	pudieran o pudiesen

Pretérito pluscuamperfecto

hubiera o hubiese podido	hubiéramos o hubiésemos podido
hubieras o hubieses podido	hubierais o hubieseis podido
hubiera o hubiese podido	hubieran o hubiesen podido

IMPERATIVO

puede (tú)
pueda (usted)
poded (vosotros/as)
puedan (ustedes)

FORMAS NO PERSONALES

Infinitivo	poder
Infinitivo compuesto	haber podido
Gerundio	pudiendo
Participio	podido

Palabras, oraciones y expresiones relacionadas con el verbo

No poder más: estar una persona muy cansada o harta. *Después de caminar dos horas, ya no puedo más.*

No poder remediar: no poder evitar una cosa. *No pude remediar que Lola se fuera de casa.*

No poder (ni) ver (ni en pintura): tener una persona mucha manía a otra persona o una cosa. *Tengo tanta manía a las matemáticas que no las puedo ni ver en pintura.*

96. poner

INDICATIVO

Presente		Pretérito perfecto	
pongo	ponemos	he puesto	hemos puesto
pones	ponéis	has puesto	habéis puesto
pone	ponen	ha puesto	han puesto

Pretérito imperfecto		Pretérito pluscuamperfecto	
ponía	poníamos	había puesto	habíamos puesto
ponías	poníais	habías puesto	habíais puesto
ponía	ponían	había puesto	habían puesto

Pretérito indefinido		Pretérito anterior	
puse	pusimos	hube puesto	hubimos puesto
pusiste	pusisteis	hubiste puesto	hubisteis puesto
puso	pusieron	hubo puesto	hubieron puesto

Futuro imperfecto		Futuro perfecto	
pondré	pondremos	habré puesto	habremos puesto
pondrás	pondréis	habrás puesto	habréis puesto
pondrá	pondrán	habrá puesto	habrán puesto

Condicional simple		Condicional compuesto	
pondría	pondríamos	habría puesto	habríamos puesto
pondrías	pondríais	habrías puesto	habríais puesto
pondría	pondrían	habría puesto	habrían puesto

SUBJUNTIVO

Presente		Pretérito perfecto	
ponga	pongamos	haya puesto	hayamos puesto
pongas	pongáis	hayas puesto	hayáis puesto
ponga	pongan	haya puesto	hayan puesto

Pretérito imperfecto		Pretérito pluscuamperfecto	
pusiera o pusiese	pusiéramos o pusiésemos	hubiera o hubiese puesto	hubiéramos o hubiésemos puesto
pusieras o pusieses	pusierais o pusieseis	hubieras o hubieses puesto	hubierais o hubieseis puesto
pusiera o pusiese	pusieran o pusiesen	hubiera o hubiese puesto	hubieran o hubiesen puesto

IMPERATIVO

pon (tú)
ponga (usted)
poned (vosotros/as)
pongan (ustedes)

FORMAS NO PERSONALES

Infinitivo	poner
Infinitivo compuesto	haber puesto
Gerundio	poniendo
Participio	puesto

Palabras, oraciones y expresiones relacionadas con el verbo

Poner al corriente: hacer saber una persona a otra una cosa. *Su amigo le puso al corriente de lo ocurrido en la oficina.*

Poner en práctica: realizar alguna idea o plan. *Puse en práctica tus consejos.*

Poner la mesa: preparar la mesa para comer. *Mi hermana siempre pone la mesa.*

Poner verde: hablar una persona mal de otra. *Mi vecina pone verde a todo el mundo.*

97. preferir

INDICATIVO

Presente		Pretérito perfecto	
prefiero	preferimos	he preferido	hemos preferido
prefieres	preferís	has preferido	habéis preferido
prefiere	prefieren	ha preferido	han preferido

Pretérito imperfecto		Pretérito pluscuamperfecto	
prefería	preferíamos	había preferido	habíamos preferido
preferías	preferíais	habías preferido	habíais preferido
prefería	preferían	había preferido	habían preferido

Pretérito indefinido		Pretérito anterior	
preferí	preferimos	hube preferido	hubimos preferido
preferiste	preferisteis	hubiste preferido	hubisteis preferido
prefirió	prefirieron	hubo preferido	hubieron preferido

Futuro imperfecto		Futuro perfecto	
preferiré	preferiremos	habré preferido	habremos preferido
preferirás	preferiréis	habrás preferido	habréis preferido
preferirá	preferirán	habrá preferido	habrán preferido

Condicional simple		Condicional compuesto	
preferiría	preferiríamos	habría preferido	habríamos preferido
preferirías	preferiríais	habrías preferido	habríais preferido
preferiría	preferirían	habría preferido	habrían preferido

SUBJUNTIVO

Presente		Pretérito perfecto	
prefiera	prefiramos	haya preferido	hayamos preferido
prefieras	prefiráis	hayas preferido	hayáis preferido
prefiera	prefieran	haya preferido	hayan preferido

Pretérito imperfecto		Pretérito pluscuamperfecto	
prefiriera o prefiriese	prefiriéramos o prefiriésemos	hubiera o hubiese preferido	hubiéramos o hubiésemos preferido
prefirieras o prefirieses	prefirierais o prefirieseis	hubieras o hubieses preferido	hubierais o hubieseis preferido
prefiriera o prefiriese	prefirieran o prefiriesen	hubiera o hubiese preferido	hubieran o hubiesen preferido

IMPERATIVO

prefiere (tú)
prefiera (usted)
preferid (vosotros/as)
prefieran (ustedes)

FORMAS NO PERSONALES

Infinitivo	preferir
Infinitivo compuesto	haber preferido
Gerundio	prefiriendo
Participio	preferido

Palabras, oraciones y expresiones relacionadas con el verbo

La preferencia
Preferible
Preferido, da
*Prefiero las películas en versión original **a** las subtituladas.*

98. preguntar

INDICATIVO

Presente		Pretérito perfecto	
pregunto	preguntamos	he preguntado	hemos preguntado
preguntas	preguntáis	has preguntado	habéis preguntado
pregunta	preguntan	ha preguntado	han preguntado

Pretérito imperfecto		Pretérito pluscuamperfecto	
preguntaba	preguntábamos	había preguntado	habíamos preguntado
preguntabas	preguntabais	habías preguntado	habíais preguntado
preguntaba	preguntaban	había preguntado	habían preguntado

Pretérito indefinido		Pretérito anterior	
pregunté	preguntamos	hube preguntado	hubimos preguntado
preguntaste	preguntasteis	hubiste preguntado	hubisteis preguntado
preguntó	preguntaron	hubo preguntado	hubieron preguntado

Futuro imperfecto		Futuro perfecto	
preguntaré	preguntaremos	habré preguntado	habremos preguntado
preguntarás	preguntaréis	habrás preguntado	habréis preguntado
preguntará	preguntarán	habrá preguntado	habrán preguntado

Condicional simple		Condicional compuesto	
preguntaría	preguntaríamos	habría preguntado	habríamos preguntado
preguntarías	preguntaríais	habrías preguntado	habríais preguntado
preguntaría	preguntarían	habría preguntado	habrían preguntado

SUBJUNTIVO

Presente		Pretérito perfecto	
pregunte	preguntemos	haya preguntado	hayamos preguntado
preguntes	preguntéis	hayas preguntado	hayáis preguntado
pregunte	pregunten	haya preguntado	hayan preguntado

Pretérito imperfecto		Pretérito pluscuamperfecto	
preguntara o preguntase	preguntáramos o preguntásemos	hubiera o hubiese preguntado	hubiéramos o hubiésemos preguntado
preguntaras o preguntases	preguntarais o preguntaseis	hubieras o hubieses preguntado	hubierais o hubieseis preguntado
preguntara o preguntase	preguntaran o preguntasen	hubiera o hubiese preguntado	hubieran o hubiesen preguntado

IMPERATIVO

pregunta (tú)
pregunte (usted)
preguntad (vosotros/as)
pregunten (ustedes)

FORMAS NO PERSONALES

Infinitivo	preguntar
Infinitivo compuesto	haber preguntado
Gerundio	preguntando
Participio	preguntado

Palabras, oraciones y expresiones relacionadas con el verbo

la pregunta
preguntón, na
Pregunté **por** tu estado de salud.

99. preocuparse

Presente

me preocupo	nos preocupamos
te preocupas	os preocupáis
se preocupa	se preocupan

Pretérito perfecto

me he preocupado	nos hemos preocupado
te has preocupado	os habéis preocupado
se ha preocupado	se han preocupado

Pretérito imperfecto

me preocupaba	nos preocupábamos
te preocupabas	os preocupabais
se preocupaba	se preocupaban

Pretérito pluscuamperfecto

me había preocupado	nos habíamos preocupado
te habías preocupado	os habíais preocupado
se había preocupado	se habían preocupado

Pretérito indefinido

me preocupé	nos preocupamos
te preocupaste	os preocupasteis
se preocupó	se preocuparon

Pretérito anterior

me hube preocupado	nos hubimos preocupado
te hubiste preocupado	os hubisteis preocupado
se hubo preocupado	se hubieron preocupado

Futuro imperfecto

me preocuparé	nos preocuparemos
te preocuparás	os preocuparéis
se preocupará	se preocuparán

Futuro perfecto

me habré preocupado	nos habremos preocupado
te habrás preocupado	os habréis preocupado
se habrá preocupado	se habrán preocupado

Condicional simple

me preocuparía	nos preocuparíamos
te preocuparías	os preocuparíais
se preocuparía	se preocuparían

Condicional compuesto

me habría preocupado	nos habríamos preocupado
te habrías preocupado	os habríais preocupado
se habría preocupado	se habrían preocupado

Presente

me preocupe	nos preocupemos
te preocupes	os preocupéis
se preocupe	se preocupen

Pretérito perfecto

me haya preocupado	nos hayamos preocupado
te hayas preocupado	os hayáis preocupado
se haya preocupado	se hayan preocupado

Pretérito imperfecto

me preocupara o preocupase	nos preocupáramos o preocupásemos
te preocuparas o preocupases	os preocuparais o preocupaseis
se preocupara o preocupase	se preocuparan o preocupasen

Pretérito pluscuamperfecto

me hubiera o hubiese preocupado	nos hubiéramos o hubiésemos preocupado
te hubieras o hubieses preocupado	os hubierais o hubieseis preocupado
se hubiera o hubiese preocupado	se hubieran o hubiesen preocupado

preocúpate (tú)
preocúpese (usted)
preocupaos (vosotros/as)
preocúpense (ustedes)

Infinitivo	preocuparse
Infinitivo compuesto	haberse preocupado
Gerundio	preocupándose
Participio	preocupado

Palabras, oraciones y expresiones relacionadas con el verbo

La preocupación
Preocupado, da
Preocupante
Mi marido se preocupa de regar las plantas.
Tú te preocupas por cualquier cosa.

100. probar

INDICATIVO

Presente		Pretérito perfecto	
pruebo	probamos	he probado	hemos probado
pruebas	probáis	has probado	habéis probado
prueba	prueban	ha probado	han probado

Pretérito imperfecto		Pretérito pluscuamperfecto	
probaba	probábamos	había probado	habíamos probado
probabas	probabais	habías probado	habíais probado
probaba	probaban	había probado	habían probado

Pretérito indefinido		Pretérito anterior	
probé	probamos	hube probado	hubimos probado
probaste	probasteis	hubiste probado	hubisteis probado
probó	probaron	hubo probado	hubieron probado

Futuro imperfecto		Futuro perfecto	
probaré	probaremos	habré probado	habremos probado
probarás	probaréis	habrás probado	habréis probado
probará	probarán	habrá probado	habrán probado

Condicional simple		Condicional compuesto	
probaría	probaríamos	habría probado	habríamos probado
probarías	probaríais	habrías probado	habríais probado
probaría	probarían	habría probado	habrían probado

SUBJUNTIVO

Presente		Pretérito perfecto	
pruebe	probemos	haya probado	hayamos probado
pruebes	probéis	hayas probado	hayáis probado
pruebe	prueben	haya probado	hayan probado

Pretérito imperfecto		Pretérito pluscuamperfecto	
probara o probase	probáramos o probásemos	hubiera o hubiese probado	hubiéramos o hubiésemos probado
probaras o probases	probarais o probaseis	hubieras o hubieses probado	hubierais o hubieseis probado
probara o probase	probaran o probasen	hubiera o hubiese probado	hubieran o hubiesen probado

IMPERATIVO

prueba (tú)
pruebe (usted)
probad (vosotros/as)
prueben (ustedes)

FORMAS NO PERSONALES

Infinitivo	probar
Infinitivo compuesto	haber probado
Gerundio	probando
Participio	probado

Palabras, oraciones y expresiones relacionadas con el verbo

la prueba

ser la prueba de fuego: demostración decisiva. *La competición de hoy será la prueba de fuego que decidirá su futuro.*

no probar: no comer o beber una cosa. *No prueba el alcohol desde hace años.*

probar suerte: intentar una cosa. *Probaremos suerte con el nuevo director, a ver si lo convencemos de que nos dé un día libre más.*

101. prohibir

INDICATIVO

Presente
prohíbo	prohibimos
prohíbes	prohibís
prohíbe	prohíben

Pretérito imperfecto
prohibía	prohibíamos
prohibías	prohibíais
prohibía	prohibían

Pretérito indefinido
prohibí	prohibimos
prohibiste	prohibisteis
prohibió	prohibieron

Futuro imperfecto
prohibiré	prohibiremos
prohibirás	prohibiréis
prohibirá	prohibirán

Condicional simple
prohibiría	prohibiríamos
prohibirías	prohibiríais
prohibiría	prohibirían

Pretérito perfecto
he prohibido	hemos prohibido
has prohibido	habéis prohibido
ha prohibido	han prohibido

Pretérito pluscuamperfecto
había prohibido	habíamos prohibido
habías prohibido	habíais prohibido
había prohibido	habían prohibido

Pretérito anterior
hube prohibido	hubimos prohibido
hubiste prohibido	hubisteis prohibido
hubo prohibido	hubieron prohibido

Futuro perfecto
habré prohibido	habremos prohibido
habrás prohibido	habréis prohibido
habrá prohibido	habrán prohibido

Condicional compuesto
habría prohibido	habríamos prohibido
habrías prohibido	habríais prohibido
habría prohibido	habrían prohibido

SUBJUNTIVO

Presente
prohíba	prohibamos
prohíbas	prohibáis
prohíba	prohíban

Pretérito imperfecto
prohibiera o prohibiese	prohibiéramos o prohibiésemos
prohibieras o prohibieses	prohibierais o prohibieseis
prohibiera o prohibiese	prohibieran o prohibiesen

Pretérito perfecto
haya prohibido	hayamos prohibido
hayas prohibido	hayáis prohibido
haya prohibido	hayan prohibido

Pretérito pluscuamperfecto
hubiera o hubiese prohibido	hubiéramos o hubiésemos prohibido
hubieras o hubieses prohibido	hubierais o hubieseis prohibido
hubiera o hubiese prohibido	hubieran o hubiesen prohibido

IMPERATIVO

prohíbe (tú)
prohíba (usted)
prohibid (vosotros/as)
prohíban (ustedes)

FORMAS NO PERSONALES

Infinitivo	prohibir
Infinitivo compuesto	haber prohibido
Gerundio	prohibiendo
Participio	prohibido

Palabras, oraciones y expresiones relacionadas con el verbo

La prohibición
Prohibido, da
Prohibitivo, va

102. quedar

INDICATIVO

Presente		Pretérito perfecto	
quedo	quedamos	he quedado	hemos quedado
quedas	quedáis	has quedado	habéis quedado
queda	quedan	ha quedado	han quedado

Pretérito imperfecto		Pretérito pluscuamperfecto	
quedaba	quedábamos	había quedado	habíamos quedado
quedabas	quedabais	habías quedado	habíais quedado
quedaba	quedaban	había quedado	habían quedado

Pretérito indefinido		Pretérito anterior	
quedé	quedamos	hube quedado	hubimos quedado
quedaste	quedasteis	hubiste quedado	hubisteis quedado
quedó	quedaron	hubo quedado	hubieron quedado

Futuro imperfecto		Futuro perfecto	
quedaré	quedaremos	habré quedado	habremos quedado
quedarás	quedaréis	habrás quedado	habréis quedado
quedará	quedarán	habrá quedado	habrán quedado

Condicional simple		Condicional compuesto	
quedaría	quedaríamos	habría quedado	habríamos quedado
quedarías	quedaríais	habrías quedado	habríais quedado
quedaría	quedarían	habría quedado	habrían quedado

SUBJUNTIVO

Presente		Pretérito perfecto	
quede	quedemos	haya quedado	hayamos quedado
quedes	quedéis	hayas quedado	hayáis quedado
quede	queden	haya quedado	hayan quedado

Pretérito imperfecto		Pretérito pluscuamperfecto	
quedara o quedase	quedáramos o quedásemos	hubiera o hubiese quedado	hubiéramos o hubiésemos quedado
quedaras o quedases	quedarais o quedaseis	hubieras o hubieses quedado	hubierais o hubieseis quedado
quedara o quedase	quedaran o quedasen	hubiera o hubiese quedado	hubieran o hubiesen quedado

IMPERATIVO

queda (tú)
quede (usted)
quedad (vosotros/as)
queden (ustedes)

FORMAS NO PERSONALES

Infinitivo	quedar
Infinitivo compuesto	haber quedado
Gerundio	quedando
Participio	quedado

Palabras, oraciones y expresiones relacionadas con el verbo

Pedro quedó **en** venir a cenar con nosotros.
Quedan dos semanas **para** las vacaciones.
¿En qué quedamos?: se usa para incitar a una persona a aclarar una cosa o a acabar con una indecisión. *¿Piensas seguir o no?, ¿en qué quedamos?*
No quedar piedra sobre piedra: quedar una cosa completamente en ruina. *Tras el terremoto no quedó piedra sobre piedra.*

103. querer

Presente
quiero	queremos
quieres	queréis
quiere	quieren

Pretérito perfecto
he querido	hemos querido
has querido	habéis querido
ha querido	han querido

Pretérito imperfecto
quería	queríamos
querías	queríais
quería	querían

Pretérito pluscuamperfecto
había querido	habíamos querido
habías querido	habíais querido
había querido	habían querido

Pretérito indefinido
quise	quisimos
quisiste	quisisteis
quiso	quisieron

Pretérito anterior
hube querido	hubimos querido
hubiste querido	hubisteis querido
hubo querido	hubieron querido

Futuro imperfecto
querré	querremos
querrás	querréis
querrá	querrán

Futuro perfecto
habré querido	habremos querido
habrás querido	habréis querido
habrá querido	habrán querido

Condicional simple
querría	querríamos
querrías	querríais
querría	querrían

Condicional compuesto
habría querido	habríamos querido
habrías querido	habríais querido
habría querido	habrían querido

SUBJUNTIVO

Presente
quiera	queramos
quieras	queráis
quiera	quieran

Pretérito perfecto
haya querido	hayamos querido
hayas querido	hayáis querido
haya querido	hayan querido

Pretérito imperfecto
quisiera o quisiese	quisiéramos o quisiésemos
quisieras o quisieses	quisierais o quisieseis
quisiera o quisiese	quisieran o quisiesen

Pretérito pluscuamperfecto
hubiera o hubiese querido	hubiéramos o hubiésemos querido
hubieras o hubieses querido	hubierais o hubieseis querido
hubiera o hubiese querido	hubieran o hubiesen querido

IMPERATIVO
quiere (tú)
quiera (usted)
quered (vosotros/as)
quieran (ustedes)

FORMAS NO PERSONALES
Infinitivo	querer
Infinitivo compuesto	haber querido
Gerundio	queriendo
Participio	querido

Palabras, oraciones y expresiones relacionadas con el verbo

Dejarse querer: aceptar una persona las atenciones y cuidados de otra. *Su hermano le hace todos los días la cama y a cambio se deja querer.*

Querer como a las niñas de los ojos: querer mucho a una persona. *El abuelo quiere a su nieta pequeña como a las niñas de los ojos.*

Sin querer: indica que se ha hecho una cosa de forma involuntaria o por casualidad. *Confesó que había disparado sin querer.*

104. quitar

INDICATIVO

Presente		Pretérito perfecto	
quito	quitamos	he quitado	hemos quitado
quitas	quitáis	has quitado	habéis quitado
quita	quitan	ha quitado	han quitado

Pretérito imperfecto		Pretérito pluscuamperfecto	
quitaba	quitábamos	había quitado	habíamos quitado
quitabas	quitabais	habías quitado	habíais quitado
quitaba	quitaban	había quitado	habían quitado

Pretérito indefinido		Pretérito anterior	
quité	quitamos	hube quitado	hubimos quitado
quitaste	quitasteis	hubiste quitado	hubisteis quitado
quitó	quitaron	hubo quitado	hubieron quitado

Futuro imperfecto		Futuro perfecto	
quitaré	quitaremos	habré quitado	habremos quitado
quitarás	quitaréis	habrás quitado	habréis quitado
quitará	quitarán	habrá quitado	habrán quitado

Condicional simple		Condicional compuesto	
quitaría	quitaríamos	habría quitado	habríamos quitado
quitarías	quitaríais	habrías quitado	habríais quitado
quitaría	quitarían	habría quitado	habrían quitado

SUBJUNTIVO

Presente		Pretérito perfecto	
quite	quitemos	haya quitado	hayamos quitado
quites	quitéis	hayas quitado	hayáis quitado
quite	quiten	haya quitado	hayan quitado

Pretérito imperfecto		Pretérito pluscuamperfecto	
quitara o quitase	quitáramos o quitásemos	hubiera o hubiese quitado	hubiéramos o hubiésemos quitado
quitaras o quitases	quitarais o quitaseis	hubieras o hubieses quitado	hubierais o hubieseis quitado
quitara o quitase	quitaran o quitasen	hubiera o hubiese quitado	hubieran o hubiesen quitado

IMPERATIVO

quita (tú)
quite (usted)
quitad (vosotros/as)
quiten (ustedes)

FORMAS NO PERSONALES

Infinitivo	quitar
Infinitivo compuesto	haber quitado
Gerundio	quitando
Participio	quitado

Palabras, oraciones y expresiones relacionadas con el verbo

Quitar de la cabeza: disuadir a una persona de una cosa. *Si crees que vas a salir esta noche, quítatelo de la cabeza.*

Quitar de las manos: comprar muchas personas algo con gran interés y rapidez. *Los productos en oferta te los quitan de las manos.*

Quitar de en medio/encima: referido a algo peligroso o desagradable, librar de ello. *No sé cómo quitarme de encima el problema de la casa.*

105. recibir

INDICATIVO

Presente
recibo	recibimos
recibes	recibís
recibe	reciben

Pretérito perfecto
he recibido	hemos recibido
has recibido	habéis recibido
ha recibido	han recibido

Pretérito imperfecto
recibía	recibíamos
recibías	recibíais
recibía	recibían

Pretérito pluscuamperfecto
había recibido	habíamos recibido
habías recibido	habíais recibido
había recibido	habían recibido

Pretérito indefinido
recibí	recibimos
recibiste	recibisteis
recibió	recibieron

Pretérito anterior
hube recibido	hubimos recibido
hubiste recibido	hubisteis recibido
hubo recibido	hubieron recibido

Futuro imperfecto
recibiré	recibiremos
recibirás	recibiréis
recibirá	recibirán

Futuro perfecto
habré recibido	habremos recibido
habrás recibido	habréis recibido
habrá recibido	habrán recibido

Condicional simple
recibiría	recibiríamos
recibirías	recibiríais
recibiría	recibirían

Condicional compuesto
habría recibido	habríamos recibido
habrías recibido	habríais recibido
habría recibido	habrían recibido

SUBJUNTIVO

Presente
reciba	recibamos
recibas	recibáis
reciba	reciban

Pretérito perfecto
haya recibido	hayamos recibido
hayas recibido	hayáis recibido
haya recibido	hayan recibido

Pretérito imperfecto
recibiera o recibiese	recibiéramos o recibiésemos
recibieras o recibieses	recibierais o recibieseis
recibiera o recibiese	recibieran o recibiesen

Pretérito pluscuamperfecto
hubiera o hubiese recibido	hubiéramos o hubiésemos recibido
hubieras o hubieses recibido	hubierais o hubieseis recibido
hubiera o hubiese recibido	hubieran o hubiesen recibido

IMPERATIVO

recibe (tú)
reciba (usted)
recibid (vosotros/as)
reciban (ustedes)

FORMAS NO PERSONALES

Infinitivo	recibir
Infinitivo compuesto	haber recibido
Gerundio	recibiendo
Participio	recibido

Palabras, oraciones y expresiones relacionadas con el verbo

El recibimiento
El recibidor
El recibí
*La niña recibió regalos **de** su madre.*
Recibir con los brazos abiertos: esperar o recibir una persona a otra afectuosamente.
Su familia me recibió con los brazos abiertos.

106. recordar

INDICATIVO

Presente

recuerdo	recordamos
recuerdas	recordáis
recuerda	recuerdan

Pretérito perfecto

he recordado	hemos recordado
has recordado	habéis recordado
ha recordado	han recordado

Pretérito imperfecto

recordaba	recordábamos
recordabas	recordabais
recordaba	recordaban

Pretérito pluscuamperfecto

había recordado	habíamos recordado
habías recordado	habíais recordado
había recordado	habían recordado

Pretérito indefinido

recordé	recordamos
recordaste	recordasteis
recordó	recordaron

Pretérito anterior

hube recordado	hubimos recordado
hubiste recordado	hubisteis recordado
hubo recordado	hubieron recordado

Futuro imperfecto

recordaré	recordaremos
recordarás	recordaréis
recordará	recordarán

Futuro perfecto

habré recordado	habremos recordado
habrás recordado	habréis recordado
habrá recordado	habrán recordado

Condicional simple

recordaría	recordaríamos
recordarías	recordaríais
recordaría	recordarían

Condicional compuesto

habría recordado	habríamos recordado
habrías recordado	habríais recordado
habría recordado	habrían recordado

SUBJUNTIVO

Presente

recuerde	recordemos
recuerdes	recordéis
recuerde	recuerden

Pretérito perfecto

haya recordado	hayamos recordado
hayas recordado	hayáis recordado
haya recordado	hayan recordado

Pretérito imperfecto

recordara o recordase	recordáramos o recordásemos
recordaras o recordases	recordarais o recordaseis
recordara o recordase	recordaran o recordasen

Pretérito pluscuamperfecto

hubiera o hubiese recordado	hubiéramos o hubiésemos recordado
hubieras o hubieses recordado	hubierais o hubieseis recordado
hubiera o hubiese recordado	hubieran o hubiesen recordado

IMPERATIVO

recuerda (tú)
recuerde (usted)
recordad (vosotros/as)
recuerden (ustedes)

FORMAS NO PERSONALES

Infinitivo	recordar
Infinitivo compuesto	haber recordado
Gerundio	recordando
Participio	recordado

Palabras, oraciones y expresiones relacionadas con el verbo

El recuerdo
El recordatorio
Luis me recuerda a un actor de cine.

107. reírse

INDICATIVO

Presente
me río	nos reímos
te ríes	os reís
se ríe	se ríen

Pretérito perfecto
me he reído	nos hemos reído
te has reído	os habéis reído
se ha reído	se han reído

Pretérito imperfecto
me reía	nos reíamos
te reías	os reíais
se reía	se reían

Pretérito pluscuamperfecto
me había reído	nos habíamos reído
te habías reído	os habíais reído
se había reído	se habían reído

Pretérito indefinido
me reí	nos reímos
te reíste	os reísteis
se rio	se rieron

Pretérito anterior
me hube reído	nos hubimos reído
te hubiste reído	os hubisteis reído
se hubo reído	se hubieron reído

Futuro imperfecto
me reiré	nos reiremos
te reirás	os reiréis
se reirá	se reirán

Futuro perfecto
me habré reído	nos habremos reído
te habrás reído	os habréis reído
se habrá reído	se habrán reído

Condicional simple
me reiría	nos reiríamos
te reirías	os reiríais
se reiría	se reirían

Condicional compuesto
me habría reído	nos habríamos reído
te habrías reído	os habríais reído
se habría reído	se habrían reído

SUBJUNTIVO

Presente
me ría	nos riamos
te rías	os riais
se ría	se rían

Pretérito perfecto
me haya reído	nos hayamos reído
te hayas reído	os hayáis reído
se haya reído	se hayan reído

Pretérito imperfecto
me riera o riese	nos riéramos o riésemos
te rieras o rieses	os rierais o rieseis
se riera o riese	se rieran o riesen

Pretérito pluscuamperfecto
me hubiera o hubiese reído	nos hubiéramos o hubiésemos reído
te hubieras o hubieses reído	os hubierais o hubieseis reído
se hubiera o hubiese reído	se hubieran o hubiesen reído

IMPERATIVO

ríete (tú)
ríase (usted)
reíos (vosotros/as)
ríanse (ustedes)

FORMAS NO PERSONALES

Infinitivo	reírse
Infinitivo compuesto	haberse reído
Gerundio	riéndose
Participio	reído

Palabras, oraciones y expresiones relacionadas con el verbo

La risa
*Se ríe **por** cualquier cosa.*
*Estoy harto de que se rían **de** mí.*
Reírse a carcajadas: reírse con risa fuerte y ruidosa. *Me reí a carcajadas con tu hermano.*
Reírse a mandíbula batiente: reír a carcajadas. *Los niños se reían a mandíbula batiente con los payasos.*

108. responder

INDICATIVO

Presente
respondo	respondemos
respondes	respondéis
responde	responden

Pretérito perfecto
he respondido	hemos respondido
has respondido	habéis respondido
ha respondido	han respondido

Pretérito imperfecto
respondía	respondíamos
respondías	respondíais
respondía	respondían

Pretérito pluscuamperfecto
había respondido	habíamos respondido
habías respondido	habíais respondido
había respondido	habían respondido

Pretérito indefinido
respondí	respondimos
respondiste	respondisteis
respondió	respondieron

Pretérito anterior
hube respondido	hubimos respondido
hubiste respondido	hubisteis respondido
hubo respondido	hubieron respondido

Futuro imperfecto
responderé	responderemos
responderás	responderéis
responderá	responderán

Futuro perfecto
habré respondido	habremos respondido
habrás respondido	habréis respondido
habrá respondido	habrán respondido

Condicional simple
respondería	responderíamos
responderías	responderíais
respondería	responderían

Condicional compuesto
habría respondido	habríamos respondido
habrías respondido	habríais respondido
habría respondido	habrían respondido

SUBJUNTIVO

Presente
responda	respondamos
respondas	respondáis
responda	respondan

Pretérito perfecto
haya respondido	hayamos respondido
hayas respondido	hayáis respondido
haya respondido	hayan respondido

Pretérito imperfecto
respondiera o respondiese	respondiéramos o respondiésemos
respondieras o respondieses	respondierais o respondieseis
respondiera o respondiese	respondieran o respondiesen

Pretérito pluscuamperfecto
hubiera o hubiese respondido	hubiéramos o hubiésemos respondido
hubieras o hubieses respondido	hubierais o hubieseis respondido
hubiera o hubiese respondido	hubieran o hubiesen respondido

IMPERATIVO

responde (tú)
responda (usted)
responded (vosotros/as)
respondan (ustedes)

FORMAS NO PERSONALES

Infinitivo	responder
Infinitivo compuesto	haber respondido
Gerundio	respondiendo
Participio	respondido

Palabras, oraciones y expresiones relacionadas con el verbo

La respuesta
Respondón, na
*Responderé con gusto **a** quienes soliciten una explicación.*
*Yo respondo **de** la honradez de esta persona.*

109. romper

INDICATIVO

Presente		Pretérito perfecto	
rompo	rompemos	he roto	hemos roto
rompes	rompéis	has roto	habéis roto
rompe	rompen	ha roto	han roto

Pretérito imperfecto		Pretérito pluscuamperfecto	
rompía	rompíamos	había roto	habíamos roto
rompías	rompíais	habías roto	habíais roto
rompía	rompían	había roto	habían roto

Pretérito indefinido		Pretérito anterior	
rompí	rompimos	hube roto	hubimos roto
rompiste	rompisteis	hubiste roto	hubisteis roto
rompió	rompieron	hubo roto	hubieron roto

Futuro imperfecto		Futuro perfecto	
romperé	romperemos	habré roto	habremos roto
romperás	romperéis	habrás roto	habréis roto
romperá	romperán	habrá roto	habrán roto

Condicional simple		Condicional compuesto	
rompería	romperíamos	habría roto	habríamos roto
romperías	romperíais	habrías roto	habríais roto
rompería	romperían	habría roto	habrían roto

SUBJUNTIVO

Presente		Pretérito perfecto	
rompa	rompamos	haya roto	hayamos roto
rompas	rompáis	hayas roto	hayáis roto
rompa	rompan	haya roto	hayan roto

Pretérito imperfecto		Pretérito pluscuamperfecto	
rompiera o rompiese	rompiéramos o rompiésemos	hubiera o hubiese roto	hubiéramos o hubiésemos roto
rompieras o rompieses	rompierais o rompieseis	hubieras o hubieses roto	hubierais o hubieseis roto
rompiera o rompiese	rompieran o rompiesen	hubiera o hubiese roto	hubieran o hubiesen roto

IMPERATIVO

rompe (tú)
rompa (usted)
romped (vosotros/as)
rompan (ustedes)

FORMAS NO PERSONALES

Infinitivo	romper
Infinitivo compuesto	haber roto
Gerundio	rompiendo
Participio	roto

Palabras, oraciones y expresiones relacionadas con el verbo

*El niño rompió **a** llorar.*
*Ella rompió **con** su novio.*
Romper en mil pedazos: romper una cosa en muchos trozos pequeños. *Rompí la carta en mil pedazos.*
Romper filas: deshacerse una formación miltar. *¡Rompan filas!*
Romper la cara: golpear una persona a otra. *A este le voy a romper la cara.*

110. saber

INDICATIVO

Presente
sé	sabemos
sabes	sabéis
sabe	saben

Pretérito perfecto
he sabido	hemos sabido
has sabido	habéis sabido
ha sabido	han sabido

Pretérito imperfecto
sabía	sabíamos
sabías	sabíais
sabía	sabían

Pretérito pluscuamperfecto
había sabido	habíamos sabido
habías sabido	habíais sabido
había sabido	habían sabido

Pretérito indefinido
supe	supimos
supiste	supisteis
supo	supieron

Pretérito anterior
hube sabido	hubimos sabido
hubiste sabido	hubisteis sabido
hubo sabido	hubieron sabido

Futuro imperfecto
sabré	sabremos
sabrás	sabréis
sabrá	sabrán

Futuro perfecto
habré sabido	habremos sabido
habrás sabido	habréis sabido
habrá sabido	habrán sabido

Condicional simple
sabría	sabríamos
sabrías	sabríais
sabría	sabrían

Condicional compuesto
habría sabido	habríamos sabido
habrías sabido	habríais sabido
habría sabido	habrían sabido

SUBJUNTIVO

Presente
sepa	sepamos
sepas	sepáis
sepa	sepan

Pretérito perfecto
haya sabido	hayamos sabido
hayas sabido	hayáis sabido
haya sabido	hayan sabido

Pretérito imperfecto
supiera o supiese	supiéramos o supiésemos
supieras o supieses	supierais o supieseis
supiera o supiese	supieran o supiesen

Pretérito pluscuamperfecto
hubiera o hubiese sabido	hubiéramos o hubiésemos sabido
hubieras o hubieses sabido	hubierais o hubieseis sabido
hubiera o hubiese sabido	hubieran o hubiesen sabido

IMPERATIVO
sabe (tú)
sepa (usted)
sabed (vosotros/as)
sepan (ustedes)

FORMAS NO PERSONALES
Infinitivo	saber
Infinitivo compuesto	haber sabido
Gerundio	sabiendo
Participio	sabido

Palabras, oraciones y expresiones relacionadas con el verbo

Ana sabe mucho **de** motos.

No saber dónde meterse: sentir mucha vergüenza. *El niño empezó a gritar y yo no sabía dónde meterme.*

No sé cuántos: sustituye a un nombre que no se sabe o recuerda. *Pregunta por ti un tal Pedro no sé cuántos.*

Saber a poco: ser una cosa insuficiente para una persona. *Las vacaciones me han sabido a poco.*

111. salir

INDICATIVO

Presente

salgo	salimos
sales	salís
sale	salen

Pretérito perfecto

he salido	hemos salido
has salido	habéis salido
ha salido	han salido

Pretérito imperfecto

salía	salíamos
salías	salíais
salía	salían

Pretérito pluscuamperfecto

había salido	habíamos salido
habías salido	habíais salido
había salido	habían salido

Pretérito indefinido

salí	salimos
saliste	salisteis
salió	salieron

Pretérito anterior

hube salido	hubimos salido
hubiste salido	hubisteis salido
hubo salido	hubieron salido

Futuro imperfecto

saldré	saldremos
saldrás	saldréis
saldrá	saldrán

Futuro perfecto

habré salido	habremos salido
habrás salido	habréis salido
habrá salido	habrán salido

Condicional simple

saldría	saldríamos
saldrías	saldríais
saldría	saldrían

Condicional compuesto

habría salido	habríamos salido
habrías salido	habríais salido
habría salido	habrían salido

SUBJUNTIVO

Presente

salga	salgamos
salgas	salgáis
salga	salgan

Pretérito perfecto

haya salido	hayamos salido
hayas salido	hayáis salido
haya salido	hayan salido

Pretérito imperfecto

saliera o saliese	saliéramos o saliésemos
salieras o salieses	salierais o salieseis
saliera o saliese	salieran o saliesen

Pretérito pluscuamperfecto

hubiera o hubiese salido	hubiéramos o hubiésemos salido
hubieras o hubieses salido	hubierais o hubieseis salido
hubiera o hubiese salido	hubieran o hubiesen salido

IMPERATIVO

sal (tú)
salga (usted)
salid (vosotros/as)
salgan (ustedes)

FORMAS NO PERSONALES

Infinitivo	salir
Infinitivo compuesto	haber salido
Gerundio	saliendo
Participio	salido

Palabras, oraciones y expresiones relacionadas con el verbo

*Estoy saliendo **con** Juan.*
*Qué bien sales **en** las fotos.*
Entrar por un oído y salir por el otro: no causar una palabra ninguna reacción en la persona que la oye. *Le digo que obedezca, pero le entra por un oído y le sale por el otro.*
Salir adelante: superar una situación grave o una dificultad. *El negocio sale adelante sin más capital.*

112. seguir

INDICATIVO

Presente		Pretérito perfecto	
sigo	seguimos	he seguido	hemos seguido
sigues	seguís	has seguido	habéis seguido
sigue	siguen	ha seguido	han seguido

Pretérito imperfecto		Pretérito pluscuamperfecto	
seguía	seguíamos	había seguido	habíamos seguido
seguías	seguíais	habías seguido	habíais seguido
seguía	seguían	había seguido	habían seguido

Pretérito indefinido		Pretérito anterior	
seguí	seguimos	hube seguido	hubimos seguido
seguiste	seguisteis	hubiste seguido	hubisteis seguido
siguió	siguieron	hubo seguido	hubieron seguido

Futuro imperfecto		Futuro perfecto	
seguiré	seguiremos	habré seguido	habremos seguido
seguirás	seguiréis	habrás seguido	habréis seguido
seguirá	seguirán	habrá seguido	habrán seguido

Condicional simple		Condicional compuesto	
seguiría	seguiríamos	habría seguido	habríamos seguido
seguirías	seguiríais	habrías seguido	habríais seguido
seguiría	seguirían	habría seguido	habrían seguido

SUBJUNTIVO

Presente		Pretérito perfecto	
siga	sigamos	haya seguido	hayamos seguido
sigas	sigáis	hayas seguido	hayáis seguido
siga	sigan	haya seguido	hayan seguido

Pretérito imperfecto		Pretérito pluscuamperfecto	
siguiera o siguiese	siguiéramos o siguiésemos	hubiera o hubiese seguido	hubiéramos o hubiésemos seguido
siguieras o siguieses	siguierais o siguieseis	hubieras o hubieses seguido	hubierais o hubieseis seguido
siguiera o siguiese	siguieran o siguiesen	hubiera o hubiese seguido	hubieran o hubiesen seguido

IMPERATIVO

sigue (tú)
siga (usted)
seguid (vosotros/as)
sigan (ustedes)

FORMAS NO PERSONALES

Infinitivo	seguir
Infinitivo compuesto	haber seguido
Gerundio	siguiendo
Participio	seguido

Palabras, oraciones y expresiones relacionadas con el verbo

Seguir adelante con algo: ser constante en la realización o continuación de una cosa. *El científico siguió adelante con su invento.*

Seguir la corriente a alguien: mostrarse de acuerdo con una persona sin oponerse aun cuando se piense que no tiene razón. *Para no discutir con él, es mejor seguirle la corriente.*

Seguir su curso: marchar una cosa normalmente. *Deja que los acontecimientos sigan su curso.*

113. sentarse

INDICATIVO

Presente
me siento	nos sentamos
te sientas	os sentáis
se sienta	se sientan

Pretérito perfecto
me he sentado	nos hemos sentado
te has sentado	os habéis sentado
se ha sentado	se han sentado

Pretérito imperfecto
me sentaba	nos sentábamos
te sentabas	os sentabais
se sentaba	se sentaban

Pretérito pluscuamperfecto
me había sentado	nos habíamos sentado
te habías sentado	os habíais sentado
se había sentado	se habían sentado

Pretérito indefinido
me senté	nos sentamos
te sentaste	os sentasteis
se sentó	se sentaron

Pretérito anterior
me hube sentado	nos hubimos sentado
te hubiste sentado	os hubisteis sentado
se hubo sentado	se hubieron sentado

Futuro imperfecto
me sentaré	nos sentaremos
te sentarás	os sentaréis
se sentará	se sentarán

Futuro perfecto
me habré sentado	nos habremos sentado
te habrás sentado	os habréis sentado
se habrá sentado	se habrán sentado

Condicional simple
me sentaría	nos sentaríamos
te sentarías	os sentaríais
se sentaría	se sentarían

Condicional compuesto
me habría sentado	nos habríamos sentado
te habrías sentado	os habríais sentado
se habría sentado	se habrían sentado

SUBJUNTIVO

Presente
me siente	nos sentemos
te sientes	os sentéis
se siente	se sienten

Pretérito perfecto
me haya sentado	nos hayamos sentado
te hayas sentado	os hayáis sentado
se haya sentado	se hayan sentado

Pretérito imperfecto
me sentara o sentase	nos sentáramos o sentásemos
te sentaras o sentases	os sentarais o sentaseis
se sentara o sentase	se sentaran o sentasen

Pretérito pluscuamperfecto
me hubiera o hubiese sentado	nos hubiéramos o hubiésemos sentado
te hubieras o hubieses sentado	os hubierais o hubieseis sentado
se hubiera o hubiese sentado	se hubieran o hubiesen sentado

IMPERATIVO

siéntate (tú)
siéntese (usted)
sentaos (vosotros/as)
siéntense (ustedes)

FORMAS NO PERSONALES

Infinitivo	sentarse
Infinitivo compuesto	haberse sentado
Gerundio	sentándose
Participio	sentado

Palabras, oraciones y expresiones relacionadas con el verbo

El asiento
La sentada
Sentarse a la mesa: sentarse, para comer, junto a la mesa preparada para ello. *Siéntate a la mesa, que ya estamos todos.*

114. sentir

INDICATIVO

Presente		Pretérito perfecto	
siento	sentimos	he sentido	hemos sentido
sientes	sentís	has sentido	habéis sentido
siente	sienten	ha sentido	han sentido

Pretérito imperfecto		Pretérito pluscuamperfecto	
sentía	sentíamos	había sentido	habíamos sentido
sentías	sentíais	habías sentido	habíais sentido
sentía	sentían	había sentido	habían sentido

Pretérito indefinido		Pretérito anterior	
sentí	sentimos	hube sentido	hubimos sentido
sentiste	sentisteis	hubiste sentido	hubisteis sentido
sintió	sintieron	hubo sentido	hubieron sentido

Futuro imperfecto		Futuro perfecto	
sentiré	sentiremos	habré sentido	habremos sentido
sentirás	sentiréis	habrás sentido	habréis sentido
sentirá	sentirán	habrá sentido	habrán sentido

Condicional simple		Condicional compuesto	
sentiría	sentiríamos	habría sentido	habríamos sentido
sentirías	sentiríais	habrías sentido	habríais sentido
sentiría	sentirían	habría sentido	habrían sentido

SUBJUNTIVO

Presente		Pretérito perfecto	
sienta	sintamos	haya sentido	hayamos sentido
sientas	sintáis	hayas sentido	hayáis sentido
sienta	sientan	haya sentido	hayan sentido

Pretérito imperfecto		Pretérito pluscuamperfecto	
sintiera	sintiéramos	hubiera o	hubiéramos o
o sintiese	o sintiésemos	hubiese sentido	hubiésemos sentido
sintieras	sintierais	hubieras o	hubierais o
o sintieses	o sintieseis	hubieses sentido	hubieseis sentido
sintiera	sintieran	hubiera o	hubieran o
o sintiese	o sintiesen	hubiese sentido	hubiesen sentido

IMPERATIVO

siente (tú)
sienta (usted)
sentid (vosotros/as)
sientan (ustedes)

FORMAS NO PERSONALES

Infinitivo	sentir
Infinitivo compuesto	haber sentido
Gerundio	sintiendo
Participio	sentido

Palabras, oraciones y expresiones relacionadas con el verbo

El sentido
El sentimiento
Dejarse sentir: hacerse una cosa muy perceptible o muy intensa. *El calor ya se deja sentir.*
Sin sentir: se utiliza para indicar que una persona ha realizado una acción sin darse cuenta de la magnitud o importancia de la misma. *Nos comimos un kilo de fresas sin sentir.*

115. ser

INDICATIVO

Presente		Pretérito perfecto	
soy	somos	he sido	hemos sido
eres	sois	has sido	habéis sido
es	son	ha sido	han sido

Pretérito imperfecto		Pretérito pluscuamperfecto	
era	éramos	había sido	habíamos sido
eras	erais	habías sido	habíais sido
era	eran	había sido	habían sido

Pretérito indefinido		Pretérito anterior	
fui	fuimos	hube sido	hubimos sido
fuiste	fuisteis	hubiste sido	hubisteis sido
fue	fueron	hubo sido	hubieron sido

Futuro imperfecto		Futuro perfecto	
seré	seremos	habré sido	habremos sido
serás	seréis	habrás sido	habréis sido
será	serán	habrá sido	habrán sido

Condicional simple		Condicional compuesto	
sería	seríamos	habría sido	habríamos sido
serías	seríais	habrías sido	habríais sido
sería	serían	habría sido	habrían sido

SUBJUNTIVO

Presente		Pretérito perfecto	
sea	seamos	haya sido	hayamos sido
seas	seáis	hayas sido	hayáis sido
sea	sean	haya sido	hayan sido

Pretérito imperfecto		Pretérito pluscuamperfecto	
fuera o fuese	fuéramos o fuésemos	hubiera o hubiese sido	hubiéramos o hubiésemos sido
fueras o fueses	fuerais o fueseis	hubieras o hubieses sido	hubierais o hubieseis sido
fuera o fuese	fueran o fuesen	hubiera o hubiese sido	hubieran o hubiesen sido

IMPERATIVO

sé (tú)
sea (usted)
sed (vosotros/as)
sean (ustedes)

FORMAS NO PERSONALES

Infinitivo	ser
Infinitivo compuesto	haber sido
Gerundio	siendo
Participio	sido

Palabras, oraciones y expresiones relacionadas con el verbo

No ser el fin del mundo: no ser una cosa tan grave como parece. *Que te deje tu novio no es el fin del mundo.*

No ser nada del otro mundo: no ser una persona o una cosa extraordinaria. *Esta casa no es nada del otro mundo.*

Ser uña y carne: estar muy unidas dos o más personas. *Esas vecinas son uña y carne.*

116. servir

INDICATIVO

Presente
sirvo · servimos
sirves · servís
sirve · sirven

Pretérito imperfecto
servía · servíamos
servías · servíais
servía · servían

Pretérito indefinido
serví · servimos
serviste · servisteis
sirvió · sirvieron

Futuro imperfecto
serviré · serviremos
servirás · serviréis
servirá · servirán

Condicional simple
serviría · serviríamos
servirías · serviríais
serviría · servirían

Pretérito perfecto
he servido · hemos servido
has servido · habéis servido
ha servido · han servido

Pretérito pluscuamperfecto
había servido · habíamos servido
habías servido · habíais servido
había servido · habían servido

Pretérito anterior
hube servido · hubimos servido
hubiste servido · hubisteis servido
hubo servido · hubieron servido

Futuro perfecto
habré servido · habremos servido
habrás servido · habréis servido
habrá servido · habrán servido

Condicional compuesto
habría servido · habríamos servido
habrías servido · habríais servido
habría servido · habrían servido

SUBJUNTIVO

Presente
sirva · sirvamos
sirvas · sirváis
sirva · sirvan

Pretérito imperfecto
sirviera · sirviéramos
o sirviese · o sirviésemos
sirvieras · sirvierais
o sirvieses · o sirvieseis
sirviera · sirvieran
o sirviese · o sirviesen

Pretérito perfecto
haya servido · hayamos servido
hayas servido · hayáis servido
haya servido · hayan servido

Pretérito pluscuamperfecto
hubiera o · hubiéramos o
hubiese servido · hubiésemos servido
hubieras o · hubierais o
hubieses servido · hubieseis servido
hubiera o · hubieran o
hubiese servido · hubiesen servido

IMPERATIVO

sirve (tú)
sirva (usted)
servid (vosotros/as)
sirvan (ustedes)

FORMAS NO PERSONALES

Infinitivo · servir
Infinitivo compuesto · haber servido
Gerundio · sirviendo
Participio · servido

Palabras, oraciones y expresiones relacionadas con el verbo

Este aparato sirve **para** quitar el polvo.
No servir de nada: ser o resultar inútil. *No sirve de nada que te lamentes.*
Sin que sirva de precedente: se usa para indicar que la acción de una persona o un hecho no significa que haya de repetirse. *Voy a prestarte dinero esta vez, pero sin que sirva de precedente.*

117. soler

INDICATIVO

Presente		Pretérito perfecto
suelo	solemos	
sueles	soléis	
suele	suelen	

Pretérito imperfecto		Pretérito pluscuamperfecto
solía	solíamos	
solías	solíais	
solía	solían	

Pretérito indefinido   **Pretérito anterior**

Futuro imperfecto   **Futuro perfecto**

Condicional simple   **Condicional compuesto**

SUBJUNTIVO

Presente		Pretérito perfecto
suela	solamos	
suelas	soláis	
suela	suelan	

Pretérito imperfecto		Pretérito pluscuamperfecto
soliera o soliese	soliéramos o soliésemos	
solieras o solieses	solierais o solieseis	
soliera o soliese	solieran o soliesen	

IMPERATIVO

FORMAS NO PERSONALES

Infinitivo	soler
Infinitivo compuesto	
Gerundio	soliendo
Participio	

118. soñar

INDICATIVO

Presente		Pretérito perfecto	
sueño	soñamos	he soñado	hemos soñado
sueñas	soñáis	has soñado	habéis soñado
sueña	sueñan	ha soñado	han soñado

Pretérito imperfecto		Pretérito pluscuamperfecto	
soñaba	soñábamos	había soñado	habíamos soñado
soñabas	soñabais	habías soñado	habíais soñado
soñaba	soñaban	había soñado	habían soñado

Pretérito indefinido		Pretérito anterior	
soñé	soñamos	hube soñado	hubimos soñado
soñaste	soñasteis	hubiste soñado	hubisteis soñado
soñó	soñaron	hubo soñado	hubieron soñado

Futuro imperfecto		Futuro perfecto	
soñaré	soñaremos	habré soñado	habremos soñado
soñarás	soñaréis	habrás soñado	habréis soñado
soñará	soñarán	habrá soñado	habrán soñado

Condicional simple		Condicional compuesto	
soñaría	soñaríamos	habría soñado	habríamos soñado
soñarías	soñaríais	habrías soñado	habríais soñado
soñaría	soñarían	habría soñado	habrían soñado

SUBJUNTIVO

Presente		Pretérito perfecto	
sueñe	soñemos	haya soñado	hayamos soñado
sueñes	soñéis	hayas soñado	hayáis soñado
sueñe	sueñen	haya soñado	hayan soñado

Pretérito imperfecto		Pretérito pluscuamperfecto	
soñara o soñase	soñáramos o soñásemos	hubiera o hubiese soñado	hubiéramos o hubiésemos soñado
soñaras o soñases	soñarais o soñaseis	hubieras o hubieses soñado	hubierais o hubieseis soñado
soñara o soñase	soñaran o soñasen	hubiera o hubiese soñado	hubieran o hubiesen soñado

IMPERATIVO

sueña (tú)
sueñe (usted)
soñad (vosotros/as)
sueñen (ustedes)

FORMAS NO PERSONALES

Infinitivo	soñar
Infinitivo compuesto	haber soñado
Gerundio	soñando
Participio	soñado

Palabras, oraciones y expresiones relacionadas con el verbo

el sueño
soñador, ra
ni soñarlo: se utiliza para negar o rechazar con fuerza una petición o deseo. ¿Subir esa montaña? Ni soñarlo.
soñar despierto: imaginar la realidad distinta de como es. Laura soñaba despierta creyendo que encontraría al príncipe azul.

119. subir

INDICATIVO

Presente

subo	subimos
subes	subís
sube	suben

Pretérito perfecto

he subido	hemos subido
has subido	habéis subido
ha subido	han subido

Pretérito imperfecto

subía	subíamos
subías	subíais
subía	subían

Pretérito pluscuamperfecto

había subido	habíamos subido
habías subido	habíais subido
había subido	habían subido

Pretérito indefinido

subí	subimos
subiste	subisteis
subió	subieron

Pretérito anterior

hube subido	hubimos subido
hubiste subido	hubisteis subido
hubo subido	hubieron subido

Futuro imperfecto

subiré	subiremos
subirás	subiréis
subirá	subirán

Futuro perfecto

habré subido	habremos subido
habrás subido	habréis subido
habrá subido	habrán subido

Condicional simple

subiría	subiríamos
subirías	subiríais
subiría	subirían

Condicional compuesto

habría subido	habríamos subido
habrías subido	habríais subido
habría subido	habrían subido

SUBJUNTIVO

Presente

suba	subamos
subas	subáis
suba	suban

Pretérito perfecto

haya subido	hayamos subido
hayas subido	hayáis subido
haya subido	hayan subido

Pretérito imperfecto

subiera o subiese	subiéramos o subiésemos
subieras o subieses	subierais o subieseis
subiera o subiese	subieran o subiesen

Pretérito pluscuamperfecto

hubiera o hubiese subido	hubiéramos o hubiésemos subido
hubieras o hubieses subido	hubierais o hubieseis subido
hubiera o hubiese subido	hubieran o hubiesen subido

IMPERATIVO

sube (tú)
suba (usted)
subid (vosotros/as)
suban (ustedes)

FORMAS NO PERSONALES

Infinitivo	subir
Infinitivo compuesto	haber subido
Gerundio	subiendo
Participio	subido

Palabras, oraciones y expresiones relacionadas con el verbo

La subida

Hemos subido los sillones viejos **a** la buhardilla.
La niña subió sola **hasta** el pueblo.
Juan subió **en** ascensor y nosotros **por** la escalera.

120. suponer

INDICATIVO

Presente
supongo	suponemos
supones	suponéis
supone	suponen

Pretérito perfecto
he supuesto	hemos supuesto
has supuesto	habéis supuesto
ha supuesto	han supuesto

Pretérito imperfecto
suponía	suponíamos
suponías	suponíais
suponía	suponían

Pretérito pluscuamperfecto
había supuesto	habíamos supuesto
habías supuesto	habíais supuesto
había supuesto	habían supuesto

Pretérito indefinido
supuse	supusimos
supusiste	supusisteis
supuso	supusieron

Pretérito anterior
hube supuesto	hubimos supuesto
hubiste supuesto	hubisteis supuesto
hubo supuesto	hubieron supuesto

Futuro imperfecto
supondré	supondremos
supondrás	supondréis
supondrá	supondrán

Futuro perfecto
habré supuesto	habremos supuesto
habrás supuesto	habréis supuesto
habrá supuesto	habrán supuesto

Condicional simple
supondría	supondríamos
supondrías	supondríais
supondría	supondrían

Condicional compuesto
habría supuesto	habríamos supuesto
habrías supuesto	habríais supuesto
habría supuesto	habrían supuesto

SUBJUNTIVO

Presente
suponga	supongamos
supongas	supongáis
suponga	supongan

Pretérito perfecto
haya supuesto	hayamos supuesto
hayas supuesto	hayáis supuesto
haya supuesto	hayan supuesto

Pretérito imperfecto
supusiera o supusiese	supusiéramos o supusiésemos
supusieras o supusieses	supusierais o supusieseis
supusiera o supusiese	supusieran o supusiesen

Pretérito pluscuamperfecto
hubiera o hubiese supuesto	hubiéramos o hubiésemos supuesto
hubieras o hubieses supuesto	hubierais o hubieseis supuesto
hubiera o hubiese supuesto	hubieran o hubiesen supuesto

IMPERATIVO

supón (tú)
suponga (usted)
suponed (vosotros/as)
supongan (ustedes)

FORMAS NO PERSONALES

Infinitivo	suponer
Infinitivo compuesto	haber supuesto
Gerundio	suponiendo
Participio	supuesto

Palabras, oraciones y expresiones relacionadas con el verbo

La suposición
Ser de suponer: ser una cosa lógica, natural o probable. *Es de suponer que venga a visitarnos por Navidad.*

121. tener

INDICATIVO

Presente

tengo	tenemos
tienes	tenéis
tiene	tienen

Pretérito perfecto

he tenido	hemos tenido
has tenido	habéis tenido
ha tenido	han tenido

Pretérito imperfecto

tenía	teníamos
tenías	teníais
tenía	tenían

Pretérito pluscuamperfecto

había tenido	habíamos tenido
habías tenido	habíais tenido
había tenido	habían tenido

Pretérito indefinido

tuve	tuvimos
tuviste	tuvisteis
tuvo	tuvieron

Pretérito anterior

hube tenido	hubimos tenido
hubiste tenido	hubisteis tenido
hubo tenido	hubieron tenido

Futuro imperfecto

tendré	tendremos
tendrás	tendréis
tendrá	tendrán

Futuro perfecto

habré tenido	habremos tenido
habrás tenido	habréis tenido
habrá tenido	habrán tenido

Condicional simple

tendría	tendríamos
tendrías	tendríais
tendría	tendrían

Condicional compuesto

habría tenido	habríamos tenido
habrías tenido	habríais tenido
habría tenido	habrían tenido

SUBJUNTIVO

Presente

tenga	tengamos
tengas	tengáis
tenga	tengan

Pretérito perfecto

haya tenido	hayamos tenido
hayas tenido	hayáis tenido
haya tenido	hayan tenido

Pretérito imperfecto

tuviera o tuviese	tuviéramos o tuviésemos
tuvieras o tuvieses	tuvierais o tuvieseis
tuviera o tuviese	tuvieran o tuviesen

Pretérito pluscuamperfecto

hubiera o hubiese tenido	hubiéramos o hubiésemos tenido
hubieras o hubieses tenido	hubierais o hubieseis tenido
hubiera o hubiese tenido	hubieran o hubiesen tenido

IMPERATIVO

ten (tú)
tenga (usted)
tened (vosotros/as)
tengan (ustedes)

FORMAS NO PERSONALES

Infinitivo	tener
Infinitivo compuesto	haber tenido
Gerundio	teniendo
Participio	tenido

Palabras, oraciones y expresiones relacionadas con el verbo

Tener en cuenta: pensar una persona en otra persona o en una cosa. *Ten en cuenta que por la noche hará frío.*

Tener en mente: proyectar hacer una cosa. *Tengo en mente montar una empresa.*

Tener mucho rollo: hablar o escribir mucho para decir muy poco. *No sé si iré a la conferencia, porque la profesora tiene mucho rollo.*

122. terminar

INDICATIVO

Presente
termino	terminamos
terminas	termináis
termina	terminan

Pretérito perfecto
he terminado	hemos terminado
has terminado	habéis terminado
ha terminado	han terminado

Pretérito imperfecto
terminaba	terminábamos
terminabas	terminabais
terminaba	terminaban

Pretérito pluscuamperfecto
había terminado	habíamos terminado
habías terminado	habíais terminado
había terminado	habían terminado

Pretérito indefinido
terminé	terminamos
terminaste	terminasteis
terminó	terminaron

Pretérito anterior
hube terminado	hubimos terminado
hubiste terminado	hubisteis terminado
hubo terminado	hubieron terminado

Futuro imperfecto
terminaré	terminaremos
terminarás	terminaréis
terminará	terminarán

Futuro perfecto
habré terminado	habremos terminado
habrás terminado	habréis terminado
habrá terminado	habrán terminado

Condicional simple
terminaría	terminaríamos
terminarías	terminaríais
terminaría	terminarían

Condicional compuesto
habría terminado	habríamos terminado
habrías terminado	habríais terminado
habría terminado	habrían terminado

SUBJUNTIVO

Presente
termine	terminemos
termines	terminéis
termine	terminen

Pretérito perfecto
haya terminado	hayamos terminado
hayas terminado	hayáis terminado
haya terminado	hayan terminado

Pretérito imperfecto
terminara o terminase	termináramos o terminásemos
terminaras o terminases	terminarais o terminaseis
terminara o terminase	terminaran o terminasen

Pretérito pluscuamperfecto
hubiera o hubiese terminado	hubiéramos o hubiésemos terminado
hubieras o hubieses terminado	hubierais o hubieseis terminado
hubiera o hubiese terminado	hubieran o hubiesen terminado

IMPERATIVO

termina (tú)
termine (usted)
terminad (vosotros/as)
terminen (ustedes)

FORMAS NO PERSONALES

Infinitivo	terminar
Infinitivo compuesto	haber terminado
Gerundio	terminando
Participio	terminado

Palabras, oraciones y expresiones relacionadas con el verbo

La terminación
Terminal
Por fin terminaron **de** construir el puente.
No consigue terminar **con** las pesadillas.
El bastón termina **en** una figura de marfil.
Como no se ha aclimatado a este lugar, terminará **por** marcharse.

123. tocar

INDICATIVO

Presente		Pretérito perfecto	
toco	tocamos	he tocado	hemos tocado
tocas	tocáis	has tocado	habéis tocado
toca	tocan	ha tocado	han tocado

Pretérito imperfecto		Pretérito pluscuamperfecto	
tocaba	tocábamos	había tocado	habíamos tocado
tocabas	tocabais	habías tocado	habíais tocado
tocaba	tocaban	había tocado	habían tocado

Pretérito indefinido		Pretérito anterior	
toqué	tocamos	hube tocado	hubimos tocado
tocaste	tocasteis	hubiste tocado	hubisteis tocado
tocó	tocaron	hubo tocado	hubieron tocado

Futuro imperfecto		Futuro perfecto	
tocaré	tocaremos	habré tocado	habremos tocado
tocarás	tocaréis	habrás tocado	habréis tocado
tocará	tocarán	habrá tocado	habrán tocado

Condicional simple		Condicional compuesto	
tocaría	tocaríamos	habría tocado	habríamos tocado
tocarías	tocaríais	habrías tocado	habríais tocado
tocaría	tocarían	habría tocado	habrían tocado

SUBJUNTIVO

Presente		Pretérito perfecto	
toque	toquemos	haya tocado	hayamos tocado
toques	toquéis	hayas tocado	hayáis tocado
toque	toquen	haya tocado	hayan tocado

Pretérito imperfecto		Pretérito pluscuamperfecto	
tocara o tocase	tocáramos o tocásemos	hubiera o hubiese tocado	hubiéramos o hubiésemos tocado
tocaras o tocases	tocarais o tocaseis	hubieras o hubieses tocado	hubierais o hubieseis tocado
tocara o tocase	tocaran o tocasen	hubiera o hubiese tocado	hubieran o hubiesen tocado

IMPERATIVO

toca (tú)
toque (usted)
tocad (vosotros/as)
toquen (ustedes)

FORMAS NO PERSONALES

Infinitivo	tocar
Infinitivo compuesto	haber tocado
Gerundio	tocando
Participio	tocado

Palabras, oraciones y expresiones relacionadas con el verbo

Tocar un instrumento: interpretar melodías con un instrumento musical. *Daniel toca el violín.*
De mírame y no me toques: que es débil o poco resistente. *Tened cuidado con las copas, que son de mírame y no me toques.*
Tocarle a alguien la lotería: tocarle un premio en la lotería a una persona. *Le tocó la lotería a Juan*
Tocar fondo: llegar a la fase final o punto más bajo. *La crisis está tocando fondo.*

124. trabajar

INDICATIVO

Presente
trabajo	trabajamos
trabajas	trabajáis
trabaja	trabajan

Pretérito perfecto
he trabajado	hemos trabajado
has trabajado	habéis trabajado
ha trabajado	han trabajado

Pretérito imperfecto
trabajaba	trabajábamos
trabajabas	trabajabais
trabajaba	trabajaban

Pretérito pluscuamperfecto
había trabajado	habíamos trabajado
habías trabajado	habíais trabajado
había trabajado	habían trabajado

Pretérito indefinido
trabajé	trabajamos
trabajaste	trabajasteis
trabajó	trabajaron

Pretérito anterior
hube trabajado	hubimos trabajado
hubiste trabajado	hubisteis trabajado
hubo trabajado	hubieron trabajado

Futuro imperfecto
trabajaré	trabajaremos
trabajarás	trabajaréis
trabajará	trabajarán

Futuro perfecto
habré trabajado	habremos trabajado
habrás trabajado	habréis trabajado
habrá trabajado	habrán trabajado

Condicional simple
trabajaría	trabajaríamos
trabajarías	trabajaríais
trabajaría	trabajarían

Condicional compuesto
habría trabajado	habríamos trabajado
habrías trabajado	habríais trabajado
habría trabajado	habrían trabajado

SUBJUNTIVO

Presente
trabaje	trabajemos
trabajes	trabajéis
trabaje	trabajen

Pretérito perfecto
haya trabajado	hayamos trabajado
hayas trabajado	hayáis trabajado
haya trabajado	hayan trabajado

Pretérito imperfecto
trabajara o trabajase	trabajáramos o trabajásemos
trabajaras o trabajases	trabajarais o trabajaseis
trabajara o trabajase	trabajaran o trabajasen

Pretérito pluscuamperfecto
hubiera o hubiese trabajado	hubiéramos o hubiésemos trabajado
hubieras o hubieses trabajado	hubierais o hubieseis trabajado
hubiera o hubiese trabajado	hubieran o hubiesen trabajado

IMPERATIVO

trabaja (tú)
trabaje (usted)
trabajad (vosotros/as)
trabajen (ustedes)

FORMAS NO PERSONALES

Infinitivo	trabajar
Infinitivo compuesto	haber trabajado
Gerundio	trabajando
Participio	trabajado

Palabras, oraciones y expresiones relacionadas con el verbo

El trabajo
El/la trabajador, ra
Trabajoso, sa
*Trabaja **por** un sueldo mínimo.*
*María trabaja **de** redactora en una editorial.*

125. traer

INDICATIVO

Presente
traigo	traemos
traes	traéis
trae	traen

Pretérito perfecto
he traído	hemos traído
has traído	habéis traído
ha traído	han traído

Pretérito imperfecto
traía	traíamos
traías	traíais
traía	traían

Pretérito pluscuamperfecto
había traído	habíamos traído
habías traído	habíais traído
había traído	habían traído

Pretérito indefinido
traje	trajimos
trajiste	trajisteis
trajo	trajeron

Pretérito anterior
hube traído	hubimos traído
hubiste traído	hubisteis traído
hubo traído	hubieron traído

Futuro imperfecto
traeré	traeremos
traerás	traeréis
traerá	traerán

Futuro perfecto
habré traído	habremos traído
habrás traído	habréis traído
habrá traído	habrán traído

Condicional simple
traería	traeríamos
traerías	traeríais
traería	traerían

Condicional compuesto
habría traído	habríamos traído
habrías traído	habríais traído
habría traído	habrían traído

SUBJUNTIVO

Presente
traiga	traigamos
traigas	traigáis
traiga	traigan

Pretérito perfecto
haya traído	hayamos traído
hayas traído	hayáis traído
haya traído	hayan traído

Pretérito imperfecto
trajera o trajese	trajéramos o trajésemos
trajeras o trajeses	trajerais o trajeseis
trajera o trajese	trajeran o trajesen

Pretérito pluscuamperfecto
hubiera o hubiese traído	hubiéramos o hubiésemos traído
hubieras o hubieses traído	hubierais o hubieseis traído
hubiera o hubiese traído	hubieran o hubiesen traído

IMPERATIVO

trae (tú)
traiga (usted)
traed (vosotros/as)
traigan (ustedes)

FORMAS NO PERSONALES

Infinitivo	traer
Infinitivo compuesto	haber traído
Gerundio	trayendo
Participio	traído

Palabras, oraciones y expresiones relacionadas con el verbo

Por la cuenta que me/te/le… trae: se usa como amenaza para indicar a una persona la conveniencia de que haga una cosa. *Por la cuenta que te trae, sé amable.*
Traer al fresco: no importar una cosa o una persona. *Los chismes me traen al fresco.*
Traer de cabeza: causar una persona o una cosa mucha preocupación. *Este proyecto me trae de cabeza.*

126. unir

INDICATIVO

Presente		Pretérito perfecto	
uno	unimos	he unido	hemos unido
unes	unís	has unido	habéis unido
une	unen	ha unido	han unido

Pretérito imperfecto		Pretérito pluscuamperfecto	
unía	uníamos	había unido	habíamos unido
unías	uníais	habías unido	habíais unido
unía	unían	había unido	habían unido

Pretérito indefinido		Pretérito anterior	
uní	unimos	hube unido	hubimos unido
uniste	unisteis	hubiste unido	hubisteis unido
unió	unieron	hubo unido	hubieron unido

Futuro imperfecto		Futuro perfecto	
uniré	uniremos	habré unido	habremos unido
unirás	uniréis	habrás unido	habréis unido
unirá	unirán	habrá unido	habrán unido

Condicional simple		Condicional compuesto	
uniría	uniríamos	habría unido	habríamos unido
unirías	uniríais	habrías unido	habríais unido
uniría	unirían	habría unido	habrían unido

SUBJUNTIVO

Presente		Pretérito perfecto	
una	unamos	haya unido	hayamos unido
unas	unáis	hayas unido	hayáis unido
una	unan	haya unido	hayan unido

Pretérito imperfecto		Pretérito pluscuamperfecto	
uniera	uniéramos	hubiera o	hubiéramos o
o uniese	o uniésemos	hubiese unido	hubiésemos unido
unieras	unierais	hubieras o	hubierais o
o unieses	o unieseis	hubieses unido	hubieseis unido
uniera	unieran	hubiera o	hubieran o
o uniese	o uniesen	hubiese unido	hubiesen unido

IMPERATIVO

une (tú)
una (usted)
unid (vosotros/as)
unan (ustedes)

FORMAS NO PERSONALES

Infinitivo	unir
Infinitivo compuesto	haber unido
Gerundio	uniendo
Participio	unido

Palabras, oraciones y expresiones relacionadas con el verbo

La unión

127. utilizar

INDICATIVO

Presente
utilizo	utilizamos
utilizas	utilizáis
utiliza	utilizan

Pretérito perfecto
he utilizado	hemos utilizado
has utilizado	habéis utilizado
ha utilizado	han utilizado

Pretérito imperfecto
utilizaba	utilizábamos
utilizabas	utilizabais
utilizaba	utilizaban

Pretérito pluscuamperfecto
había utilizado	habíamos utilizado
habías utilizado	habíais utilizado
había utilizado	habían utilizado

Pretérito indefinido
utilicé	utilizamos
utilizaste	utilizasteis
utilizó	utilizaron

Pretérito anterior
hube utilizado	hubimos utilizado
hubiste utilizado	hubisteis utilizado
hubo utilizado	hubieron utilizado

Futuro imperfecto
utilizaré	utilizaremos
utilizarás	utilizaréis
utilizará	utilizarán

Futuro perfecto
habré utilizado	habremos utilizado
habrás utilizado	habréis utilizado
habrá utilizado	habrán utilizado

Condicional simple
utilizaría	utilizaríamos
utilizarías	utilizaríais
utilizaría	utilizarían

Condicional compuesto
habría utilizado	habríamos utilizado
habrías utilizado	habríais utilizado
habría utilizado	habrían utilizado

SUBJUNTIVO

Presente
utilice	utilicemos
utilices	utilicéis
utilice	utilicen

Pretérito perfecto
haya utilizado	hayamos utilizado
hayas utilizado	hayáis utilizado
haya utilizado	hayan utilizado

Pretérito imperfecto
utilizara o utilizase	utilizáramos o utilizásemos
utilizaras o utilizases	utilizarais o utilizaseis
utilizara o utilizase	utilizaran o utilizasen

Pretérito pluscuamperfecto
hubiera o hubiese utilizado	hubiéramos o hubiésemos utilizado
hubieras o hubieses utilizado	hubierais o hubieseis utilizado
hubiera o hubiese utilizado	hubieran o hubiesen utilizado

IMPERATIVO

utiliza (tú)
utilice (usted)
utilizad (vosotros/as)
utilicen (ustedes)

FORMAS NO PERSONALES

Infinitivo	utilizar
Infinitivo compuesto	haber utilizado
Gerundio	utilizando
Participio	utilizado

Palabras, oraciones y expresiones relacionadas con el verbo

La utilización
La utilidad
Útil
*Los utilizaron **como** rehenes.*
*El grupo me utilizó **para** sus propios fines.*

128. valer

INDICATIVO

Presente		Pretérito perfecto	
valgo	valemos	he valido	hemos valido
vales	valéis	has valido	habéis valido
vale	valen	ha valido	han valido

Pretérito imperfecto		Pretérito pluscuamperfecto	
valía	valíamos	había valido	habíamos valido
valías	valíais	habías valido	habíais valido
valía	valían	había valido	habían valido

Pretérito indefinido		Pretérito anterior	
valí	valimos	hube valido	hubimos valido
valiste	valisteis	hubiste valido	hubisteis valido
valió	valieron	hubo valido	hubieron valido

Futuro imperfecto		Futuro perfecto	
valdré	valdremos	habré valido	habremos valido
valdrás	valdréis	habrás valido	habréis valido
valdrá	valdrán	habrá valido	habrán valido

Condicional simple		Condicional compuesto	
valdría	valdríamos	habría valido	habríamos valido
valdrías	valdríais	habrías valido	habríais valido
valdría	valdrían	habría valido	habrían valido

SUBJUNTIVO

Presente		Pretérito perfecto	
valga	valgamos	haya valido	hayamos valido
valgas	valgáis	hayas valido	hayáis valido
valga	valgan	haya valido	hayan valido

Pretérito imperfecto		Pretérito pluscuamperfecto	
valiera o valiese	valiéramos o valiésemos	hubiera o hubiese valido	hubiéramos o hubiésemos valido
valieras o valieses	valierais o valieseis	hubieras o hubieses valido	hubierais o hubieseis valido
valiera o valiese	valieran o valiesen	hubiera o hubiese valido	hubieran o hubiesen valido

IMPERATIVO

vale (tú)
valga (usted)
valed (vosotros/as)
valgan (ustedes)

FORMAS NO PERSONALES

Infinitivo	valer
Infinitivo compuesto	haber valido
Gerundio	valiendo
Participio	valido

Palabras, oraciones y expresiones relacionadas con el verbo

Tu hijo no vale **para** llevar la empresa.

enterarse de lo que vale un peine: se usa para advertir a alguien de las dificultades que puede tener en el futuro o las consecuencias negativas de algo. *Como no estudies ahora, te vas a enterar de lo que vale un peine en junio.*

vale: indica que una persona está de acuerdo con otra. *Vale, nos vemos a las tres.*

129. vender

INDICATIVO

Presente

vendo	vendemos
vendes	vendéis
vende	venden

Pretérito perfecto

he vendido	hemos vendido
has vendido	habéis vendido
ha vendido	han vendido

Pretérito imperfecto

vendía	vendíamos
vendías	vendíais
vendía	vendían

Pretérito pluscuamperfecto

había vendido	habíamos vendido
habías vendido	habíais vendido
había vendido	habían vendido

Pretérito indefinido

vendí	vendimos
vendiste	vendisteis
vendió	vendieron

Pretérito anterior

hube vendido	hubimos vendido
hubiste vendido	hubisteis vendido
hubo vendido	hubieron vendido

Futuro imperfecto

venderé	venderemos
venderás	venderéis
venderá	venderán

Futuro perfecto

habré vendido	habremos vendido
habrás vendido	habréis vendido
habrá vendido	habrán vendido

Condicional simple

vendería	venderíamos
venderías	venderíais
vendería	venderían

Condicional compuesto

habría vendido	habríamos vendido
habrías vendido	habríais vendido
habría vendido	habrían vendido

SUBJUNTIVO

Presente

venda	vendamos
vendas	vendáis
venda	vendan

Pretérito perfecto

haya vendido	hayamos vendido
hayas vendido	hayáis vendido
haya vendido	hayan vendido

Pretérito imperfecto

vendiera o vendiese	vendiéramos o vendiésemos
vendieras o vendieses	vendierais o vendieseis
vendiera o vendiese	vendieran o vendiesen

Pretérito pluscuamperfecto

hubiera o hubiese vendido	hubiéramos o hubiésemos vendido
hubieras o hubieses vendido	hubierais o hubieseis vendido
hubiera o hubiese vendido	hubieran o hubiesen vendido

IMPERATIVO

vende (tú)
venda (usted)
vended (vosotros/as)
vendan (ustedes)

FORMAS NO PERSONALES

Infinitivo	vender
Infinitivo compuesto	haber vendido
Gerundio	vendiendo
Participio	vendido

Palabras, oraciones y expresiones relacionadas con el verbo

La venta
El/la vendedor, ra
Vendible
*Venden la unidad **a** seis euros.*
*Me vendieron el coche **por** la mitad que tú.*

130. venir

INDICATIVO

Presente		Pretérito perfecto	
vengo	venimos	he venido	hemos venido
vienes	venís	has venido	habéis venido
viene	vienen	ha venido	han venido

Pretérito imperfecto		Pretérito pluscuamperfecto	
venía	veníamos	había venido	habíamos venido
venías	veníais	habías venido	habíais venido
venía	venían	había venido	habían venido

Pretérito indefinido		Pretérito anterior	
vine	vinimos	hube venido	hubimos venido
viniste	vinisteis	hubiste venido	hubisteis venido
vino	vinieron	hubo venido	hubieron venido

Futuro imperfecto		Futuro perfecto	
vendré	vendremos	habré venido	habremos venido
vendrás	vendréis	habrás venido	habréis venido
vendrá	vendrán	habrá venido	habrán venido

Condicional simple		Condicional compuesto	
vendría	vendríamos	habría venido	habríamos venido
vendrías	vendríais	habrías venido	habríais venido
vendría	vendrían	habría venido	habrían venido

SUBJUNTIVO

Presente		Pretérito perfecto	
venga	vengamos	haya venido	hayamos venido
vengas	vengáis	hayas venido	hayáis venido
venga	vengan	haya venido	hayan venido

Pretérito imperfecto		Pretérito pluscuamperfecto	
viniera o viniese	viniéramos o viniésemos	hubiera o hubiese venido	hubiéramos o hubiésemos venido
vinieras o vinieses	vinierais o vinieseis	hubieras o hubieses venido	hubierais o hubieseis venido
viniera o viniese	vinieran o viniesen	hubiera o hubiese venido	hubieran o hubiesen venido

IMPERATIVO

ven (tú)
venga (usted)
venid (vosotros/as)
vengan (ustedes)

FORMAS NO PERSONALES

Infinitivo	venir
Infinitivo compuesto	haber venido
Gerundio	viniendo
Participio	venido

Palabras, oraciones y expresiones relacionadas con el verbo

Vicente viene **de** otra región.

Ir y venir: movimiento incesante de un lado a otro de personas o cosas. *El día de la boda la casa era un constante ir y venir de gente.*

(No) Venir a cuento: estar una cosa en relación con lo que se trata. *Este tema no viene a cuento del asunto que tratamos.*

Venir como anillo al dedo: ser muy oportuno. *Este dinero me viene como anillo al dedo.*

131. ver

INDICATIVO

Presente

veo	vemos
ves	veis
ve	ven

Pretérito perfecto

he visto	hemos visto
has visto	habéis visto
ha visto	han visto

Pretérito imperfecto

veía	veíamos
veías	veíais
veía	veían

Pretérito pluscuamperfecto

había visto	habíamos visto
habías visto	habíais visto
había visto	habían visto

Pretérito indefinido

vi	vimos
viste	visteis
vio	vieron

Pretérito anterior

hube visto	hubimos visto
hubiste visto	hubisteis visto
hubo visto	hubieron visto

Futuro imperfecto

veré	veremos
verás	veréis
verá	verán

Futuro perfecto

habré visto	habremos visto
habrás visto	habréis visto
habrá visto	habrán visto

Condicional simple

vería	veríamos
verías	veríais
vería	verían

Condicional compuesto

habría visto	habríamos visto
habrías visto	habríais visto
habría visto	habrían visto

SUBJUNTIVO

Presente

vea	veamos
veas	veáis
vea	vean

Pretérito perfecto

haya visto	hayamos visto
hayas visto	hayáis visto
haya visto	hayan visto

Pretérito imperfecto

viera o viese	viéramos o viésemos
vieras o vieses	vierais o vieseis
viera o viese	vieran o viesen

Pretérito pluscuamperfecto

hubiera o hubiese visto	hubiéramos o hubiésemos visto
hubieras o hubieses visto	hubierais o hubieseis visto
hubiera o hubiese visto	hubieran o hubiesen visto

IMPERATIVO

ve (tú)
vea (usted)
ved (vosotros/as)
vean (ustedes)

FORMAS NO PERSONALES

Infinitivo	ver
Infinitivo compuesto	haber visto
Gerundio	viendo
Participio	visto

Palabras, oraciones y expresiones relacionadas con el verbo

A ver si: indica curiosidad, temor o interés. *A ver si me han ingresado el sueldo.*
Hay que ver: expresa sorpresa o incredulidad. *¡Hay que ver cómo has crecido!*
Ver visiones: creer una persona que ve una cosa que no es real. *Veo visiones o ese es mi actor favorito.*
(Ya) Veremos: se usa para no comprometerse a hacer o decir una cosa. *Ya veremos si llego a tiempo.*

132. vestirse

INDICATIVO

Presente

me visto	nos vestimos
te vistes	os vestís
se viste	se visten

Pretérito perfecto

me he vestido	nos hemos vestido
te has vestido	os habéis vestido
se ha vestido	se han vestido

Pretérito imperfecto

me vestía	nos vestíamos
te vestías	os vestíais
se vestía	se vestían

Pretérito pluscuamperfecto

me había vestido	nos habíamos vestido
te habías vestido	os habíais vestido
se había vestido	se habían vestido

Pretérito indefinido

me vestí	nos vestimos
te vestiste	os vestisteis
se vistió	se vistieron

Pretérito anterior

me hube vestido	nos hubimos vestido
te hubiste vestido	os hubisteis vestido
se hubo vestido	se hubieron vestido

Futuro imperfecto

me vestiré	nos vestiremos
te vestirás	os vestiréis
se vestirá	se vestirán

Futuro perfecto

me habré vestido	nos habremos vestido
te habrás vestido	os habréis vestido
se habrá vestido	se habrán vestido

Condicional simple

me vestiría	nos vestiríamos
te vestirías	os vestiríais
se vestiría	se vestirían

Condicional compuesto

me habría vestido	nos habríamos vestido
te habrías vestido	os habríais vestido
se habría vestido	se habrían vestido

SUBJUNTIVO

Presente

me vista	nos vistamos
te vistas	os vistáis
se vista	se vistan

Pretérito perfecto

me haya vestido	nos hayamos vestido
te hayas vestido	os hayáis vestido
se haya vestido	se hayan vestido

Pretérito imperfecto

me vistiera o vistiese	nos vistiéramos o vistiésemos
te vistieras o vistieses	os vistierais o vistieseis
se vistiera o vistiese	se vistieran o vistiesen

Pretérito pluscuamperfecto

me hubiera o hubiese vestido	nos hubiéramos o hubiésemos vestido
te hubieras o hubieses vestido	os hubierais o hubieseis vestido
se hubiera o hubiese vestido	se hubieran o hubiesen vestido

IMPERATIVO

vístete (tú)
vístase (usted)
vestíos (vosotros/as)
vístanse (ustedes)

FORMAS NO PERSONALES

Infinitivo	vestirse
Infinitivo compuesto	haberse vestido
Gerundio	vistiéndose
Participio	vestido

Palabras, oraciones y expresiones relacionadas con el verbo

el vestido
el vestidor
la vestimenta

133. viajar

INDICATIVO

Presente		Pretérito perfecto	
viajo	viajamos	he viajado	hemos viajado
viajas	viajáis	has viajado	habéis viajado
viaja	viajan	ha viajado	han viajado

Pretérito imperfecto		Pretérito pluscuamperfecto	
viajaba	viajábamos	había viajado	habíamos viajado
viajabas	viajabais	habías viajado	habíais viajado
viajaba	viajaban	había viajado	habían viajado

Pretérito indefinido		Pretérito anterior	
viajé	viajamos	hube viajado	hubimos viajado
viajaste	viajasteis	hubiste viajado	hubisteis viajado
viajó	viajaron	hubo viajado	hubieron viajado

Futuro imperfecto		Futuro perfecto	
viajaré	viajaremos	habré viajado	habremos viajado
viajarás	viajaréis	habrás viajado	habréis viajado
viajará	viajarán	habrá viajado	habrán viajado

Condicional simple		Condicional compuesto	
viajaría	viajaríamos	habría viajado	habríamos viajado
viajarías	viajaríais	habrías viajado	habríais viajado
viajaría	viajarían	habría viajado	habrían viajado

SUBJUNTIVO

Presente		Pretérito perfecto	
viaje	viajemos	haya viajado	hayamos viajado
viajes	viajéis	hayas viajado	hayáis viajado
viaje	viajen	haya viajado	hayan viajado

Pretérito imperfecto		Pretérito pluscuamperfecto	
viajara o viajase	viajáramos o viajásemos	hubiera o hubiese viajado	hubiéramos o hubiésemos viajado
viajaras o viajases	viajarais o viajaseis	hubieras o hubieses viajado	hubierais o hubieseis viajado
viajara o viajase	viajaran o viajasen	hubiera o hubiese viajado	hubieran o hubiesen viajado

IMPERATIVO

viaja (tú)
viaje (usted)
viajad (vosotros/as)
viajen (ustedes)

FORMAS NO PERSONALES

Infinitivo	viajar
Infinitivo compuesto	haber viajado
Gerundio	viajando
Participio	viajado

Palabras, oraciones y expresiones relacionadas con el verbo

El viaje
El/la viajero, ra
Quiero viajar por toda Europa.

134. vivir

INDICATIVO

Presente

vivo	vivimos
vives	vivís
vive	viven

Pretérito perfecto

he vivido	hemos vivido
has vivido	habéis vivido
ha vivido	han vivido

Pretérito imperfecto

vivía	vivíamos
vivías	vivíais
vivía	vivían

Pretérito pluscuamperfecto

había vivido	habíamos vivido
habías vivido	habíais vivido
había vivido	habían vivido

Pretérito indefinido

viví	vivimos
viviste	vivisteis
vivió	vivieron

Pretérito anterior

hube vivido	hubimos vivido
hubiste vivido	hubisteis vivido
hubo vivido	hubieron vivido

Futuro imperfecto

viviré	viviremos
vivirás	viviréis
vivirá	vivirán

Futuro perfecto

habré vivido	habremos vivido
habrás vivido	habréis vivido
habrá vivido	habrán vivido

Condicional simple

viviría	viviríamos
vivirías	viviríais
viviría	vivirían

Condicional compuesto

habría vivido	habríamos vivido
habrías vivido	habríais vivido
habría vivido	habrían vivido

SUBJUNTIVO

Presente

viva	vivamos
vivas	viváis
viva	vivan

Pretérito perfecto

haya vivido	hayamos vivido
hayas vivido	hayáis vivido
haya vivido	hayan vivido

Pretérito imperfecto

viviera o viviese	viviéramos o viviésemos
vivieras o vivieses	vivierais o vivieseis
viviera o viviese	vivieran o viviesen

Pretérito pluscuamperfecto

hubiera o hubiese vivido	hubiéramos o hubiésemos vivido
hubieras o hubieses vivido	hubierais o hubieseis vivido
hubiera o hubiese vivido	hubieran o hubiesen vivido

IMPERATIVO

vive (tú)
viva (usted)
vivid (vosotros/as)
vivan (ustedes)

FORMAS NO PERSONALES

Infinitivo	vivir
Infinitivo compuesto	haber vivido
Gerundio	viviendo
Participio	vivido

Palabras, oraciones y expresiones relacionadas con el verbo

Vivir al día: gastar una persona todo lo que tiene sin ahorrar. *Vive al día, todo su sueldo se lo gasta.*

Vivir en otro mundo: no darse cuenta una persona de nada de lo que ocurre a su alrededor. *Vives en otro mundo si piensas que toda la gente es buena.*

Vivir en pareja: hacer dos personas vida familiar en una casa sin estar casadas. *Antes de casarse, vivieron en pareja durante dos años.*

135. volver

INDICATIVO

Presente
vuelvo	volvemos
vuelves	volvéis
vuelve	vuelven

Pretérito perfecto
he vuelto	hemos vuelto
has vuelto	habéis vuelto
ha vuelto	han vuelto

Pretérito imperfecto
volvía	volvíamos
volvías	volvíais
volvía	volvían

Pretérito pluscuamperfecto
había vuelto	habíamos vuelto
habías vuelto	habíais vuelto
había vuelto	habían vuelto

Pretérito indefinido
volví	volvimos
volviste	volvisteis
volvió	volvieron

Pretérito anterior
hube vuelto	hubimos vuelto
hubiste vuelto	hubisteis vuelto
hubo vuelto	hubieron vuelto

Futuro imperfecto
volveré	volveremos
volverás	volveréis
volverá	volverán

Futuro perfecto
habré vuelto	habremos vuelto
habrás vuelto	habréis vuelto
habrá vuelto	habrán vuelto

Condicional simple
volvería	volveríamos
volverías	volveríais
volvería	volverían

Condicional compuesto
habría vuelto	habríamos vuelto
habrías vuelto	habríais vuelto
habría vuelto	habrían vuelto

SUBJUNTIVO

Presente
vuelva	volvamos
vuelvas	volváis
vuelva	vuelvan

Pretérito perfecto
haya vuelto	hayamos vuelto
hayas vuelto	hayáis vuelto
haya vuelto	hayan vuelto

Pretérito imperfecto
volviera o volviese	volviéramos o volviésemos
volvieras o volvieses	volvierais o volvieseis
volviera o volviese	volvieran o volviesen

Pretérito pluscuamperfecto
hubiera o hubiese vuelto	hubiéramos o hubiésemos vuelto
hubieras o hubieses vuelto	hubierais o hubieseis vuelto
hubiera o hubiese vuelto	hubieran o hubiesen vuelto

IMPERATIVO

vuelve (tú)
vuelva (usted)
volved (vosotros/as)
vuelvan (ustedes)

FORMAS NO PERSONALES

Infinitivo	volver
Infinitivo compuesto	haber vuelto
Gerundio	volviendo
Participio	vuelto

Palabras, oraciones y expresiones relacionadas con el verbo

Volver a nacer: salvarse una persona de un peligro de muerte. *Después de no haber muerto de estas heridas, has vuelto a nacer.*

Volver la espalda: retirar una persona la confianza o el cariño a otra. *Cuando tuve dificultades, ese amigo me volvió la espalda.*

Volver la vista: mirar hacia atrás. *Volvió la vista y vio que lo perseguían.*

Actividades y soluciones

Infinitivo, gerundio y participio

1. ¿Sabes cuál es el infinitivo que corresponde a estas formas verbales? Escríbelo.

   1. puedo: ....
   2. empiezo: ....
   3. tienen: ....
   4. juegan: ....
   5. pides: ....
   6. digo: ....

   7. vengo: ....
   8. oigo: ....
   9. voy: ....
   10. conduzco: ....
   11. quepo: ....
   12. traigo: ....

2. Completa el gerundio de estos verbos.

   1. pedir ▶ p......diendo
   2. dormir ▶ d......rmiendo
   3. decir ▶ d......ciendo
   4. poder ▶ p......diendo
   5. leer ▶ le......endo
   6. venir ▶ v......niendo
   7. oír ▶ o......endo

   8. morir ▶ m......riendo
   9. sentir ▶ s......ntiendo
   10. traer ▶ tra......endo
   11. caer ▶ ca......endo
   12. ser ▶ s......ndo
   13. ir ▶ ......endo
   14. mentir ▶ m......ntiendo

3. Lee estos diálogos y escribe el verbo entre paréntesis en infinitivo, gerundio o participio según corresponda.

   1. ● Hola, Juan. ¿Qué estás (hacer) ....?
      ● (Estudiar) .... inglés, que mañana tengo un examen.
      ● Ah, no sabía que seguías (ir) .... a la academia.
      ● Sí, dejé de (ir) ...., pero volví a (matricularse) .... porque lo necesito para (trabajar) ....

   2. ● ¿Has terminado ya el libro que estabas (escribir) ....?
      ● No, no, ¡ojalá! Llevo (escribir) .... solo unas veinte páginas. Es que estoy muy cansado y me está (costar) .... mucho concentrarme.
      ● ¿Y si dejas de (escribir) .... un tiempo y te tomas unas vacaciones?
      ● Sí, precisamente hoy he ido a una agencia de viajes y he dejado (reservar) .... un viaje a la India, que es un sitio que me apetece mucho (conocer) ....
      ● ¡Qué bien! Seguro que te ayuda a (recuperar) .... las ganas de (escribir) ....
      ● Eso espero porque estoy empezando a (preocuparse) ....
      ● Ya verás como sí.

Irregularidades vocálicas y consonánticas

4. Relaciona.

> a. irregularidad *e* ▶ *ie*   b. irregularidad *e* ▶ *i*   c. irregularidad *e* ▶ *ie/i*
>
> d. irregularidad *o* ▶ *ue*   e. primera persona irregular

1

digo
quepo
pongo
oigo
traigo
salgo

2

cuento
apruebes
encuentra
vuelvan
mueves
suenan

3

siento
advirtió
mientan
prefirieron
divirtiera
convierten

4

comienzan
cierra
pienso
quieras
encienden
calienta

5

pido
consiguió
elijan
sigue
repite
vistiera

1. ....   2. ....   3. ....

4. ....   5. ....

Presente de indicativo

5. Completa esta tabla con las formas correspondientes al presente de indicativo de estos verbos.

	ESTUDIAR	LEER	ESCRIBIR
(yo)			
(tú)			
(él, ella, usted)			
(nosotros/as)			
(vosotros/as)			
(ellos/as, ustedes)			

6. Estas formas verbales son irregulares en el presente de indicativo. Completa la tabla con la información que falta.

	e ▶ ie	....	e ▶ i
	EMPEZAR	PODER	PEDIR
(yo)	emp.....zo	puedo	p.....do
(tú)	emp.....zas	puedes	p.....des
(él, ella, usted)	emp.....za	puede	p.....de
(nosotros/as)	empezamos	p.....demos	p.....dimos
(vosotros/as)	empezáis	p.....déis	p.....dís
(ellos/as, ustedes)	emp.....zan	p.....den	p.....den

7. Completa este crucigrama.

Horizontal:

1. Poder, él, ella, usted
2. Parecerse, tú: te ....
3. Querer, tú
4. Tener, yo
5. Ser, nosotros

Vertical:

6. Tener, tú
7. Ser, tú
8. Decir, vosotros
9. Ser, él, ella, usted
10. Ir, tú

8. Lee estas oraciones y escribe el verbo entre paréntesis en la forma correcta del presente de indicativo.

1. ¿Adónde (ir) .... Juan todos los días a las siete?

2. ¿(Querer, tú) .... venir conmigo al cine?

3. (Jugar, usted) .... al ajedrez muy bien.

4. Yo (salir) .... del trabajo a las siete y después (ir) .... al gimnasio.

5. Alicia me ha dicho que a veces (oír) .... voces extrañas en su casa.

6. ¿Sabes cuándo (empezar) .... el curso de inglés?

7. (Sentir, yo) .... mucho lo que dije, no quería hacerte daño.

8. Pedro es increíble. (Contar) .... una cantidad de mentiras…

9. Ahora (conducir) .... yo, ¿vale? Así (poder, tú) .... dormir un poco.

10. No (saber, yo) .... cómo se abre esto. ¿Me ayudas?

11. ¿Me (pedir, tú) .... un café con leche, por favor?

12. (Estar, yo) .... harta de mis vecinos. Hacen mucho ruido.

13. Susana, ¿dónde (poner, yo) .... estas bolsas?

14. (Ser, ellos) .... estudiantes alemanes.

15. No te (oír, yo) .... ¿Qué (decir, tú) ....?
¿Lo puedes repetir, por favor?

Pretérito perfecto

9. Completa esta tabla con las formas correspondientes del pretérito perfecto o del infinitivo de estos verbos.

	(yo)	(tú)	(él, ella, usted)	(nosotros/as)	(vosotros/as)	(ellos/as, ustedes)
levantarse						
trabajar						
desayunar						
				hemos visto		
		has roto				
escribir						
						han puesto
ser						
estar						
	he hecho					

10. Busca en esta sopa de letras el participio de estos verbos.

✓ abrir   ☐ escribir   ☐ resolver
☐ absolver   ☐ hacer   ☐ romper
☐ cubrir   ☐ morir   ☐ ver
☐ decir   ☐ poner   ☐ volver

B	R	C	Z	W	E	N	P	M	D	S	U	P	E	I	T	U	F	U	I
H	A	B	I	E	R	T	O	C	R	Q	P	U	E	S	T	O	S	V	O
W	B	T	I	S	E	U	Z	V	X	U	W	U	P	U	C	E	R	U	Q
E	S	Ñ	R	C	U	B	I	E	R	T	O	N	V	O	D	R	A	E	U
F	U	O	N	U	O	T	B	T	V	U	H	I	I	A	R	T	I	L	I
U	E	H	V	P	Y	R	T	N	K	V	C	R	S	S	X	R	O	T	O
I	L	I	M	U	E	R	T	O	R	E	I	S	T	S	E	V	H	O	O
G	T	C	J	A	U	J	U	B	N	R	D	T	O	U	K	E	J	A	J
B	O	E	C	E	L	E	V	Z	C	O	C	O	N	D	U	J	E	R	S
C	L	R	Ñ	O	H	E	C	H	O	N	E	R	E	S	U	E	L	T	O

Pretérito indefinido

11. Ordena estas letras para formar el verbo correspondiente. Te indicamos en negrita la primera letra.

	PERSONA	INFINITIVO
1. I Ó P I D: *pidió*	*él, ella, usted*	*pedir*
2. T C E U P I S:		
3. O S N I N T I R E:		
4. T S A J R I M O:		
5. S U T I F E S I:		
6. O H Z I:		
7. S I M D O:		
8. V E S O T U:		
9. O H U B:		
10. N I T I N E R M O:		
11. S E T U P I S:		
12. Q U O S I:		
13. T É R J A B A:		

12. Ahora, completa las otras dos columnas de la tabla.

13. Busca en esta sopa de letras la primera persona del singular del pretérito indefinido de estos infinitivos.

- ☐ andar
- ☐ caber
- ☐ conducir
- ☐ dar
- ☐ decir
- ☐ estar
- ☐ hacer
- ☐ ir
- ☐ poder
- ☐ poner
- ☐ querer
- ☐ saber
- ☐ ser
- ☐ tener
- ☐ traer
- ☐ venir

B	R	C	Z	W	E	N	P	M	D	S	U	P	E	I	T	U	F	U	I
H	A	N	D	U	V	E	E	C	R	Q	E	H	Y	B	X	D	S	A	O
W	E	T	I	S	E	U	Z	V	X	U	W	U	P	U	D	E	R	I	Q
E	S	Ñ	R	C	I	S	D	I	J	T	B	N	U	O	D	S	A	U	U
F	V	O	N	U	O	T	B	T	V	U	C	I	S	A	R	T	Z	D	I
U	D	H	V	P	Y	R	T	N	K	V	K	R	E	S	X	U	B	C	S
I	A	I	D	E	P	A	N	E	R	E	R	S	E	S	E	V	H	V	E
G	Ñ	C	J	A	U	J	U	B	N	R	J	T	P	U	K	E	J	A	J
B	O	E	C	E	L	E	V	Z	C	O	C	O	N	D	U	J	E	R	S
C	L	R	Ñ	O	M	N	Ñ	V	I	N	E	R	E	I	L	I	R	E	Ñ

14. Completa esta tabla con las formas del pretérito indefinido de estos verbos regulares.

	VIVIR	ESTUDIAR	TRABAJAR	CONOCER	CASARSE
(yo)					
(tú)					
(él, ella, usted)					
(nosotros/as)					
(vosotros/as)					
(ellos/as, ustedes)					

15. Completa esta tabla con las formas del pretérito indefinido de estos verbos irregulares.

	HACER	VENIR	QUERER	ESTAR	PODER	PONER	IR/SER
(yo)	hice			estuve			fui
(tú)						pusiste	
(él, ella, usted)		vino					
(nosotros/as)					pudimos		
(vosotros/as)							
(ellos/as, ustedes)			quisieron				

16. Lee estas oraciones y escribe el verbo entre paréntesis en la forma correcta del pretérito indefinido.

1. El sábado Juan (dormir) .... doce horas seguidas.

2. El año pasado (estar, nosotros) .... en México de vacaciones.

3. El domingo (ir, nosotros) .... a comer a un restaurante italiano y Susana (pedir) .... unos espaguetis que estaban buenísimos.

4. ¿Cómo (poder, tú) .... decir a Ana que no fuera contigo?

5. Ramón me (decir) .... que (sentir, ellos) .... mucho miedo cuando todo empezó a temblar.

6. Anoche (tener, yo) .... un sueño rarísimo con mis compañeros de trabajo.

7. Ayer (robar, ellos) .... en casa de Antonio cuando él dormía y dice que no (oír) .... nada.

8. ¿Cuál (ser) .... el primer libro que (leer, ustedes) ....?

9. Sandra, ¿(hacer) .... el recado que te (pedir, yo) ....?

10. ¿Cuándo (ir, ustedes) .... a Argentina?

11. María no (ponerse) .... nerviosa en el examen.

12. ¿Cuándo (darse, ustedes) .... cuenta de que se había ido?

13. Al final, Margarita (venir) .... a comer con nosotras.

14. ¡Ayer (andar, nosotros) .... diez kilómetros sin parar!

15. Daniel (ser) .... el que me dijo que había aprobado las oposiciones.

17. **Lee las biografías de estos escritores hispanoamericanos y complétalas poniendo los verbos del cuadro en la forma correcta del pretérito indefinido.**

trabajar	publicar	morir	abandonar	nacer
viajar	tener	obtener	ser	vivir

Gabriela Mistral

Lucila Godoy Alcayaga (su verdadero nombre) .... en Vicuña, Chile, en 1889. .... como diplomática en Europa y en los Estados Unidos. Su primer libro de poemas, *Desolación*, se .... en 1922. .... el primer escritor hispanoamericano en conseguir el premio Nobel, en 1945. .... en 1957 tras una larga enfermedad.

Gabriel García Márquez

.... en Aracataca, Colombia, en 1928. .... la carrera de Derecho para dedicarse al periodismo. En los años 60 .... exiliado voluntariamente en México y España. *Cien años de soledad* es una de las novelas más leídas en español. .... galardonado con el premio Nobel en 1982.

Octavio Paz

.... en Mixcoac, México, en 1914. En 1951 .... a la India, lugar que .... una gran influencia en su obra. En 1956 .... *El arco y la lira*, una de sus obras más conocidas. .... el premio Cervantes en 1981. En 1990 le .... concedido el premio Nobel.

Pretérito imperfecto

18. Busca en esta sopa de letras el infinitivo de los tres verbos que son irregulares en el pretérito imperfecto de indicativo.

I	N	P	M	D	S	U	P
R	E	E	C	R	Q	E	H
E	U	Z	V	X	U	W	U
I	S	D	I	J	T	B	N
O	T	V	E	R	U	C	I
Y	R	T	N	K	V	K	R
P	A	N	E	R	E	R	S
U	J	U	B	N	R	J	T
L	E	V	Z	S	E	R	O

19. Completa esta tabla con las formas del pretérito imperfecto de indicativo de estos verbos.

	SER	IR	VER
(yo)			
(tú)			
(él, ella, usted)			
(nosotros/as)			
(vosotros/as)			
(ellos/as, ustedes)			

20. Escribe el pretérito imperfecto de indicativo de estos verbos.

1. hablar, yo: ....
2. estudiar, ellos: ....
3. vivir, tú: ....
4. aprender, él: ....
5. beber, ustedes: ....
6. estar, nosotros: ....
7. acabar, ella: ....
8. andar, vosotros: ....
9. ducharse, yo: ....
10. cenar, usted: ....

21. Estas son algunas de las cosas que hacía Pedro cuando era pequeño. Escribe oraciones como las del modelo.

- jugar con sus primos al fútbol
- montar en bici
- cantar en el coro del colegio
- comer golosinas los domingos por la tarde

- leer cómics de Astérix y Obélix
- ir a la playa en agosto
- ver dibujos animados por la tarde
- desayunar chocolate con churros los sábados

Cuando Pedro era pequeño…

1. *jugaba con sus primos al fútbol.*
2. ....
3. ....
4. ....
5. ....
6. ....
7. ....
8. ....

22. Lee estas oraciones y escribe el verbo entre paréntesis en la forma correcta del pretérito imperfecto de indicativo.

1. Antes (ir, yo) .... a nadar todos los días, pero ahora voy solo los lunes y los jueves.
2. Cuando (ser, ella) .... pequeña (querer) ....
ser bombera.
3. No pude hablar con él porque (ir) .... en el metro y no (tener) .... cobertura.
4. Los aztecas (vivir) .... en México.
5. Hola, buenos días. (Querer, yo) .... información sobre los cursos de informática.
6. (Pensar, ellos) .... ir al cine esta tarde, pero al final se han quedado en casa.
7. ¿No (poner, ellos) .... hoy el último capítulo de esta serie?
8. Si tú quisieras, nos (ir) .... de vacaciones ahora mismo.
9. Pero ¿tú no (tener) .... hoy una entrevista de trabajo?
10. ¡Anda, pero si Noelia (ser) .... tu hermana y yo sin saberlo!

Pretérito indefinido y pretérito imperfecto

23. Lee lo que han dicho algunas personas y elige la opción correcta.

1 El año pasado **estaba/estuve** de vacaciones en Portugal.

2 Cuando **era/fui** pequeña **iba/fui** todos los días a clases de piano.

3 **Estaba/Estuve** en casa cuando **se caía/se cayó** la estantería.

4 Cuando **vivían/vivieron** mis abuelos, **íbamos/fuimos** todos los fines de semana a verlos.

5 Ayer Carlos me **decía/dijo** que no **venía/vino** a la reunión de hoy porque **se iba/se fue** de viaje.

6 Marisol antes **corría/corrió** unos 35 kilómetros a la semana.

7 El fin de semana pasado **hacíamos/hicimos** una barbacoa y Andrés no **venía/vino**.

8 ¿No **comían/comieron** al final el lunes pasado en tu casa? Pues yo **pensaba/pensé** que sí.

9 Las vacaciones del año pasado **eran/fueron** inolvidables.

24. ¿Sabes cómo se conocieron estos personajes? Lee los textos y complétalos poniendo los verbos en el tiempo de pasado correspondiente.

Humphrey Bogart y Lauren Bacall

En septiembre de 1943, Humphrey Bogart (conocer) .... a Lauren Bacall. (Estar) .... rodando *Pasaje para Marsella*, y Howard Hawks la (llevar) .... al plató para presentársela. «Bogart (ser) .... menos alto de lo que yo (imaginar) .... y (vestir) .... sus habituales pantalones, sin forma, camisa de algodón y una bufanda al cuello. No (hablar, nosotros) .... de nada importante; no *nos quedamos* mucho rato, pero él me (parecer) .... un hombre agradable». Antes de empezar el rodaje de *Tener y no tener* (1944), Bogart (cruzarse) .... con Lauren Bacall en el estudio y le (decir) .... : «Acabo de ver su prueba. Nos divertiremos mucho juntos». (Ser) .... la primera película de Bacall, una jovencita de 19 años. Bogart la (ayudar) .... mucho desde el principio. «(Hacer) .... todo lo que (poder) .... para que me sintiera cómoda. (Estar) .... a mi lado».

The Beatles

En la década de los años 50, John Lennon (formar) .... una banda llamada The Quarrymen. Más tarde (conocer) .... a Paul McCartney al finalizar un recital que (dar) .... The Quarrymen el 6 de julio de 1957. A partir de entonces, John Lennon y Paul McCartney (hacerse) .... amigos inseparables. John, como líder del grupo, (decidir) .... que Paul se uniera a ellos, no solo por ser su amigo, sino también porque (tocar) .... muy bien la guitarra. Algún tiempo después (conocer, ellos) .... a George Harrison, que les (parecer) .... que (tocar) .... bien la guitarra, aunque no (unirse) .... al grupo hasta un tiempo más tarde. De este modo, John Lennon, Paul McCartney y George Harrison, junto con Pete Best (batería) y Stuart Sutcliffe (bajo), (formar) .... una banda. (Cambiar) .... de nombre en numerosas ocasiones. (Comenzar) .... llamándose Silver Beetles, posteriormente lo (cambiar) .... por Silver Beatles, nombre con el que (viajar) .... a Hamburgo (Alemania). Allí (conocer) .... a Astrid Kirchner, una fotógrafa que (enamorarse) .... de Stuart Sutcliffe. Ella (ser) .... la persona que les (diseñar) .... un nuevo peinado (el flequillo), que tantas personas (imitar) .... después. Ya (llamarse) .... The Beatles.

Pretérito indefinido, pretérito imperfecto y pretérito pluscuamperfecto

25. Lee este fragmento de un cuento del escritor argentino Julio Cortázar (1914-1984) y complétalo con los verbos en pretérito indefinido, pretérito imperfecto o pretérito pluscuamperfecto de indicativo.

(Empezar, él) .... a leer la novela unos días antes. La (abandonar, él) .... por negocios urgentes, (volver, él) .... a abrirla cuando (regresar, él) .... en tren a la finca; *se dejaba* interesar lentamente por la trama, por el dibujo de los personajes. Esa tarde, después de escribir una carta a su apoderado y discutir con el mayordomo una cuestión de aparcerías, (volver, él) .... al libro en la tranquilidad del estudio que (mirar) .... hacia el parque de los robles. Arrellanado en su sillón favorito, de espaldas a la puerta que lo hubiera molestado como una irritante posibilidad de intrusiones, (dejar, él) .... que su mano izquierda acariciara una y otra vez el terciopelo verde y (ponerse, él) .... a leer los últimos capítulos. Su memoria (retener) .... sin esfuerzo los nombres y las imágenes de los protagonistas; la ilusión novelesca lo (ganar) .... casi enseguida. *Gozaba* del placer casi perverso de irse desgajando línea a línea de lo que le (rodear) ...., y sentir a la vez que su cabeza (descansar) .... cómodamente en el terciopelo del alto respaldo, que los cigarrillos (seguir) .... al alcance de la mano, que más allá de los ventanales (danzar) .... el aire del atardecer bajo los robles.

(Fuente: CORTÁZAR, JULIO, «La continuidad de los parques», *Final de juego*, Punto de Lectura)

Pretérito anterior

26. Completa la tabla con las formas correspondientes del pretérito anterior de estos verbos.

	ESTUDIAR	COMER	VIVIR
(yo)			
(tú)			
(él, ella, usted)			
(nosotros/as)			
(vosotros/as)			
(ellos/as, ustedes)			

Futuro imperfecto y futuro perfecto

27. Completa con las formas correspondientes del futuro imperfecto de estos verbos.

Hablar	Aprender	Vivir
(yo)	(yo)	(yo) ....
(tú)	(tú)	(tú) ....
(él, ella, usted)	(él, ella, usted)	(él, ella, usted) ....
(nosotros/as)	(nosotros/as)	(nosotros/as) ....
(vosotros/as)	(vosotros/as)	(vosotros/as) ....
(ellos/as, ustedes)	(ellos/as, ustedes)	(ellos/as, ustedes) .....

28. Escribe el futuro imperfecto de estos verbos.

1. caber, yo: ....
2. estudiar, ellos: ....
3. ir, tú: ....
4. beber, él: ....
5. haber, ustedes: ....
6. saber, nosotros: ....
7. tener, ella: ....
8. andar, vosotras: ....
9. hacer, yo: ....
10. cenar, usted: ....
11. decir, ellos: ....
12. querer, yo: ....
13. venir, ella: ....
14. ser, él: ....
15. poner, tú: ....
16. estar, nosotras: ....

29. ¿Cuáles de los verbos anteriores son irregulares y cuáles regulares? Escríbelo.

Verbos regulares en futuro imperfecto	Verbos irregulares en futuro imperfecto
....	....
....	....
....	....
....	....
....	....
....	

30. Completa esta tabla con las formas correspondientes del futuro imperfecto de estos verbos.

	(yo)	(tú)	(él, ella, usted)	(nosotros/as)	(vosotros/as)	(ellos/as, ustedes)
caber	cabré					
decir						
haber						
hacer			hará			
poder						
poner						
querer					querréis	
saber						
salir						
tener						
venir						

31. Lee estos titulares de periódicos y complétalos con el futuro imperfecto de los verbos entre paréntesis.

1
El nuevo gobierno (gobernar) .... en minoría otros cuatro años

2
El Ayuntamiento (crear) .... un servicio de bicicletas públicas

3
TVE no (tener) .... publicidad a partir de septiembre

4
EN JUNIO (SALIR) .... EL ÚLTIMO DISCO RECOPILATORIO DE MADONNA

5
Las entradas para el concierto de U2 se (poner) .... mañana a la venta

6
Penélope Cruz no (venir) .... al estreno de su última película, aunque sí (ir) .... a la entrega de los Goya

32. Señala cuáles de estas formas verbales están en futuro perfecto.

he hablado ■ hablaré ■ hablo ■ hablas ■ habláis ■ habré hablado

has hablado ■ hablarás ■ habremos hablado ■ habrás hablado

hablaremos ■ habréis hablado ■ hemos hablado ■ habrá hablado

han hablado ■ ha hablado ■ hablé ■ habrán hablado

33. Ahora, ordena las formas verbales anteriores en la tabla.

	HABLAR
(yo)	
(tú)	
(él, ella, usted)	
(nosotros/as)	
(vosotros/as)	
(ellos/as, ustedes)	

34. Lee estos diálogos y escribe el verbo entre paréntesis en futuro imperfecto o futuro perfecto según corresponda.

1. ● Hola, Miguel, ¿no (estar) .... todavía en la oficina?

   ● Sí, sí, todavía estoy aquí, pero salgo en cinco minutos.

   ● Vale. Oye, ¿no te (olvidar) .... de comprar las cosas para la cena?

   ● No, no te preocupes. Cuando salga de aquí me paso por el súper.

   ● ¡Qué! ¡Todavía no has ido a comprar! Pero si es tardísimo.

   ● Ana, tranquila, cuando Marina y Claudio lleguen a casa, yo ya (preparar) .... todo.

2. ● Mamá, ¿puedo ir este fin de semana con Antonio a un concierto?

   ● No sé, me lo (pensar) ....

3. ● Estoy muy nerviosa. Todavía no han salido las listas y no sé si (aprobar) .... el examen.

   ● No te preocupes. Ya (ver) .... como mañana a estas horas ya (salir) .... las listas y (saber) .... si has aprobado.

4. ● Llevo todo el día llamando a Juan y no me coge ni el teléfono de casa ni el móvil. ¿Dónde (estar) .... ?

   ● No tengo ni idea. ¿Se (ir) .... a pasar el fin de semana fuera y no (tener) .... cobertura?

   ● Pues a lo mejor. (Volver) .... a llamarlo el lunes a ver si lo localizo.

Condicional simple y condicional compuesto

35. Relaciona cada forma verbal con su tiempo correspondiente.

habrán hecho ●
sabríais ●
pondrían ●
habríamos dicho ●
tendría ●
dirás ●
saldría ●
habríais vivido ●

(futuro imperfecto)

(futuro perfecto)

(condicional simple)

(condicional compuesto)

● habrías ido
● haremos
● aprendería
● querrían
● tendría
● habría roto
● cabrán
● hablaría

36. Escribe estas formas verbales en el lugar correspondiente.

vendríamos ■ serías ■ tendría ■ iríais ■ sabríais ■ hablaríamos
viviría ■ pondrías ■ cabrían ■ harían ■ diría

(yo) ....

(tú) ....

(él, ella, usted) ....

(nosotros/as) ....

(vosotros/as) ....

(ellos/as, ustedes) ....

37. Lee esta explicación y complétala con las palabras que faltan.

> **Recuerda:** Si un verbo es irregular en el .... *(diré)*, también es irregular en el .... *(diría)*. Solo hay que cambiar las terminaciones.

38. Completa estas oraciones poniendo los verbos en condicional simple o compuesto.

1. Carolina, ¿(poder) ...., por favor, comprarme el periódico cuando bajes a la calle?

2. El médico me ha dicho que (deber) .... comer más fruta y verdura.

3. Yo, si fuera tú, ya (hablar) .... con él y ya (aclarar) .... este malentendido.

4. (Ser) .... muy famoso en tu país, pero aquí no lo conocía nadie.

5. Paco, ¿tú qué (hacer) .... en mi lugar? Aconséjame, por favor.

6. Si Blancanieves no hubiera mordido la manzana, no (conocer) ....
al príncipe.

7. Si me dieran vacaciones en junio, nos (ir) .... de viaje a México.

8. (Ser) .... las dos más o menos cuando llegamos al restaurante.

9. (Hacer) .... muchas prácticas con el coche, pero hizo fatal el examen.

Presente de subjuntivo

39. Completa esta tabla con las formas correspondientes al presente de subjuntivo de estos verbos regulares.

	CANTAR	VER	VIVIR
(yo)			
(tú)			
(él, ella, usted)			
(nosotros/as)			
(vosotros/as)			
(ellos/as, ustedes)			

40. Completa esta tabla con las formas correspondientes al presente de subjuntivo de estos verbos irregulares.

	HACER	HABER	IR	PODER	SABER	SER
(yo)						
(tú)						
(él, ella, usted)						
(nosotros/as)						
(vosotros/as)						
(ellos/as, ustedes)						

41. Escribe el presente de subjuntivo de estos verbos en la persona que se indica.

1. poner, yo: ....
2. empezar, tú: ....
3. pedir, él: ....
4. sentir, nosotros: ....
5. contar, ellos: ....
6. dormir, ustedes: ....
7. jugar, yo: ....
8. conducir, tú: ....

9. salir, nosotras: ....
10. oír, ella: ....
11. decir, ustedes: ....
12. caber, yo: ....
13. haber, tú: ....
14. ser, ella: ....
15. ir, ustedes: ....
16. dar, nosotras: ....

42. Ahora, busca en esta sopa de letras las formas verbales anteriores.

B	R	C	Z	W	E	N	P	M	D	O	U	P	E	I	T	U	F	U	I
H	P	O	N	G	A	E	E	C	D	I	G	A	N	B	X	D	S	A	D
W	E	T	I	S	E	U	M	V	X	G	W	U	P	U	D	H	R	I	U
D	E	M	O	S	I	S	P	I	D	A	B	N	U	O	D	A	A	U	E
F	V	O	N	U	O	T	I	T	V	U	C	I	S	V	A	Y	A	N	R
U	D	J	U	E	G	U	E	N	K	V	K	R	E	S	X	A	B	C	M
I	A	I	D	E	P	A	C	U	E	N	T	E	N	S	E	S	H	V	A
G	Ñ	C	J	A	U	J	E	B	N	R	J	T	P	U	K	E	J	A	N
Q	U	E	P	A	L	E	S	A	L	G	A	M	O	S	U	J	E	R	S
C	L	R	Ñ	O	M	N	Ñ	V	I	N	E	R	E	I	L	I	R	E	Ñ
F	V	O	N	U	O	T	B	T	V	U	C	I	S	A	S	E	A	D	I
A	S	I	N	T	A	M	O	S	N	D	V	Y	O	P	C	A	Ñ	L	O
C	Y	E	M	A	I	O	C	O	N	D	U	Z	C	A	S	V	X	Z	L

43. Belén está pensando qué cosas le gustan y cuáles no. Lee lo que está pensando y completa.

1. Me gusta que la gente (acordarse) .... de mi cumpleaños.

2. No soporto que (llover) .... cuando acabo de lavar el coche.

3. Me saca de quicio que la gente (ser) .... impuntual y (llegar) .... tarde a las citas.

4. Odio que (sonar) .... el despertador todos los días a las seis de la mañana para ir a trabajar.

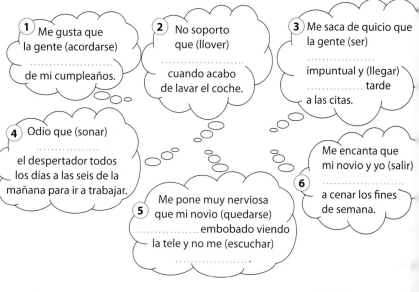

5. Me pone muy nerviosa que mi novio (quedarse) .... embobado viendo la tele y no me (escuchar) ....

6. Me encanta que mi novio y yo (salir) .... a cenar los fines de semana.

44. Lee estas oraciones y escribe el verbo entre paréntesis en la forma correcta del presente de subjuntivo.

1. No quiero que (irse) .... Te voy a echar mucho de menos.

2. Ojalá (encontrar, ella) .... piso pronto.

3. ¡Que te (mejorar) ....! Espero que (descanses, tú) .... este fin de semana.

4. Dudo que (hacer, nosotros) .... el máster el año que viene.

5. Tal vez Javier (tener) .... razón y no (ser) .... Manuel el culpable.

6. Le aconsejo que (dejar, usted) .... de comer tan rápido y tan mal.

7. ¿Tú crees que es conveniente que los niños (tener) .... teléfonos móviles?

8. Tenemos que enseñar a los niños a cuidar el medio ambiente para que (vivir, ellos) .... en un planeta mejor en un futuro.

9. Te propongo que (leer, tú) .... este libro durante las vacaciones y luego me das tu opinión, ¿vale?

10. Me parece muy mal que (convocar, ellos) .... la reunión sin preguntar a nadie.

11. Es increíble que Antonio no (querer) .... hablar con Luisa de lo que pasó.

12. ¿No te parece raro que (haber) .... luces en casa de María a estas horas?

13. Te he dicho mil veces que no (poner) .... esa cara cuando te estoy hablando.

14. Mándame, por favor, un SMS cuando (llegar, tú) .... al aeropuerto.

15. ¿Le importa que (usar, yo) .... un momento el teléfono?

16. Te prohíbo que (salir) .... a la calle con ese pantalón.

17. Les ruego que (tener, ustedes) .... un poco de paciencia con este asunto.

18. No creo que a Elena le (hacer) .... falta mi ayuda para solucionar este problema.

19. Busco a alguien que (poder) .... darme clases de pilates en casa.

20. Me sorprende muchísimo que Rodrigo (decir) .... que no le gusta lo que hemos hecho.

Pretérito perfecto de subjuntivo

45. Completa las oraciones con los verbos en pretérito perfecto de subjuntivo y rellena el crucigrama con ellos.

Horizontal:

1. Julio niega que .... enviado él todos esos SMS.
2. Me parece increíble que haya (volver) .... a suspender otra vez.
3. No creo que Ana haya (hacer) .... trampas. Es una persona muy honesta.
4. Está muy mal que no hayas (poner) .... su nombre en la invitación.
5. Me sorprende muchísimo que hayan (romper) .... Formaban una pareja estupenda.

Vertical:

6. Me extraña mucho que la (ustedes) .... visto, si todavía no la han estrenado.

7. No creo que hayan (abrir) .... todavía la tienda. Es muy temprano.

8. Probablemente no hayan (ver) .... nada parecido en toda su vida.

9. Me extraña mucho que hayas (resolver) .... el enigma sin ayuda de nadie.

10. Me alegro mucho de que a Juan le hayan (decir) .... ya lo del ascenso. (Al revés)

11. Es una vergüenza que no te haya (escribir) .... antes para decirte que no iba a la cena.

12. Cuando se (ellos) .... ido todos a casa, hablamos del tema, ¿vale?

Presente y pretérito perfecto de subjuntivo

46. Completa este diálogo con la forma verbal adecuada del presente o del pretérito perfecto de subjuntivo.

- Es muy raro que Luisa y Pedro no (llamar) .... todavía. ¿Habrán perdido el tren?

- No, no creo que lo (perder) ....; ya sabes que son muy puntuales para los viajes.

- Pues espero que no (pasar) .... nada…

- Que no, ya verás, dudo que (tardar) .... más de cinco minutos en llegar.

- Pero si ya deberían estar aquí. Mira qué hora es. Es muy extraño que no (llegar) .... ya.

- Faltan cinco minutos todavía para que (llegar) .... el tren. No te preocupes.

- Tu reloj debe de estar atrasado porque ya son y cuarto pasadas.

- Es verdad. De todos modos, no es para alarmarse.

- No sé, es que, si el tren viene con retraso, es rarísimo que no lo (decir) .... por megafonía, ¿no te parece?

- Tranquilízate. De todas formas, no creo que (decir) .... nada por megafonía si el tren ha salido con cinco o diez minutos de retraso.

- Ya, pero lo raro es que no nos (llamar) .... para decirnos que iban a llegar más tarde. Ya sabes que ellos enseguida llaman.

- No sé, a lo mejor se han quedado sin batería en el móvil o no tienen cobertura. Sé un poquito más optimista.

- Si yo soy muy optimista, pero es muy extraño que el tren no (llegar) .... todavía y que no (avisar) .... por megafonía del retraso.

Pretérito imperfecto de subjuntivo

47. Completa con las formas correspondientes al pretérito imperfecto de subjuntivo (las formas en -se) de estos verbos regulares.

	ESTUDIAR	COMER	VIVIR
(yo)			
(tú)			
(él, ella, usted)			
(nosotros/as)			
(vosotros/as)			
(ellos/as, ustedes)			

48. Señala cuáles de estos verbos son irregulares en pretérito imperfecto de subjuntivo. Puede ayudarte pensar si son irregulares en el pretérito indefinido.

decir ■ hacer ■ vivir ■ poder ■ poner ■ ir ■ querer ■ tener ■ saber
caber ■ dar ■ tocar ■ celebrar ■ andar ■ traer ■ trabajar ■ hablar ■ venir

49. Busca en esta sopa de letras la primera persona del singular del pretérito imperfecto de subjuntivo de los verbos irregulares del ejercicio anterior (las formas en -ra).

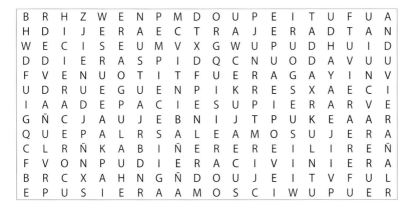

```
B R H Z W E N P M D O U P E I T U F U A
H D I J E R A E C T R A J E R A D T A N
W E C I S E U M V X G W U P U D H U I D
D D I E R A S P I D Q C N U O D A V U U
F V E N U O T I T F U E R A G A Y I N V
U D R U E G U E N P I K R E S X A E C I
I A A D E P A C I E S U P I E R A R V E
G Ñ C J A U J E B N I J T P U K E A A R
Q U E P A L R S A L E A M O S U J E R A
C L R Ñ K A B I Ñ E R E R E I L I R E Ñ
F V O N P U D I E R A C I V I N I E R A
B R C X A H N G Ñ D O U J E I T V F U L
E P U S I E R A A M O S C I W U P U E R
```

50. Completa estas oraciones con el pretérito imperfecto de subjuntivo (formas en -*ra*) de los siguientes verbos.

trabajar ■ venir ■ celebrar ■ haber ■ querer ■ dar ■ ver ■ vivir ■ tener

1. Me encantaría que Cristina .... con nosotros de vacaciones, ¿y a ti?

2. Me gustaría que Juan .... un poco menos y que .... más tiempo para estar en casa con los niños.

3. ¡Ojalá (yo) .... en una casita con vistas al mar!

4. Me sorprendió mucho que .... tanta gente que .... hacer el mismo curso que yo.

5. Me gustaría que (ustedes) .... la última película de Guillermo del Toro.

6. Yo preferiría que (nosotros) .... la boda solo con la familia más cercana, ¿y tú?

7. Me llamó mucho la atención que a María no le .... el premio. Su novela era muy buena.

Pretérito pluscuamperfecto de subjuntivo

51. Completa la tabla con las formas correspondientes al pretérito pluscuamperfecto de subjuntivo (formas en -*ra*).

	HABLAR	BEBER	VIVIR
(yo)			
(tú)			
(él, ella, usted)			
(nosotros/as)			
(vosotros/as)			
(ellos/as, ustedes)			

52. Relaciona los elementos de las dos columnas para formar oraciones con sentido.

1. ¿Si Fleming no hubiera existido,…

2. Si ese producto lo hubiesen anunciado en televisión,…

3. No se habría gastado tanto en el traje,…

4. Si les hubiera tocado la lotería,…

5. Si fuera tú,…

6. Si hubiera sabido que no estabas en casa,…

7. Si hubieras estudiado un poco más,…

8. Sabría qué le pasa a la tele,…

9. Si, además del régimen, hubiera hecho ejercicio,…

10. No habrías perdido la fianza del piso,…

a. … habría perdido más peso.
b. … habrías aprobado sin problemas.
c. … yo ya hubiera roto con él hace mucho tiempo.
d. … nos habríamos enterado.
e. … seguro que se habría vendido mucho mejor.
f. … se habría descubierto la penicilina?
g. … si hubiera esperado a las rebajas.
h. … si hubieras leído la letra pequeña del contrato.
i. … si no hubieras tirado el libro de instrucciones.
j. … no habría ido a verte.

1. ......   2. ......   3. ......   4. ......   5. ......

6. ......   7. ......   8. ......   9. ......   10. ......

Imperativo

53. Relaciona cada forma verbal con la persona correspondiente.

hablad
aprendan
vive
ve
aprended

tú
usted
vosotros/as
ustedes

venga
sé
haga
hable
sal
digan

54. Completa con las formas correspondientes al imperativo de estos verbos.

Hablar	
(tú)	....
(usted)	....
(vosotros/as)	....
(ustedes)	....

Beber	
(tú)	....
(usted)	....
(vosotros/as)	....
(ustedes)	....

Vivir	
(tú)	....
(usted)	....
(vosotros/as)	....
(ustedes)	....

55. Completa la tabla con las formas correspondientes al imperativo de estos verbos irregulares.

	DECIR	HACER	VENIR	PONER	SALIR	TENER
(tú)						
(usted)						
(vosotros/as)						
(ustedes)						

56. Lee estos consejos para evitar el dolor de cuello. Complétalos con la forma *usted* del imperativo de los siguientes verbos.

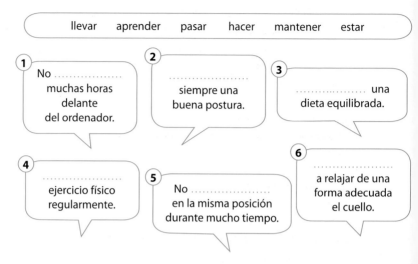

llevar   aprender   pasar   hacer   mantener   estar

1 No .... muchas horas delante del ordenador.

2 .... siempre una buena postura.

3 .... una dieta equilibrada.

4 .... ejercicio físico regularmente.

5 No .... en la misma posición durante mucho tiempo.

6 .... a relajar de una forma adecuada el cuello.

57. Completa esta tabla con las formas correspondientes al imperativo negativo.

	HABLAR	BEBER	VIVIR
(tú)			
(usted)			
(vosotros/as)			
(ustedes)			

58. Busca el intruso.

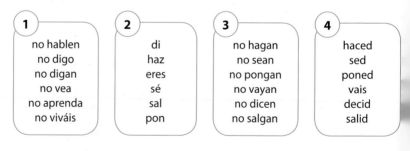

1
no hablen
no digo
no digan
no vea
no aprenda
no viváis

2
di
haz
eres
sé
sal
pon

3
no hagan
no sean
no pongan
no vayan
no dicen
no salgan

4
haced
sed
poned
vais
decid
salid

Los verbos *ser, estar, tener* y *haber*

59. Lee estas oraciones y elige la opción correcta.

1. La capital constitucional de Bolivia **es/está** Sucre y la sede del gobierno **es/está** La Paz.
2. Mi hijo **es/tiene** ya doce años.
3. ¿Cómo **es/está** tu madre? ¿Ya se encuentra mejor?

4. ¿Cómo **es/está** tu madre? ¿Te pareces a ella?

5. **Soy/Estoy** muy cansada, no me apetece salir esta noche.

6. **Soy/Tengo** mucho frío, ¿me puedes dejar una chaqueta, por favor?

7. Perdone, ¿sabe si **hay/está** una farmacia por aquí cerca?

8. Sí, **hay/está** una farmacia muy cerca, **hay/está** a la vuelta de la esquina.

9. ¡Qué delgada **eres/estás**! ¿Has hecho algún régimen?

10. ¿Sabes a qué hora **es/está** la reunión?

11. ¿Tu chaqueta **es/está** de lana o de algodón?

12. ¿Tú sabes si Marta ya **es/está** de vacaciones?

13. Ricardo **es/está** un hombre muy rico porque le tocó la lotería hace unos años.

14. Perdona, ¿sabes dónde **hay/está** la calle Alcalá?

15. ¿De quién **son/están** estos libros?

16. Mamá, ¿**eres/estás** enfadada conmigo?

17. Sonia **es/está** embarazada de tres meses.

18. ¿Por qué **eres/estás** hoy de tan mal humor? ¿Te ha pasado algo?

19. Perdone, ¿**es/está** libre este asiento?

20. No sé cuándo **será/estará** la boda. Aún **es/está** todo por decidir.

Las perífrasis verbales

60. Relaciona los elementos de las dos columnas para formar oraciones con sentido.

1. Carolina anda…	a. … viviendo en Barcelona.
2. Acabo de…	b. … comer fuera de casa entre semana.
3. ¿Estás a punto…	c. … de fumar.
4. Yo suelo…	d. … a ir al gimnasio una vez a la semana.
5. ¿Podemos hablar? Tengo…	e. … a llorar cuando le dieron la noticia.
6. He empezado…	f. … por ir a correr todos los días.
7. Marcos sigue…	g. … entenderte. ¿Me lo puedes volver a explicar?
8. Lo siento, pero sigo sin…	h. … diciendo por ahí que la he insultado y no es verdad.
9. Álvaro se echó…	i. … encontrarme con Sergio por la calle.
10. Hace ya tres años que dejé…	j. … de salir? Pues te llamo luego.
11. A Marta le ha dado…	k. … que contarte algo.

Presente de indicativo y presente de subjuntivo

61. Lee estas oraciones y elige la opción correcta.

1. Es evidente que todos nosotros **debemos/debamos** usar el transporte público.

2. Me parece genial que el ayuntamiento **facilita/facilite** contenedores para el reciclaje.

3. Creo que **es/sea** importante enseñar a los niños a cuidar el medio ambiente.

4. Es una vergüenza que los coches **utilizan/utilicen** combustibles que contaminan tanto.
5. Es conveniente que todos **gastamos/gastemos** la menor cantidad de agua posible sin renunciar a nuestras necesidades.
6. Es una buena idea que la gente **comienza/comience** a utilizar un combustible ecológico o energías alternativas no contaminantes.
7. Me parece fatal que en las casas no **hay/haya** sistemas para evitar el derroche de energía.
8. Es increíble que los países más potentes **siguen/sigan** consumiendo energía como si fuera ilimitada.
9. Es necesario que todos nos **acostumbramos/acostumbremos** a apagar las luces cuando no las necesitamos.
10. No creo que **es/sea** necesario ir en coche para comprar el periódico al quiosco que está a cinco minutos de casa.

62. Lee estas oraciones y complétalas poniendo los verbos entre paréntesis en presente de indicativo o presente de subjuntivo.

   1. Quiero que mis hijos (conocer) .... Buenos Aires, pero ellos prefieren que (ir, nosotros) .... de vacaciones a Brasil.
   2. Mis amigos y yo (estudiar) .... en los Estados Unidos.
   3. No creo que mi hermano (querer) .... dejarme su bicicleta.
   4. En la agencia de viajes le recomiendan a Marta que (hacer) .... el viaje en tren.
   5. Está claro que Claudia no (llevarse) .... bien con Sandra.
   6. Siento mucho que Sergio no (poder) .... acompañarnos ese día.
   7. Ojalá que mañana (hacer) .... buen tiempo y los niños (poder) .... ir de excursión.
   8. Para viajar a los Estados Unidos es importante que (tener, ellos) .... el pasaporte en regla.

Diferencias de uso entre los tiempos de pasado

63. Lee este fragmento de una novela del escritor mexicano Juan Rulfo (1917-1986) y complétalo poniendo los verbos en pretérito indefinido, pretérito imperfecto de indicativo, pretérito pluscuamperfecto de indicativo o pretérito imperfecto de subjuntivo.

Vine a Comala porque me (decir, ellos) .... que acá (vivir) .... mi padre, un tal Pedro Páramo. Mi madre me lo (decir) .... Y yo le (prometer) .... que vendría a verlo en cuanto ella (morir) .... Le (apretar, yo) .... sus manos en señal de que lo haría; pues ella estaba por morirse y yo en un plan de prometerlo todo. «No dejes de ir a visitarlo —me (recomendar, ella)

..................—. Se llama de este modo y de este otro. Estoy segura de que le dará gusto conocerte». Entonces no (poder, yo) .... hacer otra cosa sino decirle que así lo haría, y de tanto decírselo se lo (seguir, yo) .... diciendo aun después que a mis manos les costó trabajo zafarse de sus manos muertas.

   Todavía antes me (decir, ella) ....:

   —No vayas a pedirle nada. Exígele lo nuestro. Lo que estuvo obligado a darme y nunca me (dar, él) ....… El olvido en que nos tuvo, mi hijo, cóbraselo caro.

   —Así lo haré, madre.

   Pero no (pensar, yo) .... cumplir mi promesa. Hasta ahora pronto que (comenzar, yo) .... a llenarme de sueños, a darle vuelo a las ilusiones. Y de este modo se me fue formando un mundo alrededor de la esperanza que era aquel señor llamado Pedro Páramo, el marido de mi madre. Por eso (venir, yo) .... a Comala.

(Fuente: RULFO, JUAN, *Pedro Páramo; El llano en llamas,* El País)

Palabras, oraciones y expresiones relacionadas con el verbo

64. Lee estas oraciones y marca la opción correcta.

1. Ayer Juan no .... en toda la noche. ¿Sabes si le pasa algo?
   a. abrió los ojos
   b. abrió el pico
   c. dejó el pico

2. Ayer fui a ver una peli al cine y no me gustó nada. ....
   a. Me aburrí como una ostra
   b. Me aburrí como un mono
   c. Me aburrí como un pez

3. Esta mañana he vuelto a ir al ayuntamiento y ahora me dicen que me falta una fotocopia de las escrituras de la casa. Es la tercera vez que voy y nunca me dicen todo lo que me hace falta. Esto es ....
   a. este cuento se ha acabado
   b. el cuento de nunca acabar
   c. el cuento que empieza

4. Sin .... me he visto hoy envuelta en una discusión entre mis dos jefes muy desagradable.
   a. beberlo
   b. comerlo ni beberlo
   c. comer ni beber

5. No me cabe .... cómo ha podido Javier hacer una cosa así. Es que él nunca ha hecho nada parecido.
   a. en la cabeza
   b. en la mano
   c. en el cerebro

6. Esta tarta se hace .... y, además, sale buenísima.
   a. en un cerrar de pestañas
   b. en un abrir y cerrar
   c. en un abrir y cerrar de ojos

7. ● ¿Has hablado alguna vez con la nueva jefa de producción?
   ● No, no he hablado nunca con ella. Solo la ....
   a. conozco de vista
   b. conozco de ojo
   c. he visto

8. Mi hijo tiene una mamitis que no me deja ni ....
   a. a sol ni sola
   b. a sol ni a sombra
   c. un rato al sol

9. Las obras en las principales calles de la capital .... a los conductores.
   a. traen de cabeza
   b. traen y llevan
   c. traen a mal

10. ● Espero que acabes el trabajo hoy por la .... que te trae.
    ● Sí, sí, no te preocupes. Esta tarde estará en tu mesa.
    a. mano
    b. cuenta
    c. cabeza

11. ● ¿Qué hay que .... para comprar una casa?
    ● Pues lo primero que hay que tener claro es el dinero de que se dispone.
    a. tener en cuenta
    b. correr por cuenta
    c. contar

12. No .... de nada que ahora se enfade. Tenía que haberlo regañado hace mucho tiempo.
    a. cuenta
    b. hace
    c. sirve

13. Ana y su hermana son .... Están todo el día juntas.
    a. uña y carne
    b. dedo y uña
    c. mano y dedo

14. Mis dos compañeras de trabajo siempre andan .... y así es
muy difícil trabajar. Voy a hablar con mi jefe a ver si me puede cambiar
de departamento.
   a. con chiquitas
   b. a la greña
   c. con ojo

15. María, acaba de llamar un tal Francisco no sé .... y ha dicho
que va a llegar más tarde a la reunión.
   a. cuántos
   b. muy bien
   c. cómo se apellida

16. Mi hijo está últimamente muy desobediente. Todo lo que le dices le entra
por un oído y ....
   a. le sale por la boca
   b. le sale por el otro
   c. se pierde

17. Cuando Carlos se pone asi lo mejor es seguirle ....
   a. la corriente
   b. el curso
   c. los pasos

65. Completa estas oraciones con la palabra adecuada.

1. Antonio ha dejado *de* ir a la piscina a mediodía. Ahora va por la tarde.
2. El año que viene voy a tomarme un año sabático para viajar ....
   todo el mundo.
3. No todo el mundo vale .... hacer ese trabajo.
4. Trabajar .... vigilante en un edificio es muy duro por los turnos.
5. ¿Has terminado ya .... hacer los deberes?
6. María no olvides que tienes que subir .... la escalera porque
   el ascensor está roto.
7. ¿..................... qué sirve el electrodoméstico tan moderno que tienes
   en la cocina?
8. ¿Sabes que Susana está saliendo .... su profesor de yoga?
9. Jaime me recuerda mucho .... su padre.
10. Arancha me ha dicho que no se acordaba .... que habíamos quedado.
11. ¿Cuándo aprendiste .... cocinar tan bien?
12. Mi madre siempre nos ayuda .... los niños en las vacaciones
    escolares.
13. Noelia tropezó con mi pie y se cayó .... espaldas.
14. He cambiado los zapatos que me regaló Javier .... un vestido
    muy bonito.

1.
   1. poder
   2. empezar
   3. tener
   4. jugar
   5. pedir
   6. decir
   7. venir
   8. oír
   9. ir
   10. conducir
   11. caber
   12. traer

2.
   1. pidiendo
   2. durmiendo
   3. diciendo
   4. pudiendo
   5. leyendo
   6. viniendo
   7. oyendo
   8. muriendo
   9. sintiendo
   10. trayendo
   11. cayendo
   12. siendo
   13. yendo
   14. mintiendo

3.
   1. haciendo; Estudiando; yendo; ir; matricularme; trabajar.
   2. escribiendo; escritas; costando; escribir; reservado; conocer; recuperar; escribir; preocuparme.

4. 1-e; 2-d; 3-c; 4-a; 5-b.

5. Estudiar: estudio, estudias, estudia, estudiamos, estudiáis, estudian.

   Leer: leo, lees, lee, leemos, leéis, leen.

   Escribir: escribo, escribes, escribe, escribimos, escribís, escriben.

6. e → ie; o → ue; e → i

   Empezar: empiezo, empiezas, empieza, empezamos, empezáis, empiezan.

   Poder: puedo, puedes, puede, podemos, podéis, pueden.

   Pedir: pido, pides, pide, pedimos, pedís, piden.

7.
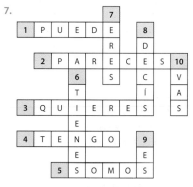

8.
   1. va
   2. Quieres
   3. Juega
   4. salgo; voy.
   5. oye
   6. empieza
   7. Siento
   8. Cuenta
   9. conduzco; puedes.
   10. sé
   11. pides
   12. Estoy
   13. pongo
   14. Son
   15. oigo; dices.

9. Levantarse: me he levantado, te has levantado, se ha levantado, nos hemos levantado, os habéis levantado, se han levantado.

   Trabajar: he trabajado, has trabajado, ha trabajado, hemos trabajado, habéis trabajado, han trabajado.

   Desayunar: he desayunado, has desayunado, ha desayunado, hemos desayunado, habéis desayunado, han desayunado.

   Ver: he visto, has visto, ha visto, hemos visto, habéis visto, han visto.

   Romper: he roto, has roto, ha roto, hemos roto, habéis roto, han roto.

   Escribir: he escrito, has escrito, ha escrito, hemos escrito, habéis escrito, han escrito.

   Poner: he puesto, has puesto, ha puesto, hemos puesto, habéis puesto, han puesto.

   Ser: he sido, has sido, ha sido, hemos sido, habéis sido, han sido.

   Estar: he estado, has estado, ha estado, hemos estado, habéis estado, han estado.

   Hacer: he hecho, has hecho, ha hecho, hemos hecho, habéis hecho, han hecho.

10.
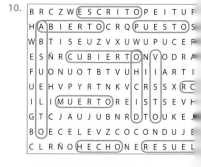

11 y 12.
   1. PIDIÓ, él, ella, usted; pedir.
   2. CUPISTE, tú; caber.
   3. SINTIERON, ellos/as, ustedes; sentir.
   4. TRAJIMOS, nosotros/as; traer.
   5. FUISTEIS, vosotros/as; ser/ir.
   6. HIZO, él, ella, usted; hacer.
   7. DIMOS, nosotros/as; dar.
   8. ESTUVO, él, ella, usted; estar.
   9. HUBO, él, ella, usted; haber.
   10. MINTIERON, ellos/as, ustedes; mentir.
   11. SUPISTE, tú; saber.
   12. QUISO, él, ella, usted; querer.
   13. TRABAJÉ, yo; trabajar.

3.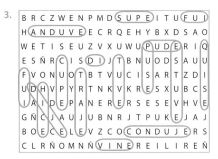

4. Vivir: viví, viviste, vivió, vivimos, vivisteis, vivieron.

Estudiar: estudié, estudiaste, estudió, estudiamos, estudiasteis, estudiaron.

Trabajar: trabajé, trabajaste, trabajó, trabajamos, trabajasteis, trabajaron.

Conocer: conocí, conociste, conoció, conocImos, conocIstels, conocIeron.

Casarse: me casé, te casaste, se casó, nos casamos, os casasteis, se casaron.

5. Hacer: hice, hiciste, hizo, hicimos, hicisteis, hicieron.

Venir: vine, viniste, vino, vinimos, vinisteis, vinieron.

Querer: quise, quisiste, quiso, quisimos, quisisteis, quisieron.

Estar: estuve, estuviste, estuvo, estuvimos, estuvisteis, estuvieron.

Poder: pude, pudiste, pudo, pudimos, pudisteis, pudieron.

Poner: puse, pusiste, puso, pusimos, pusisteis, pusieron.

Ir/Ser: fui, fuiste, fue, fuimos, fuisteis, fueron.

6.
1. durmió
2. estuvimos
3. fuimos; pidió.
4. pudiste
5. dijo; sintieron.
6. tuve
7. robaron; oyó.
8. fue; leyeron.
9. hiciste; pedí.
10. fueron
11. se puso
12. se dieron
13. vino
14. anduvimos
15. fue

7. Gabriela Mistral: nació; Trabajó; publicó; Fue; Murió.

Gabriel García Márquez: Nació; Abandonó; vivió; Fue.

Octavio Paz: Nació; viajó; tuvo; publicó; Obtuvo; fue.

18.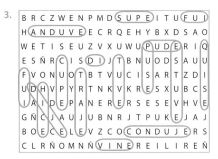

19. Ser: era, eras, era, éramos, erais, eran.

Ir: iba, ibas, iba, íbamos, ibais, iban.

Ver: veía, veías, veía, veíamos, veíais, veían.

20.
1. hablaba
2. estudiaban
3. vivías
4. aprendía
5. bebían
6. estábamos
7. acababa
8. andabais
9. me duchaba
10. cenaba

21. Cuando Pedro era pequeño…
1. jugaba con sus primos al fútbol.
2. leía cómics de Astérix y Obélix.
3. montaba en bici.
4. iba a la playa en agosto.
5. cantaba en el coro del colegio.
6. veía dibujos animados por la tarde.
7. comía golosinas los domingos por la tarde.
8. desayunaba chocolate con churros los sábados.

22.
1. iba
2. era; quería.
3. iba; tenía.
4. vivían
5. Quería
6. Pensaban
7. ponían
8. íbamos
9. tenías
10. era

23.
1. estuve
2. era; iba.
3. Estaba; se cayó.
4. vivían; íbamos.
5. dijo; venía; se iba.
6. corría
7. hicimos; vino.
8. comieron; pensaba.
9. fueron

24. Humphrey Bogart y Lauren Bacall: conoció; Estaba; llevó; era; había imaginado; vestía; hablamos; nos quedamos; pareció; se cruzó; dijo; Era; ayudó; Hizo/Hacía; pudo/podía; Estuvo/Estaba.

The Beatles: formó; conoció; dio; se hicieron; decidió; tocaba; conocieron; pareció; tocaba; se unió; formaron; Cambiaron; Comenzaron; cambiaron; viajaron; conocieron; se enamoró; fue; diseñó; imitaron; se llamaban.

25. Había empezado; abandonó; volvió; regresaba; se dejaba; volvió; miraba; dejó; se puso; retenía; ganó; Gozaba; rodeaba; descansaba; seguían; danzaba.

26. Estudiar: hube estudiado, hubiste estudiado, hubo estudiado, hubimos estudiado, hubisteis estudiado, hubieron estudiado.

    Comer: hube comido, hubiste comido, hubo comido, hubimos comido, hubisteis comido, hubieron comido.

    Vivir: hube vivido, hubiste vivido, hubo vivido, hubimos vivido, hubisteis vivido, hubieron vivido.

27. Hablar: hablaré, hablarás, hablará, hablaremos, hablaréis, hablarán.

    Aprender: aprenderé, aprenderás, aprenderá, aprenderemos, aprenderéis, aprenderán.

    Vivir: viviré, vivirás, vivirá, viviremos, viviréis, vivirán.

28.
1. cabré	9. haré
2. estudiarán	10. cenará
3. irás	11. dirán
4. beberá	12. querré
5. habrán	13. vendrá
6. sabremos	14. será
7. tendrá	15. pondrás
8. andaréis	16. estaremos

29. Verbos regulares en futuro imperfecto: estudiar, ir, beber, andar, cenar, ser, estar.

    Verbos irregulares en futuro imperfecto: caber, haber, saber, tener, hacer, decir, querer, venir, poner.

30. Caber: cabré, cabrás, cabrá, cabremos, cabréis, cabrán.

    Decir: diré, dirás, dirá, diremos, diréis, dirán.

    Haber: habré, habrás, habrá, habremos, habréis, habrán.

    Hacer: haré, harás, hará, haremos, haréis, harán.

    Poder: podré, podrás, podrá, podremos, podréis, podrán.

Poner: pondré, pondrás, pondrá, pondremos, pondréis, pondrán.

Querer: querré, querrás, querrá, querremos, querréis, querrán.

Saber: sabré, sabrás, sabrá, sabremos, sabréis, sabrán.

Salir: saldré, saldrás, saldrá, saldremos, saldréis, saldrán.

Tener: tendré, tendrás, tendrá, tendremos, tendréis, tendrán.

Venir: vendré, vendrás, vendrá, vendremos, vendréis, vendrán.

31. 1. gobernará
    2. creará
    3. tendrá
    4. saldrá
    5. pondrán
    6. vendrá; irá.

32 y 33.

	HABLAR
(yo)	habré hablado
(tú)	habrás hablado
(él, ella, usted)	habrá hablado
(nosotros/as)	habremos hablado
(vosotros/as)	habréis hablado
(ellos/as, ustedes)	habrán hablado

34. 1. estarás; habrás olvidado; habré preparado.
    2. pensaré
    3. habré aprobado; verás; habrán salido; sabrás.
    4. estará; habrá ido; tendrá; Volveré.

35. Futuro imperfecto: dirás, haremos, cabrán.

    Futuro perfecto: habrán hecho

    Condicional simple: sabríais, pondrían, tendría, saldría, aprendería, querrían, tendría, hablaría.

    Condicional compuesto: habríamos dicho, habríais vivido, habrías ido, habría roto.

36. (yo) tendría, viviría, diría.
    (tú) serías, pondrías.
    (él, ella, usted) tendría, viviría, diría.
    (nosotros/as) vendríamos, hablaríamos.
    (vosotros/as) iríais, sabríais.
    (ellos/as, ustedes) cabrían, harían.

37. futuro imperfecto; condicional simple.

38.
1. podrías
2. debería
3. habría hablado; habría aclarado.
4. Sería
5. harías
6. habría conocido
7. iríamos
8. Serían
9. Habría hecho

39. Cantar: cante, cantes, cante, cantemos, cantéis, canten.
Ver: vea, veas, vea, veamos, veáis, vean.
Vivir: viva, vivas, viva, vivamos, viváis, vivan.

40. Hacer: haga, hagas, haga, hagamos, hagáis, hagan.
Haber: haya, hayas, haya, hayamos, hayáis, hayan.
Ir: vaya, vayas, vaya, vayamos, vayáis, vayan.
Poder: pueda, puedas, pueda, podamos, podáis, puedan.
Saber: sepa, sepas, sepa, sepamos, sepáis, sepan.
Ser: sea, seas, sea, seamos, seáis, sean.

41.
1. ponga
2. empieces
3. pida
4. sintamos
5. cuenten
6. duerman
7. juegue
8. conduzcas
9. salgamos
10. oiga
11. digan
12. quepa
13. hayas
14. sea
15. vayan
16. demos

42.

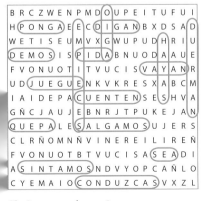

43.
1. se acuerde
2. llueva
3. sea; llegue.
4. suene
5. se quede; escuche.
6. salgamos

44.
1. te vayas
2. encuentre
3. mejores; descanses.
4. hagamos
5. tenga; sea.
6. deje
7. tengan
8. vivan
9. leas
10. convoquen
11. quiera
12. haya
13. pongas
14. llegues
15. use
16. salgas
17. tengan
18. haga
19. pueda
20. diga

45.

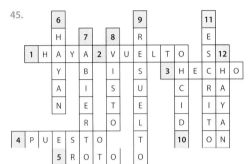

46. hayan llamado; hayan perdido; haya pasado; tarden; hayan llegado; llegue; digan/hayan dicho; digan; hayan llamado; haya llegado; avisen/hayan avisado.

47. Estudiar: estudiase, estudiases, estudiase, estudiásemos, estudiaseis, estudiasen.
Comer: comiese, comieses, comiese, comiésemos, comieseis, comiesen.
Vivir: viviese, vivieses, viviese, viviésemos, vivieseis, viviesen.

48. decir; hacer; poder; poner; ir; querer; tener; saber; caber; dar; andar; traer; venir.

49.

50.
1. viniera
2. trabajara; tuviera.
3. viviera
4. hubiera; quisiera.
5. vieran
6. celebráramos
7. dieran

51. Hablar: hubiera hablado, hubieras hablado, hubiera hablado, hubiéramos hablado, hubierais hablado, hubieran hablado.

Beber: hubiera bebido, hubieras bebido, hubiera bebido, hubiéramos bebido, hubierais bebido, hubieran bebido.

Vivir: hubiera vivido, hubieras vivido, hubiera vivido, hubiéramos vivido, hubierais vivido, hubieran vivido.

52. 1-f; 2-e; 3-g; 4-d; 5-c; 6-j; 7-b; 8-i; 9-a; 10-h.

53. tú: sé; vive; ve; sal.

usted: venga; haga; hable.

vosotros/as: hablad; aprended.

ustedes: aprendan; digan.

54. Hablar: habla, hable, hablad, hablen.

Beber: bebe, beba, bebed, beban.

Vivir: vive, viva, vivid, vivan.

55. Decir: di, diga, decid, digan.

Hacer: haz, haga, haced, hagan.

Venir: ven, venga, venid, vengan.

Poner: pon, ponga, poned, pongan.

Salir: sal, salga, salid, salgan.

Tener: ten, tenga, tened, tengan.

56.
1. pase
2. Mantenga
3. Lleve
4. Haga
5. esté
6. Aprenda

57. Hablar: no hables, no hable, no habléis, no hablen.

Beber: no bebas, no beba, no bebáis, no beban.

Vivir: no vivas, no viva, no viváis, no vivan.

58.
1. no digo
2. eres
3. no dicen
4. vais

59.
1. es; es.
2. tiene
3. está
4. es
5. Estoy
6. Tengo
7. hay
8. hay; está.
9. estás
10. es
11. es
12. está
13. es
14. está
15. son
16. estás
17. está
18. estás
19. está
20. será; está.

60. 1-h; 2-i; 3-j; 4-b; 5-k; 6-d; 7-a; 8-g; 9-e; 10-c; 11-f.

61.
1. debemos
2. facilite
3. es
4. utilicen
5. gastemos
6. comience
7. haya
8. sigan
9. acostumbremos
10. sea

62.
1. conozcan; vayamos.
2. estudiamos
3. quiera
4. haga
5. se lleva
6. pueda
7. haga; puedan.
8. tengan

63. dijeron/habían dicho; vivía; dijo/había dicho; prometí/había prometido; muriera; apreté/había apretado; recomendó/había recomendado; pude/podía; seguí/seguía; había dicho; dio; pensé/pensaba/había pensado; comencé; vine.

64. 1-b; 2-a; 3-b; 4-b; 5-a; 6-c; 7-a; 8-b; 9-a; 10-b; 11-a; 12-c; 13-a; 14-b; 15-a; 16-b; 17-a.

65.
1. de
2. por
3. para
4. de
5. de
6. por
7. Para
8. con
9. a
10. de
11. a
12. con
13. de
14. por

Lista de verbos

adquirir	8	alisar	3
adueñarse	3	aliviar	24
advertir	114	almacenar	3
afectar	3	almorzar	36
afeitar, ~se	3	alojar, ~se	3
afianzar, ~se	127	alquilar	3
aficionarse	3	alterar, ~se	3
afilar	3	alternar	3
afiliar, ~se	24	alucinar	3
afirmar	3	aludir	42
afluir	35	alzar, ~se	127
afrontar	3	amagar	12
agachar, ~se	3	amanecer	33
agarrar, ~se	3	amañar	3
agilizar	127	amar	3
agitar	3	amargar, ~se	12
agobiar, ~se	24	ambientar, ~se	3
agolpar, ~se	3	amenazar	127
agonizar	127	amenizar	127
agotar, ~se	3	amonestar	3
agradar	3	amontonar, ~se	3
agradecer	33	amordazar	127
agredir	42	amortiguar	17
agregar	12	amortizar	127
agrupar, ~se	3	amotinar, ~se	3
aguantar, ~se	3	amparar, ~se	90
aguardar	3	ampliar	57
agudizar, ~se	127	amputar	3
ahogar, ~se	12	amueblar	3
ahorcar, ~se	65	analizar	127
ahorrar	9	**andar**	11
ahuyentar	3	anegar, ~se	12
airear, ~se	3	anestesiar	24
aislar	10	angustiar, ~se	24
aislarse	10	anhelar	3
ajustar, ~se	3	animar, ~se	3
alabar	3	aniquilar	3
alargar	12	anochecer (impers.)	33
alarmar, ~se	3	anotar	3
albergar	12	ansiar	57
alborotar, ~se	3	anteponer	96
alcanzar	127	anticipar, ~se	3
alegar	12	antojarse	3
alegrar, ~se	3	anudar	3
alejar, ~se	3	anular	3
alentar	26	anunciar	24
alertar	3	añadir	42
alfabetizar	127	añorar	3
aliar, ~se	57	apaciguar, ~se	17
alicatar	3	apadrinar	3
alimentar, ~se	3	**apagar**, ~se	12
alinear	3	apalabrar	3
aliñar	3	aparcar	65

Dirección de arte: **José Crespo**
Proyecto gráfico
  Portada: **Cristina Vergara**
  Interiores: **Rosa Barriga**
Jefe de proyecto: **Rosa Marín**
Jefe de desarrollo de proyecto: **Javier Tejeda**
Desarrollo gráfico: **Raúl de Andrés y José Luis García**
Dirección técnica: **Ángel García Encinar**

Coordinación técnica: **Marisa Valbuena**
Confección y montaje: **Luis González, Alfonso Cano y Juan Carlos Villa**
Corrección: **Pilar Pérez**

© 2010 by Santillana Educación, S. L.
Torrelaguna, 60. 28043 Madrid
PRINTED IN CHINA

ISBN: 978-84-936688-9-1
CP: 219055